孙向晨 主编

復旦通識
100

卷一

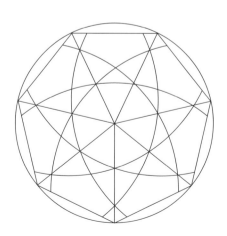

复旦大学出版社

序 言 / 孙向晨　　　　　　　　　　　　　　　001

一　古典传统的汇通

如何认识经典中的传统：阅读"十三经" / 邹振环　　003

立象以尽意：《周易》的思维世界 / 邓志峰　　　　013

《春秋》三传的历史叙事与意义解读 / 郭晓东　　　021

《论语》：中国文化的原典 / 傅杰　　　　　　　　029

良知的力量：走入孟子的精神世界 / 杨泽波　　　　037

纷乱时世之中的自由逍遥：庄子的精神方向 / 陈引驰　045

史学经典的结构与传承：《史记》导读 / 陈正宏　　053

阅读《三国志》：观察和理解一个时代 / 戴燕　　　061

《资治通鉴》与司马光的思想世界 / 姜鹏　　　　　069

二　世界文明的奠基

古希腊文明及其现代遗产 / 黄洋　　　　　　　　　079

英雄之生死：《伊利亚特》与《奥德赛》对读 / 张巍　087

悲剧与古代希腊人的公民教育 / 吴晓群	095
帝国的兴衰：修昔底德的政治世界 / 任军锋	105
城邦与人：柏拉图《理想国》里的真理–正义问题 / 丁耘	113
印度本土宗教：交汇与包容 / 刘震	121
割裂与迷思：古代两河流域考古与艺术 / 吴欣	131
"知其不可而为之"：《吉尔伽美什史诗》的启示 / 欧阳晓莉	143
《希伯来圣经》：亚伯拉罕三大宗教文明之根 / 刘平	151
亦继希腊哲学之余绪：阿拉伯哲学的来龙去脉 / 王新生	159

三　现代秩序的逻辑

笛卡尔与《谈谈方法》：如何使用理性来探究真理？ / 佘碧平	171
制造"利维坦"：霍布斯与现代国家的诞生 / 孙向晨	179
自然与自由：康德《实践理性批判》的旨趣 / 尹洁	187
现代自由秩序的逻辑——黑格尔《法哲学原理》/ 汪行福	195
危机与革命：马克思、恩格斯论从资本主义向 共产主义的过渡 / 张双利	205
如何唯物主义地思考世界？——和恩格斯一起思考 / 吴猛	213
从"认识你自己"到"成为你自己"：尼采的哲学启蒙 / 吴新文	221
财富背后的文化动力：马克斯·韦伯的新教伦理研究 / 郁喆隽	229

四 社会历史的展开

文艺复兴:社会转型与新文化建构的范式 / 赵立行 239

"人权"的彰显——思考欧洲现代文明的特性 / 李宏图 247

欧洲殖民帝国如何影响当代世界 / 朱联璧 257

政治的由来:人类政治演化史的逻辑 / 包刚升 265

法律与社会的法理关系及其实践 / 潘伟杰 275

以现代学科为视角理解近代中国 / 曹南屏 285

20世纪的中国、美国与东亚现代世界的形成 / 马建标 295

以人为本:当代中国的人权与法治 / 侯健 303

中国与全球化大变局下的国际法律秩序 / 梁咏 311

五 科学探索的视野

人文的物理学 / 金晓峰 321

大气科学与人类社会 / 穆穆 329

人类进化:人类的起源与迁徙 / 金力、谭婧泽、李辉 337

进化思维:洞悉宇宙、生命、社会的关联性和复杂性 / 杨继 347

生态学:管理大自然的经济学 / 赵斌 355

医资可鉴:历史上的医学、社会与文化 / 高晞 363

哲学家为何要对人工智能产生兴趣? / 徐英瑾 371

六 文本创作的背后

从失意中探寻诗意：陶渊明的人生与创作 / 杨焄	385
体认词心中的红尘与人情：宋词与我们 / 赵惠俊	393
西游故事群落里的中国文化 / 张怡微	401
走近文化昆仑，探析古典诗艺：阅读《谈艺录》/ 侯体健	409
追问我们所"熟知"的鲁迅 / 郜元宝	419
中国文学的现代叙事与现代抒情 / 段怀清	433
中国当代小说中的"青春想象"/ 金理	443
"是我把黑暗，化作光"：手抄本传统与英国中世纪文学和文化 / 包慧怡	451
西方叙事传统：定义、演变和叙事分析 / 段枫	461

七 美与艺术的体察

你有一双看得见美的眼睛：对艺术与审美的哲思 / 孙斌	471
破墙：杜威的生活美学策略 / 张宝贵	483
经纬交织，秘响潜发：对现代艺术教学的一些思考 / 沈语冰	493
从体验者的视角审美中国戏曲艺术 / 赵群	501
基于实践的审美体验：从达·芬奇笔记到绘画实践 / 周进	511
"电影是什么？"：感知、体验与创造 / 许肖潇	519

后 记	527

序言

孙向晨

现代大学的目标是为人类拓展更为波澜壮阔的知识图景，但大学还有一个更为古老、更为神圣的使命：为一个社会培养栋梁之才。无论是中国文化传统的君子六艺，还是西方文化传统的自由七艺，都是以培养具有健全的价值观与世界观的社会成员为己任的。在现代社会，大学延续了这一重要的教育使命。有鉴于此，现代大学在专业教育之外，特别重视高质量的通识教育，使学生在专业之外，有机会接触更宽广的学术视野，同时能对生活世界进行批判性反思。在这个过程中，每一个学生都努力去成就健康的人格，培养清晰的头脑，确立正确的价值观。大学是思想的净土，背负历史的传承，着眼人类的未来；大学的定力使青年人能够不为躁动的社会所影响，坚定地追求真理、追求理想，使自己的才华真正贡献于社会、贡献于人类。

一个健康社会的公民素养并不是在抽象原则中训化出来的，而是在人类所开拓的知识与思想天地中培养起来的。智性上的增长与价值观的塑造在大学生活中应该同步推进。因此，真正卓越的通识教育在大学生活中变得尤其重要。这对于推进中国大学的变革也有着非常积极的促进作用。"复旦通识"课程自2005年推行以来，立足于人类重要的知识领域，注重拓宽学生的学术视野，积极塑造学生的整全人格，加强培养学生的学习能力。复旦的学生应该具备哲学性的批判能力；充分体认中国自身的文化传统，以开放姿态面对人类文明的多样性；深入理解现代世界的逻辑及其局限，以理性和科学的态度认识物质与生命的世界；同时高度重视艺术之于创造力的重要意义。"复旦通识"七个模块的知识领域，让学生有机会充分认知形塑我们生活的重要力量，以反思和批判的视角来理解我们的世界。这既为一个肩负责任的公民积累了必备素养，也为一个健康的社会培养了必要眼光。

《复旦通识100》汇聚了复旦大学一批优秀的专业教师，他们心怀崇高信念，恪尽育人职守，为"复旦通识"贡献了一批优秀的教学成果。他们以精深渊博的专业素养，沉静专注的教育热情，努力实现着"复旦通识"的价值理念，为学生们提供了一系列认知当代生活世界根基的核心课程。"复旦通识"的每一门核心课程都要求老师们有精湛的授课艺术，他们必须能够让专业内容面对非本专业的学生。要用"以点带面"的思考方式，让学生的视野跳出主修的专业限制，而对其他知识领域产生浓厚的兴趣和深入的理解；要用"以学为中心"的教学方式，深化学生对于学习各环节的自觉。学生修读完一门核心课程并不表示他在这方面就已具备完整的知识，但通过专业教师深入浅出的教学，相信每一位同学都能充分认识到自己在知识海洋中的无知，从而对人类的历史与知识的世界保持高度的敬意。同时核心课程之为核心，有如灯芯之于蜡烛，让学生的学习热情有了依傍，个人知识框架有了基轴。《复旦通识100》蕴含了任课教师对于每一门课程的深入思考与精心设计,为学生们未来的前行铺就了道路。

经典阅读是"复旦通识"的重要特色。《复旦通识100》集聚了大量解读中西经典的课程,其目的就是要让学生在大学期间真正接触到人类最为重要的思想与著作,通过经典理解人类思想的发展历程,通过经典与人类思想导师展开生动的对话,通过经典达到超越日常的思想高度,这既是使思想走向深处的必要训练,也是理解世界的重要环节。重视根基性问题也是"复旦通识"的一大特色。核心课程通过自身逻辑的展开,鼓励学生直面自然、社会、人文各学科的根基性问题;在核心课上更多的不是考察学生学习的知识点,而是强调考察学生在这门课中形成的思考点。这为学生理解现实世界提供了细致入微的路径。

在学习中,"复旦通识"努力培养学生的倾听能力,"倾听"意味着能够去理解不一样的声音,能够理解世界的多元,能够尊重他者的他异性。这个过程也是学生在多样性中重新发现自我的过程,一个健康的社会必须懂得尊重他者,尊重差异,这才是自信的真正表现。

"复旦通识"特别重视写作训练,将其置于通识教育的枢纽地位。"复旦通识"的许多核心课程都包含写作的要求。写作不仅仅是一种表达能力的体现,更显示了一个人倾听、理解、分析、论证的能力,并进而呈现出学生在这个领域的学习状况与理解程度。

《复旦通识100》远远不止于课程的呈现,更展示了复旦通识"教师共同体"的卓越风采。"复旦通识"的授课教师来自各个院系,既有院士、资深教授,也有活跃的青年才俊。他们都是复旦教学与科研的顶梁之柱,在各自的专业领域做出了突出贡献,取得了丰硕成果。不仅如此,他们胸怀大学的神圣使命,满怀教育的澎湃激情,在专业课程之外,兢兢业业,无私奉献,为复旦乃至更多高校的同学们提供了精彩纷呈的通识核心课程。他们组成了"复旦通识"最为强大的教师共同体,在十多年的发展历程中,教师队伍在不断壮大,不断提升。《复旦通识100》原准备展现百门优秀通识课对于教学的思考，然而越来越多的精彩课程涌现出来，因此我们将陆续出版更多的篇章，这正是"复旦通识"生生不息的力量所在。

古典传统的汇通

如何认识经典中的传统：
阅读"十三经"

邹振环 | 复旦大学历史学系教授

主要研究方向 | 历史文献学、中国学术史、明清中西文化交流史

代表著作 | 《疏通知译史：中国近代的翻译出版》《晚明汉文西学经典：编译、诠释、流传与影响》《影响中国近代社会的一百种译作》《西方传教士与晚清西史东渐》《晚清西方地理学在中国》等

主讲课程 | "十三经"导读

历史上的中国对于世界文明的贡献，除了闻名遐迩的四大物质文化的发明外，至少还有两大被忽略的精神贡献：一是以儒家思想资源建立了古代东亚汉字文化圈；二是以儒学为代表的中华精神传入西方，并在17—18世纪成为欧洲启蒙运动的一面旗帜。这两项文化创新都离不开以儒家为核心的中国经典传统。从15、16世纪开始，西方和中国都先后开始了全球化的历史运动，至19世纪中叶起，西力东侵，东亚开始了脱亚入欧的"去中国化"的历程。作为对中国传统文化核心的儒家经典之认同，不仅在日韩，即使中国本土学界也岌岌可危。近百年以来，中国积弱积贫，从经济、政治乃至于文化上，都深受西方的打击，我们曾经远离自己的传统，否定过儒家经典的价值。

儒家经典的核心之核心是经学的代表作"十三经"。

中国传统经典中蕴涵了先民丰富的智慧，是世界东西方两大轴心时代的一个典范，也是人类学术演进轨迹上的里程碑。虽经历代学者的反复咀嚼，但由于这些经典具有的"不确定域"所带来的开放性结构，其真正的奥秘至今尚未完全揭示出来。"十三经"传统经典文本中所体现出的"和合"与"和而不同"的和谐思想、"仁"和"恕"原则与"礼治"秩序、阴阳对立统一的变化观念、"一分为二"与"一分为三"的哲学理念，以及不屈不挠的"士"之精神，显示了一个伟大民族的多层化的内容和多级化的思考，有生机有腐朽，其多义性展示出了"高山仰止，景行行之"经典魔幻的魅力。这是几千年来中华民族的精神遗产和思想宝库，值得我们在自己短促的人生中继承、批判和受用。

经学中的"五经"和"十三经"，应该被视为一个完整的、不可分割的整体，也是四部之首的"经部"建构的理论依据。"十三经"实际上可以划归为围绕"五经"的分析、阐述之作："春秋三传"是阐述《春秋经》的，"三礼"（《周礼》《仪礼》《礼记》）均是说明社会规范的"礼俗",《论语》《孟子》《孝经》乃是围绕"六艺"或"五经"的议论和进一步的发挥,《尔雅》及一系列"小学类"著述则是对"五经"的经义阐述和文字训诂。无论古文经学,还是今文经学,无论是义理之学,还是考据之学,在中国思想史上均是围绕"五经"展开的。孔子弟子中有七十二人身通六艺(司马迁语),实际上他们已把"六艺"当作彼此相辅相成的学问,而非人为所能分割,所谓"兴于诗,立于礼,成于乐"(《论语·泰伯》),说的正是此理。自汉武帝置五经博士始,唐孔颖达著《五经正义》,至明清之际以"四书""五经"为科举取仕的读本,历代儒者均视"五经""十三经"为一整体,莫敢偏废。

在儒家学说史上,经学作为中国古代学术的代表,处于群学之首、万学之源的特殊地位。一切古代其他领域的学问,均可视作围绕、阐述"五经"的某一方面,以"五经"精神为依据的产物。刘歆《七略》将"六艺"置于首位,即反映这一立场。"经"者,常也,而"六艺"或"五经"乃是经中之"经"。之后形成的经、史、子、集的四部分类方法，虽已包含着百科知识，但均贯彻以"经"为宗的原则。

现代以欧美文化为核心的西学冲击，使各个区域性学术知识基础，面对了从未有过的全新挑战。我们可以仔细辨析，即使从今天的学科分类领域来看古代学术中的方方面面，经学文献的涵盖面仍然相当丰富。《周易》中包含古人的象数之学；古代史学可看成《春秋经》和《左传》的延伸；古代政治思想可以在《尚书》中寻找其精神的产物；文学、艺术可视为"诗""乐"美学的体现；等等。体现了中国古典学术独特性的儒家经典，以"五经"或"十三经"为核心的知识体系，曾作为科举考试的主要知识系统，古人注经、释经、解经，以"五经"或"四书""五经"为取仕标准。其中形而下的知识，即所谓"工具性知识"或"操作性知识"，属于具体行政事务的知识，包括下层日用操作性的实用知识，仍在科举制度设计者的考虑之中。不少通达的举子也非常熟知形而下的工具性知识。以包罗万象的儒家经典为题，不仅能挑选出精通"五经"的能人，这一维系中国传统管理人才的科举制度还能选拔出无数精通法律文书、兵刑钱谷、山川地理、军备边关的人才。

中国古代学术知识分类固然可以归并经学为主体的传统学问,但由于中国古典学术体系与西方学术体系之本质差异,如今已按西方现代学科的分类系统,将经、史、子、集的分类打乱,诸经和其他所有的古代学术相互并列、不分高下地混同一气,这一教学体系形成的结果,本质上难以正确理解中国知识传统,也违背了儒家学术的基本特点。我们不难意识到,在经部分类归并的过程中,存在着许多问题,这些问题反映了中西学术与知识系统接轨的复杂性。

全球化的时代,中国进入了一个多元化的社会,正确与错误互相交织;文化呈现出一个多样化的面貌,丑陋与美好并不截然对立。让学生在热烈的讨论中培养自我意识、批判精神和独创能力,改变以往一元性的思维。"十三经"典籍中呈现的很多问题并非如中学教科书中所标注的只有一个标准答案。如《尚书·牧誓》一篇引导学生从多种角度进行分析和阐释,既可以从冷兵器作战、女性政治地位、敬德事天的观念、人才观念的演变、武舞等角度，也可以从生产数据的积累角度去认识其中关于不屠杀俘虏的记述。经典文本蕴涵了多层化的内容、多级化的思考，其多义性才显现出经典的魔幻魅力。如请学生通过比较《春秋》三传对鲁僖公二年"虞师、晋师灭下阳"和僖公五年"晋人执虞公"两段经文的不同解释，了解三传在诠释《春秋》方面所呈现的若干特点，要求学生充分利用三传就僖公二年和五年的经传所提供的不同记述和解释，通过自己研读来寻找结论，并尝试用自己最擅长的表述方式（如故事新编、史学评论、独幕剧、哲理散文等），将自己寻找出的问题作为主题，如"唇亡齿寒""辅车相依""贪宝借道""咎由自取""自取灭亡""贪财亡国""得士者昌、失士者亡"等等，来重新阐述这些史料。通过这一训练，以使学生了解后代经典解释者的诠释并非完全不受历史尺度的制约，对经典的解释不是随心所欲地脱离文本胡乱提出一些经典中根本不存在的问题，而是希望学生养成在多种选择中进行独立思考，强化自己的问题意识，也是旨在让学生体验如何在全球化和现代性的背景下，进行文化之间不同对话的实践。

通过通识教育的环节，在研读多义性中国传统经典的过程中，需要我们面对不同的解释文本，来寻找一种自认为更为合理的解释，这是激发大家学习主动性、独立思考能力的一个有效手段。我们不仅要关注西方现代的新潮新学，同时也要不断反省中国的知识传统，追寻自身的学术传统和历史渊源，只有融会贯通东西学术，充分了解民族文化的差异性，才能深刻地认识人类文化的异质性、多样性和多元性。充分认识中国经典的传统，才能在容纳多样性观点和多元性思维的基础上，展示自我的知识创新力量。传统中国经典的研读，无论对于构建一个健康、和谐社会，还是培育一个具有创新精神的文化环境，都将具有十分重要的意义。

进一步阅读书目：

❶ 阮元：《十三经注疏》（影印版），北京：中华书

局，1979年。

❷ 周予同原著、朱维铮编校:《群经通论》，上海：上海人民出版社，2012年。

❸ 纪昀、陆锡熊、孙士毅等著，四库全书研究所整理:《钦定四库全书总目》(整理本)，北京：中华书局，1997年。

❹ 朱维铮编:《周予同经学史论著选集》，上海：上海人民出版社，1983年（后有多次修订本；2010年改名《周予同经学史论》，由上海人民出版社出版）。

❺ 朱维铮:《中国经学史十讲》，上海：复旦大学出版社，2002年。

立象以尽意：
《周易》的思维世界

邓志峰	又名邓秉元
	复旦大学历史学系教授
主要研究方向	经学、中国经学史、思想史、史学史
代 表 著 作	《王学与晚明师道复兴运动》《周易义疏》《孟子章句讲疏》《新文化运动百年祭》等
主 讲 课 程	《周易》的思维世界

《周易》可能是中国传统经典著作中最具争议的一部。不仅作者难以确定，版本纷繁复杂，对不同文本内容的理解也大不一致。但《周易》在历史上又曾经被公认为是一部具有权威甚至神圣地位的经典。在战国、秦汉儒家的理解中，"世历三古，人更三圣"（《汉书·艺文志》），《周易》是由人文始祖伏羲创始，经过殷周之际周文王的推演逐渐定型，最后经由孔子阐发并最终完成的著作。《周易》因此被视为六艺或六经中最基础的经典著作，代表着经学对天道的精微理解，故又称作《易经》。通行本《周易》包括卦画、经文与易传（共十篇，又称"十翼"）三个部分，卦画据说由伏羲到文王完成，经文由文王（可能也包括周公）完成，易传由孔子完成。这一观点尽管不无争议，但大体是清代以前绝大多数学者的共识。

晚清西学东渐，经典逐渐祛魅，特别是在疑古思潮冲击下，许多历史上的前设几乎完全被推翻，在较为苛刻的审视之下，《周易》与孔子的关系被否定，其经文也被视作占卜记录的汇编，不仅理论上毫无价值可言，史料价值甚至也大打折扣。20世纪下半叶，由于马王堆帛书《周易》及楚竹书、汉简《周易》等文本的发现，也因为疑古思潮的消退，《周易》与孔子的关系大体被重新接受，但对《周易》文本的理解却分歧依旧。加之传统易学本来就具有象、理、数三大传统，所以目前还看不到达成共识的希望。与绝大多数人文学科一样，所谓易学并不是一个自然科学意义上的具有共同研究方法的学科，只是与《周易》有关的各种研究的集合。

但《周易》对传统中国文化的影响又显而易见。无论是人文、社会领域，还是对物质世界的理解，都可以看到易学思维的影响。中国古代数学、天文、医学、音律等学科，无不打着《周易》的烙印。近代以来，许多研究中西文化比较的学者，也曾尝试通过对《周易》的重新理解，来找到理解中国文化的钥匙。譬如直到不久前，著名物理学家杨振宁教授还曾明确提出，中国文化之所以没有发展出近代科学，便是因为《周易》的影响过于强大。与此同时，中医之所以一直被不少人视为巫术，也因为与《周易》分享着共同的理论基础，这就是阴阳五行。在今天，合理的问题是：如何具体描述并理解《周易》的思维形态？《周易》的思维是一种普遍性思维吗？这种思维的合理性何在？换言之，《周易》的思维是一种具有真理性的思维吗？对这些问题的解答，不仅关系到中国文化传统的合理性问题，同时也涉及对人类文明的整体反思。

在已有研究中，以"象思维"（或"观象思维"）的视角理解《周易》大体已经成为学界共识。但迄今为止，关于"象思维"的理解仍然处在起步阶段。"象思维"被视作与"逻辑思维"或"概念思维"相对的思维方式，但对它的描述，依然主要是强调"直观、直感、直觉的体验方式"，以及整体观、动态平衡等基本特征。人们可以在诗歌、书法、绘画、建筑等艺术作品内，乃至道教、禅宗的理论及实践中，不断对"象思维"的存在加以印证，但对这一思维本身的理解还远远不够。最近有些学者开始借用现象学的方式，描述易象的产生机制。但由于对《周易》具体内容的理解不够，还无法对易象作出真正内在的反思。简言之，对"象思维"的理解不能在对易卦展开方式的还原之外抽象地作出。因为易象的展开，来源于德性思维对生命的体认，所以，对《周易》思维世界的还原必须顺着生命展开的方式进行。在这方面，中国传统易学研究中的各个流派，尽管具体见解上颇有分歧，但却大体呼应了《周易》本来的思维方式，值得我们重新加以借鉴。

易象的展开主要是通过《周易》的卦爻结构实现的，最关键的便是《周易》的卦序。《周易》首先通过六画卦的阴阳变化产生了六十四卦的数理形式，并以此对应整体的生命宇宙。而通行本《周易》(或《易经》)之所以重要，就在于六十四卦通过"二二相耦，非覆即变"的形式被有机地排列在一起，成为对生命展开的观象形式。而对易象的抽象反思便是易象学。诚如我在一篇文章中提到的：

易象学是德性自我对生命本身进行观象的结果，与经验现象论不同的是，易象学不对现象进行知性判断，特别是不对现象进行任何质料意义地肯定。因此，易象学不必然涉及对经验事物的包括颜色、气味、声音、质量、形状、不可入性等在内的一切属性或本质的判断。易象学的真正对象是生命本身以及生命的各种样态。由于不涉及质料，易象学不考察事物的器质性结构，只关注事物本身在生命意义上的各种征象。

对《周易》思维世界的重新理解，可以为时下有关人类文明的反思提供一个有力的视角。如同以事实判断和逻辑推理为基础的知性思维一样，以事态描摹为中心的观象思维同样是一种普遍性思维，在古今中外各种文明中都自然地存在着，并有机地交织在一起，共同支撑起人类对宇宙万物的理解。只不过知性思维只有在古希腊才率先实现自觉，并在近代西方达到较为高深的境界；观象思维则在古代中国最早发生自觉，并在宋明时代臻于圆融。

因此，所谓中西文明的历史形态，并不表明中西两种文化是完全异质的，而只是意味着历史中的不同文化分别采取了某种主流的思维形式，而以其他形式为其"支援意识"（波兰尼语）。两种文明在近代的相遇，固然在激烈的冲突中，带来了对哪一文化才真正具有真理性的拷问；同时也为人类从更为圆融的视域思考相关问题，提供了新的契机。

总的来说，无论中国还是西方，甚至印度、波斯，乃至所有人类古老文明，在近代以前，早就不再是单一文化形态的延续，皆已是不同文明融汇的结晶。其中欧洲与中国显然更是得天独厚，分别成为两希（古希腊与希伯来）、中印诸大文明的交汇之所。也正是因此，在当下的时代，中西文明的相遇对于人类才尤其重要，两者的交流早已不再是两个文明之间的纠葛，而其实就是四大古老文明的觌面相对。如同物理学一直致力于大统一理论一样，人类文明殿堂的四根神柱已经立起，且让我们端视最后的穹顶如何落成。在今天，除了某种知识范型的含义之外，依然用地域来指称不同文化，不仅无益，而且与事实不符。人类既有文明的最后融合已经到来，看似剧烈甚至悲壮的文明冲突，只不过是融合的一种激烈形态。那以后，这一波人类文明，倘非由于不幸堕入闭合系统而走向萧条，便一定会昂首面向更为邃远的星辰宇宙。

进一步阅读书目：

① 朱熹：《四书章句集注》，北京：中华书局，1983年。
② 黄寿祺、张善文：《周易译注》，上海：上海古籍出版社，2001年。
③ 潘雨廷：《周易表解》，上海：上海古籍出版社，2017年。
④ 朱伯崑：《易学哲学史》，北京：华夏出版社，1995年。
⑤ 邓秉元：《周易义疏》，上海：上海古籍出版社，2011年。

《春秋》三传的历史叙事与意义解读

郭晓东	复旦大学哲学学院教授
主要研究方向	中国哲学史、宋明理学与儒家经学
代 表 著 作	《识仁与定性：工夫论视域下的程明道哲学研究》《经学、道学与经典诠释》《戴氏注论语小疏》等
主 讲 课 程	《春秋》三传选读

《春秋》原本为鲁国的国史,根据《孟子》《公羊传》等儒家文献的记载,孔子晚年对鲁国国史《春秋》进行了修订与改编,遂有了儒家的传世文献《春秋》。《春秋》一书,记载了从鲁隐公元年(前722)到鲁哀公十四年(前481)共两百四十二年的历史,全书按年月日编排纪事,是现存最早的编年体史书。不过,《春秋》虽然是记一代史实的著作,但又不仅仅是一部史书。根据传统的说法,孔子对鲁《春秋》的修订,具体体现为他的"笔削"工作。所谓的"笔",指书写,对于某些重要的历史事件,鲁《春秋》没有写入,则孔子将之添加到他所著的《春秋》中;或者某些鲁《春秋》已记载的内容,但书写的方式不足以体现孔子之微言大义,则孔子将这部分内容进行了改写。所谓的"削",意思是"删除",即删除原本鲁《春秋》中无关治道、无益教化的内容。这种

"笔削",也就是我们通常所讲的"《春秋》笔法"。经过孔子的"笔削",《春秋》之历史叙事就被赋予了一种特殊的精神,从而体现了孔子的甚深用心,这就是所谓《春秋》的"微言大义"。《春秋》一书的重要性,就体现在它所要表达的"微言大义"上。《春秋》所记载的史实虽然是有时代性的,但它所体现的"微言大义"却被认为是超越时代的,或者说,《春秋》所发明的道理对后世之社会政治具有一种纲纪的作用,因此,它不仅是"史",更是儒家心目中的"经"。在传统中国的政治实践中,一般认为不可以背离《春秋》之精神,正如司马迁所称,"有国者不可以不知《春秋》",否则,为君者"必蒙首恶之名",为臣者"必陷篡弑之诛、死罪之名"。从现代学术的视角来说,《春秋》的"微言大义"包含有儒家政治哲学、社会哲学、历史哲学、伦理思想、法律思想诸多方面,体现了儒家对社会与政治的整体性思考,甚至体现了中国人的一种普遍的思维方式,深刻地影响了后世的中国社会与中国文化。如果不了解《春秋》,也就不可能准确理解传统中国的政治,不可能真正把握中国古代政治思想之精髓，甚至也不可能完整地了解中国古人的思维方式。

　　《春秋》虽然记载了两百四十二年的历史，但该书的文字却异常简略。举个例子，《春秋》的第一句话是"元年春，王正月"，这就是鲁隐公元年正月的所有记录，至于这个月发生了什么事情，《春秋》经本身没有更多记录。接下来的第二句话是，"三月，公及邾娄仪父盟于眛"。再接下来的是"夏，五月，郑伯克段于鄢。秋，七月，天王使宰咺来归惠公仲子之赗。九月，及宋人盟于宿。冬，十有二月，祭伯来。公子益师卒"。整个《春秋》的第一年，即鲁隐公元年，所记载的事情就是这么寥寥几件。更重要的是，每件事的记载，既没有任何具体的细节，也没有任何的评论。整部《春秋》就是一种类似于流水账的记录，经文本身既鲜能明了春秋一代具体之史实，也很难能让我们从中直接读出孔子作《春秋》所要阐发的微言大义。那么，我们应该如何去阅读《春秋》呢？传统的《春秋》学认为，对《春秋》的理解离不开《春秋》的"传"。所谓的"传"，指《春秋》经在传习过程中，对经文进行解释与发挥的文字。但这种解释与发挥，又不同于后来一般注释家的解释，而是被认为是孔子弟子对孔子本人解说《春秋》的记录。现存《春秋》有三部传，它们分别是《左传》《公羊传》与《穀梁传》，后世都被收入儒家的"十三经"之中。

《左传》传统上被认为是孔子同时代的左丘明所著，现代学者认为更可能的成书时间是战国时期。《左传》最大的特色是以叙事为主，对史实的记载非常详细，是一部非常优秀的史书，代表了先秦史学的最高成就，对后世的史学产生了很大影响，特别是对编年体史书地位的确立起了很大作用。单从史学的角度来看，《左传》的价值甚至超过《春秋》。《春秋》对史实的记载过于简略粗疏，而《左传》恰恰弥补了这方面的不足。同时，《左传》的文笔也非常优美，尤其以善于刻画人物、描写战争以及叙写外交辞令而著称，唐代历史学家刘知几称赞其文字为"跌宕而不群，纵横而自得"，清代桐城派文学家刘大櫆则以"情韵并美，文彩照耀"来赞美其文笔，可以说，《左传》是先秦时期最具文学色彩的历史散文。

不同于《左传》在先秦时期已经成书，《公羊传》与

《穀梁传》在先秦时期只是在一代又一代的经师之间口头传承,一直至西汉初期才正式成书。根据汉代人的说法,孔子晚年弟子子夏传《公羊传》,即由子夏传给公羊高,其后在公羊家族内部传承,到西汉景帝时公羊寿和他的弟子胡毋生才将口耳相传的《公羊传》写成文字,从而有了《公羊传》这部著作。因为它是公羊氏所传,故名为《春秋公羊传》。《穀梁传》也是如此。据说同样是子夏将《穀梁传》传给穀梁赤,其后传到西汉景帝、武帝时期才将口头传承的内容写成文字,于是才正式有《穀梁传》。因为它是穀梁氏所传,故命名为《春秋穀梁传》。与《左传》重叙事的风格不同的是,《公羊传》与《穀梁传》这两部《春秋》的"传"的特色侧重于解"经",它们更多着意的不是历史的事实到底如何,而是试图通过对历史事实的解读,从《春秋》的经文中尽可能地阐发出孔子的微言大义。

以《春秋》开篇为例,《春秋》一开篇是六个字"元年春王正月"。《公羊传》一字一句地提问与解答,如问"元年者何?"答"君之始年"。又问"春者何",回答说"岁之始也",又问"王者孰谓",又问"何为先言王而后言正月"等等，即是要从这些字眼中解读出《春秋》之微言大义。事实上，通过对"元年春王正月"的解读，《公羊传》试图从中阐释出一套儒家的政治合法性理论。可以说，《公羊传》与《穀梁传》关心的是《春秋经》的义理内涵。而《左传》则不然。《左传》从鲁隐公父亲鲁惠公开始娓娓道来，从而为后来鲁隐公、鲁桓公兄弟争国埋下伏笔。有了《左传》，我们对《春秋》二百余年的历史才有了比较详细的了解，所以钱穆甚至说，只就史学的角度来讲，《左传》的价值还应高于《春秋》。

以《春秋》这部共同的经典为本，《春秋》三传都号称其对《春秋》的理解可以追溯到孔子，它们对《春秋》的诠释都具有其应有的合法性与权威性。但事实上，三传对《春秋》的阐释却迥然有别，乃至大相径庭。因此，到底哪一部《春秋》传更能表达孔子作《春秋》的用心，自古以来一直争论不休，成为中国古代学术史上的一大公案。当然，三传之间的争论很多是无谓的门户之见，对于我们今天的学习者来说，更重要的是要努力体会三种不同文本对一共同经典所展开的不同诠释向度，从而去体认三传各自的价值所在，我们既要看到《左传》的史学价值与文学价值，也要看到《公羊传》与《榖梁传》所阐发出来的义理意义。从另一方面来讲，三传都共同承认孔子作《春秋》这一基本前提，三传之解《春秋》，都着眼于《春秋》史文中的圣人垂教之"义"，三传从不同的角度来共同呈现《春秋经》的意义，也正因为如此，《春秋》三传对《春秋》的不同诠释才可能从不同的侧面构成我们共同的文化传统。

进一步阅读书目：

❶ 童书业：《春秋史》，北京：商务印书馆，2010年。
❷ 赵生群：《春秋左传新注》，西安：陕西人民出版社，2008年。
❸ 黄铭、曾亦译注：《春秋公羊传》，北京：中华书局，2016年。
❹ 徐正英、邹皓译注：《春秋榖梁传》，北京：中华书局，2016年。

《论语》：
中国文化的原典

傅杰	复旦大学中国语言文学系教授 现为浙江大学马一浮书院教授
主要研究方向	中国古典文献学、中国学术史等
代表著作	《文史刍论》《序跋荟存》《书林扬尘》《前辈写真》《旧籍新书经眼录》等
主讲课程	《论语》导读

中国文化的主干是儒家文化，儒家文化的核心是十三经，而《论语》是十三经中唯一一部以记录儒学奠基人孔子的言行为主要内容的典籍，也被多数学者认为是最可信的了解孔子的资料。据《汉书·艺文志》叙录："《论语》者，孔子应答弟子、时人及弟子相与言而接闻于夫子之语也。当时弟子各有所记，夫子既卒，门人相与辑而论纂，故谓之《论语》。"南宋大儒朱熹以《孟子》《大学》《中庸》与之并举，而著《四书章句集注》，在元、明、清三代成为科举考试的标准教程。梁启超《要籍解题及其读法》称："六七百年来，数岁孩童入三家村塾者，莫不以《四书》为主要读本，其书遂形成一般常识之基础，且为国民心理之总关键。"

自古至今，有关《论语》的作用虽时见夸张之辞，但《论语》对中国政治、社会、思想、文化的影响则无所不在，确属中国人最需要了解的古籍之一（甚至可以不加"之一"），更不用说对大学生而言了，所以复旦大学在实施通识教育之初即把《论语》列入其中。而其经典意义也不仅限于中国。在哥伦比亚大学教东亚人文思想课程逾六十年的狄百瑞教授就自述他授课时必教学生读《论语》，而他晚年特别强调：

> 自从孔门弟子记录下孔子在公元前五世纪的教学和嘉言懿行，并且共同阅读、研究、编定它，就深受后辈学子喜爱而代代相传至今。《论语》至今仍然吸引众多读者，是因为它经过了千百年深入研读和审视的历史检验；而不是因为它曾被树为圣典之一（尽管在某些地方确实如此），更不是因为上一代人强加于后人的阅读要求。《论语》对世人具有普适性——它切合人们共有的恒久不变的核心价值。

从思想史的角度说，《论语》中的孔子之言在先秦诸子中已有引用发挥，汉代大儒马融、郑玄等相继作注，自此历代学者反复阐说，最杰出者亦每参与其中，如魏之何晏，唐之韩愈，宋之朱熹。注解之外，思想家、哲学家著作中讨论的问题，也常常以《论语》中所记的孔子之言作为起点与依据，来做引申发挥或修正补充。所以《论语》堪称原典中的原典，熟悉《论语》能为我们进一步读其他文化史上的名家名著提供基础，而读古人的相关著作，从《宋元学案》《明儒学案》，到今人的各种哲学史、伦理学史、政治思想史等著作，才能因此时有会心。从文学史的角度说，古代诗词散文乃至小说戏曲中引用《论语》的名句、化用《论语》的典故，则更比比皆是，因为《论语》是中国古代读书人的必背书，因此书中的所有语句都成为他们不陌生的常用语，熟悉《论语》可以帮助我们既明白其含义，又领略其化用之妙。现代学者已经编了《全唐诗典故辞典》《全宋词典故辞典》之类的工具书，其中出自《论语》者不胜枚举。至于所记孔子及其弟子的嘉言懿行在同学们现在乃至将来的人生中会起到怎样潜移默化的作用，则非本课程能强求，需要同学们今后不断体悟了。

《论语》全书不到一万六千字,今本共二十篇,多为语录,除了古朴简约,多数语录还失载说话的语境,因此常有歧解,所以要借助好的注本来学习,先选能较忠实地"照着讲"的注本,了解大意;再选能较高明地"接着讲"的注本,加深理解。如《颜渊》:"曾子曰'君子以文会友,以友辅仁。'"朱熹《论语集注》说:"讲学以会友,则道益明;取善以辅仁,则道益进。"阐发曾子之意既透彻,又漂亮。又如《为政》:"子曰:'君子不器。'"徐英《论语会笺》融会古注称:"器者拘于一用,譬如耳、目、口、鼻不能相通。故君子之学,不可拘于一器,必求其才之通,识之达,然后可以用周于天下矣。"钱穆《论语新解》进一步引申:"一切知识与学问之背后,必须有一活的人存在。否则知识仅如登记上账簿,学问只求训练成机械,毁人以为学,则人道梏而世道之忧无穷矣。"这几乎可以移用来说明我们推行通识教育的目的与意义。

《论语》注本与研究著作汗牛充栋,非专业人士不能也不必读得太多。钱逊教授多年研究《论语》相继出版过《论语浅解》《论语读本》，晚年由国家图书馆出版社推出的读解本《论语》注解平实，解说明白，适宜用来入门。今人阐释得特别好的当属钱穆，古人阐释得特别好的自推朱熹。朱熹的注对非专业的同学来说难度较大，多年前巴蜀书社出版了专业研究人员《四书章句集注》全译本，最近又由中华书局出了新版，不妨参照。学习本课程应以熟读《论语》文本为主，在孔子与《论语》的研究著作上花费太多精力恐不明智——在对文本还陌生的情况下更是如此。拙编《论语二十讲》选录了周予同《孔子》、朱维铮《历史的孔子与孔子的历史》、李泽厚《孔子再评价》、陈荣捷《孔子的人文主义》、张岱年《孔子哲学解析》、萧公权《孔子政治学说的现代意义》、冯友兰《对于孔子所讲的仁的进一步理解与体会》、高明《孔子的礼教》、钱穆《本〈论语〉论孔学》、刘殿爵《〈论语〉中所见的孔门弟子》、陈大齐《如何研读〈论语〉》、黄彰健《了解〈论语〉的方法——并简论汉宋学派对〈论语〉的解释》、昌彼得《〈论语〉版本源流考析》、任铭善《评程树德〈论语集释〉》等二十篇文章，基本涉及了孔子与《论语》的各个方面,加上李零教授的专著《去圣乃得真孔子:〈论语〉纵横读》,应该已足供同学们了解大概。

进一步阅读书目:

① 钱逊:《论语》,北京:国家图书馆出版社,2017年。
② 钱穆:《论语新解》,北京:生活·读书·新知三联书店,2012年。
③ 朱熹:《四书章句集注今译》,李申译,北京:中华书局,2020年。
④ 李零:《去圣乃得真孔子:〈论语〉纵横读》,北京:生活·读书·新知三联书店,2008年。
⑤ 傅杰选编:《论语二十讲》,北京:华夏出版社,2009年。

良知的力量：
走入孟子的精神世界

杨泽波	复旦大学哲学学院教授
主要研究方向	中国哲学、孟子研究、现代新儒家
代 表 著 作	《孟子性善论研究》《孟子评传》《孟子与中国文化》《贡献与终结：牟宗三儒学思想研究（五卷本）》《〈心体与性体〉解读》《儒家生生伦理学引论》《中国文化之根：先秦七子对中国文化的奠基》等
主 讲 课 程	《孟子》导读

孔子的政治主张是复周礼，在这个过程中，他遇到了很多困难。这些困难使孔子明白了一个道理，复周礼必须有良好的心理基础，即所谓"人而不仁如礼何，人而不仁如乐何"。于是，孔子极大地充实了之前就有的"仁"字的内涵，创立了仁的学说，以仁作为行礼的思想基础，仁因此也成了孔子思想不可缺少的组成部分。孔子对仁有很多具体说明，但有两个问题没有解决：一是没有说明仁究竟是什么，没有给仁下一个定义；二是没有说明仁来自哪里，更没有将仁与性联系起来。

孔子之后，经过一百多年的发展，到孟子之时，情况有了很大变化，性成了热门话题，几乎人人都谈。从《孟子》保存下来的资料看，当时至少有三种不同的人性理论，一是"性无善无不善论"，二是"性可以为善，可以为不善论"，三是"有性善有性不善论"。这种现象表明，从性的角度解决孔子未能解决的两个问题，是一个历史的趋势。孟子正是如此，他对上面三种人性理论都不认可，独创了"性善论"，认为人天生就有好的心，就有善的性，以此来解决孔子留下来的两个问题，极大地推进了儒家思想的发展。

在孟子思想系统中，性的根据在心，围绕心孟子有一个概念群，其中包括恻隐之心、羞恶之心、辞让之心、是非之心，而这些又可以统称为良心。在孟子看来，良心是"我固有之"的，不学而能，不虑而知，故又叫良知、良能。于是人为什么有良心，为什么有良知、良能，就成了儒学研究非常重要的问题。从理论上分析，人之所以有良心，之所以有良知、良能，首先是因为人天生就有一种"生长倾向"，这种"生长倾向"决定人可以成为自己，同时也有利于其类的绵延。当然，在社会生活中，"生长倾向"不能单独存在，一定会受到社会生活和智性思维的影响，进而发展为一种可以称作"伦理心境"的东西。良心也好，良知、良能也罢，它们一点都不神秘，不过是建基于"生长倾向"之上的"伦理心境"而已。

"伦理心境"有天生的成分,但主要来自后天的养成。然而神奇的是,这种主要来自后天的"伦理心境"在面对新的伦理道德问题之前早就存在了。这种"早有存在"即是一种"先在性"。"伦理心境"不仅有"先在性",而且遇事必然表现自己。与此同时,人有"自觉"的能力,可以知道"伦理心境"正在表现自身。一旦把握住了这一点,不需要新的学习,不需要他人提醒,即可以知道自己应该如何去做,是即为是,非即为非,一点瞒它不得。因此,道德生活的第一步是反求诸己,找到自己先在的道德根据。找到了这个根据,把"大体"树立起来,不受"小体"的干扰,严辨义利,就可以成德成善,使自己成为一个好人了。

孟子把这个道理进一步扩展到政治领域。在他看来,君王与庶民相同,都有善性,既然如此,那么君王将这种善性推广开来,老吾老以及人之老,幼吾幼以及人之幼,治理天下易如反掌。孟子的政治思想一点都不复杂,其核心不过是一个"推恩"而已,而这也形成了后来儒家一以贯之的修身齐家治国平天下的传统。当然,受历史条件的影响,孟子的政治主张在当时没有得到认可,失败了,但自汉代开始,凡是讲治国平天下,没有不从孟子思想中寻找智慧的。这是因为,孟子的政治主张实际上开创了一套"理想政治"的模式,而"理想政治"与"现实政治"的张力,构成了中国两千年政治运作的密码。掌握这个密码,不破坏这个密码,"现实政治"才能不犯大的错误,不至于无限度向下堕落,这是历史用血换来的经验教训。

五十多年前,我在空降兵服役,不久从连队调到师宣传科工作,师部旁边有一条大沙河,清晨或傍晚我常去那里散步。大自然有着神奇无比的力量,总是淘汰腐烂、没有用的东西,保留不朽、有价值的东西。就像那条大沙河一样,经过千百万年的洗刷,淘汰了淤泥枯草,保留了黄沙卵石。思想发展史也像是一条长河,淘汰腐烂,保留不朽。中国历史上的士人无法计数,但能够成为哲学家的并不多。一个重要原因,是大多数士人头脑里没有可以称得上不朽的思想。哲学家就不同了。他们能够配得上这个称谓,是因为他们拥有不朽的思想。历史残酷无情,又情有独钟:在淘汰腐朽的时候残酷无情,在保留不朽的时候情有独钟。

在众多的士人中,孟子出其类,拔其萃,成为重要的哲学家,在中国思想史中占重要的地位,就是因为孟子思想中有不朽的东西。这些不朽的东西,择其要者,无非有三。

一是性善理论。为了解决孔子仁的学说留下的问题,孟子提出了性善论,将仁的根基落实在良心、良知上:因为人人都有良心、良知,所以人人都有诚善之性;因为人人都有诚善之性,所以人人都有成就道德的基础。有了性善论,自暴自弃者才无可借口;有了性善论,人类才不至于沦为禽兽。性善论开创了心学的先河,对于中华民族形成好德乐善、积极向上的文化心理发挥了重要作用。

二是义利思想。严辨义利,是孟子思想的重要内容。义利之辨的含义较多,有人禽之分的义利,有治国方略的义利,有道德目的的义利,其中人禽之分的义利又是义利之辨最重要的内容,对后世影响也最大。人禽之分、义利之辨的主旨,是强调人不能只满足于食色和事功,过利的生活，更应该时时想着义，过道德的生活。只有这样，人才能生活得有意义，才能使生命充满光辉。无论在什么时代，告诉人们应该如何生活，怎样生活才有意义，总是需要的。孟子人禽之分、义利之辨的深远意义正在这里。

三是王道政治。战国之时，天下无道，世风惨烈。各种救国治世的主张纷纷粉墨登场，其中霸道主义最为流行。孟子则反其道，力倡王道政治。虽然王道政治不合时宜，但对君王提出较高的要求，重视民心的力量，在一定程度上反映了民众的利益，成为"理想政治"的代表。两千年来，在绝对专制的前提下，王道政治是唯一能够与"现实政治"相抗衡的合法的力量。正因为这样，王道政治才为后人津津乐道，啧啧称颂。必须保持"理想政治"和"现实政治"的张力，是我们从孟子那里学到的最有价值的政治智慧。

无论什么时候，如何成德的问题、如何生活的问题、如何治国的问题总会存在。面对这些问题，中国人总要直接或间接地求助于孟子，在其思想中寻找有用的资源。

所以，有中国人的地方就一定有孟子，尽管案几上可能没有他的牌位，但血管里一定流淌着他的鲜血。在这条漫漫的历史长河中，孟子保持着长青，保持着不朽，就像大沙河中经过亿万次洗刷淘汰剩下的黄沙和卵石——而这也是我们今天仍然要学习孟子，在其思想中汲取智慧的重要原因。

进一步阅读书目：

❶ 朱熹：《四书章句集注》，北京：中华书局，1983年。
❷ 杨伯峻：《孟子译注》，北京：中华书局，2008年。
❸ 杨泽波：《孟子性善论研究》，上海：上海人民出版社，2016年。
❹ 杨泽波：《孟子评传》，南京：南京大学出版社，1998年。
❺ 杨泽波：《孟子与中国文化》，上海：上海人民出版社，2017年。

纷乱时世之中的自由逍遥：庄子的精神方向

陈引驰	复旦大学中国语言文学系教授
主要研究方向	中国古典文学、道家思想与文学、中古佛教文学、中国古典文论与海外汉学
代 表 著 作	《庄学文艺观研究》《无为与逍遥：庄子六章》《中古文学与佛教》《〈文苑英华〉与近世诗文思潮》《彼岸与此境》等
主 讲 课 程	《庄子》导读

商周之际建立起来的社会秩序和文化理念,在春秋战国时代经历了巨大的变动。在孔子看来,礼崩乐坏的情势,亟待秩序的重整,他提出的方案是重归周礼,即周的制度和文化;而另一些思考者考虑的或许是在时代的废墟上新建某种社会和文化的秩序。于是,儒、墨、道、法各自发声,自是而相非,形成后世所谓的"百家争鸣"。

在这种种现实力量和思想潮流的往来涌动、冲荡的旁边站立着的,是身处于如此纷纭、躁动的现实和思想格局最边缘的庄子。

所谓"道家"、也是庄子前辈的老子,按照司马迁的说法,是东周"收藏室之史",掌握着最为丰富的文献,饱览典籍,往往从在上者的角度发表自己的意见,告诫统治者该如何行事理政;孔子怀抱拯救天下的宏愿,鲁国的仕途失败并不能阻碍他周游列国,极力推展他恢复周礼、重整天下的主张；孟子以孔子为榜样，率领众弟子，周旋于诸侯之间，能言善辩，宣扬仁政；法家则从事实际政治，概括出一整套的法则和权术，成为统一中国的秦国的统治思想，虽然从商鞅到韩非最后都丢掉了性命，他们却始终矢志不渝。

庄子则异乎是。他终身没有强烈的投身现实的冲动。《史记》记载他做过漆园吏，可我们翻看《庄子》全书，却几乎没有什么痕迹。在后世看来，他差不多可以算是一位隐士了。庄子也去见过一些有权有势的人物，如监河侯、魏王，如当了一国之相的朋友惠子；但他似乎既不是去兜售自己学术主张的，也不是去溜须拍马、捞取世俗利益的，倒好像是专门去吵架、骂人的。他也有过一个机会能走上比较堂皇的仕途，可又坚决推却了楚王的聘请。为什么呢？这基于庄子对那个时代强烈的"乱世"的感受："方今之时，仅免刑焉"。后来诸葛亮《出师表》中所谓"苟全性命于乱世，不求闻达于诸侯"，应该就是庄子在面对现实世界时所主张的原则吧。

相对于那个时代许多思想家对天下的关怀，庄子更关切的是对个体自我的把握,《齐物论》里甚至流露出对诸子议论喧嚣的厌烦。庄子一定认为他只能把握能把握的那部分,也就是自己的生活和生命。他努力让自己的生活能在有尊严的情况下延续下去,哪怕身处穷街陋巷,织草鞋为生;他研究如何静坐凝神,使得自己的心绪平静如镜;他常常穿行山林、垂钓水边,与熟悉的朋友聊聊不着边际的事,有时还会往复争辩,可辩诤的主题绝不是天下如何治理,而是游鱼果真快乐吗?

但仅仅如此,庄子便还只是有些境界的一介凡夫。然而司马迁说他"其学无所不窥",学识俱高;在自我的方向上,庄子不仅落实于日常,更有超然的精神飞升和自由。

庄子的视野没有局限在现实世界之内,他个人的生活天地更多在自然的天地之间;他内心展开的面向不仅是人世,更有大地、海洋和天空,有草木葱茏,飞禽走兽。《逍遥游》开篇的鲲鹏展翅就是最形象的显示,而迥异于《论语》《孟子》开场所设定的人间。甚至在庄子的眼中,"抟扶摇而上者九万里"而后南翔的大鹏也是有限的存在。

他所谓的"逍遥"是"乘天地之正,御六气之辨"地与自然天地的合契。《庄子·天下》篇的评说表达得最是清楚:"独与天地精神往来。"在古代的思想世界中,世间万物包括人的存在都是天地所赋予的,"天"是人的根源所在,也是其价值和意义的依据。所以在庄子心中,只有归返到天地精神的根本,人才能获得真正的"逍遥"。

飞升到天地境界,才能见出何大、何小,才能知晓什么是不必执着的无谓,什么是真正要紧的事情。如同大鹏在九万里的高空俯瞰人寰,《秋水》感慨:"吾在天地之间,犹小石、小木之在大山也……计中国之在海内,不似稊米之在大仓乎?"由此,人世间所日争夜夺的就显得那么可怜,人们的种种争议也显得鄙陋和局限。

大概也正是在这个意义上,《齐物论》对于世上千差万别的诸多事物,表现出不在意,不执着,等齐而观。庄子不会对差异视而不见、一概抹杀,他当然知道,自己的面黄肌瘦与得益者的从车百乘是不同的;但在这个乱世中,世俗看来的天差地别真的那么重要吗?真的值得冒着失去性命的危险去攫取吗?生活中的不同道路,是每个人自己的选择，得与失、是与非，最后都将自己承当，庄子不愿、不屑也不必自降地位陷入无谓的纷争之中，他是"朝三暮四"那个寓言中的养猴者狙公，而不是纠结于早晨到底是吃三个果子好还是吃四个果子好的猴子。这种不卷入无谓纷争的态度，常被误认为是和稀泥；其实，这里面是怜悯，乃至同情。

确实，庄子对于差异的世间万端都抱有真实的同情，即使在现世之上已然有着天差地别，但万物都根源于天地自然，各有其存在和生长的理由。因此，庄子对万物的基本姿态便是尊重其来自天地自然的本来性状。比如人生百年，有始有终，这是一个命定的自然过程，所以在活着的时候努力尽其天年，在复归天地的时候坦然地"安时而处顺"以待之（《养生主》）；比如这个世界的万物之美，以庄子最熟悉的树木来说，就是它的自然生长、旁逸斜出，不必合乎世人造房子做家具的用处，不必是经过雕琢涂饰的制作之美（《天地》）；比如对世上的政治秩序，应该尊重组成社会的人的自然本性，以之为基准来规划、安排，而不是像儒家那样标举高且难及的"仁义"

的标准，诱导人们竞相追攀而丧失自我（《骈拇》《马蹄》《胠箧》）。

庄子的言说，在当时大概是很少有人听到，更没什么人会听取的。然而以老子的话来说，"柔弱胜刚强"，当初微弱的声音，后世越来越清晰，进入人们的内心，成为重要的甚至是不可或缺的精神资源。庄子启发人们：在艰困的处境之下，在难以生存的时代之中，如何保全自己，并且提升自己的精神境界；在种种喧闹的意见场中，如何超乎其上，给予犀利的破斥；在一塌糊涂的世道上，如何依然怀抱着丰富的情感、自由的心灵。

进一步阅读书目：

❶ 王先谦、刘武：《庄子集解·庄子集解内篇补正》，北京：中华书局，1987年。
❷ 陈鼓应：《庄子今注今译（全三册）》，北京：中华书局，2009年。
❸ 陈引驰：《庄子讲义》，北京：中华书局，2021年。

史学经典的结构与传承：
《史记》导读

陈正宏	复旦大学古籍整理研究所教授
主要研究方向	版本目录学、比较文献学、美术文献与美术史
代表著作	《东亚汉籍版本学初探》《史记精读》《时空:〈史记〉的本纪、表与书》《血缘:〈史记〉的世家》《沈周年谱》《诗画合璧史丛考》《古籍印本鉴定概说》《英国剑桥李约瑟研究所中国科学史图书馆藏汉籍善本图目》等
主讲课程	《史记》导读

在中国，只要接受过初等教育，就都接触过《史记》。"王侯将相，宁有种乎""约法三章""四面楚歌"，多少代人的传统历史意识，就是从《项羽本纪》《陈涉世家》《刺客列传》这些《史记》名篇以及篇中的嘉言名句里培养起来的。

不过，《史记》是一部名副其实的巨著，卷帙多达一百三十篇，字数超过五十二万，还都是文言文，从国民整体说，真正完整地读过全本《史记》的，恐怕并不多。因此，以高中以上文化水平读者为主体，用不同的方式，导引全民阅读相对完整的《史记》原著，就是一件十分有意义的事。在综合性大学内，为不同学科专业的本科同学，开一门《史记》导读课，其必要性也是显而易见的。

作为大学本科通识课程的"《史记》导读"，课程目标当然不能简单地设定为仅让学生能通读《史记》。我们把目标设定为以下两个：基础的目标，是通过直接阅读不同版本的《史记》单篇完整原文，教会本科生具备一定程度的阅读未经标点整理的古文献原文的能力，并意识到因为汉语历史悠久，历史文本可能具有异常的复杂性和多样性；长远的目标，则是通过细读《史记》这样的史部名著的若干重要篇章，引导同学在适当的人生阶段自主通读《史记》全书，并培养他们逐步养成从一定长度或深度的历史视角，理性而又不失人性地观察与剖析人生和世界的态度。

之所以这样设定教学目标，是基于作为经典的《史记》在现代社会中呈现的独特命运。

现代人看《史记》，就不同的层次而论，主要存在三个误区。一是把《史记》当作相对单纯的历史故事集来看待，读《史记》，只是为了知道历史上曾经发生过的故事。因为只要知道故事，所以最看重《史记》的列传，而可以不看《史记》的八书，当然更不看《史记》的十表。二是将《史记》看作是司马迁个人的创作，至多是司马谈、司马迁父子两人的合作创作，所以经常用诸如

"司马迁只活了多少岁,他怎么可能知道几千年前的事"一类的片面逻辑,质疑太史公,甚至鲁莽地加以"骗子"的恶谥。三是在学术讨论中以《汉书》乃至明清以后的正史编纂成规,去强求《史记》,凡见《史记》中有跟后世正统史学著述体例不合的地方,就不遗余力地予以严酷的批评。

这三个误区,从古典文献发展的历史和《史记》本体看,当然是很容易发现症结所在的。如所周知,《史记》是一部经过精心设计的著作,它以十二本纪、十表、八书、三十世家、七十列传的结构,描述从上古到西汉前期三千年以上的人类历史,那些生动的历史故事,是被有组织有重点地嵌入整体的历史叙述框架中的,因此单看故事,自然无法了解太史公对历史的整体把握和深入思考。同时被很多人忽视的,是《史记》虽然成于司马迁,但它的撰述方式,却并不是文学创作,而是以整理和编纂历史文献为主,加上本人的目击耳闻,最后对相关史料和见闻作首尾相贯的系统化处理。考虑到司马迁所处的时代,是秦始皇焚书之后,儒家经典星散,六国史记禁毁，这种整理、编纂和对来源可靠的口述历史的记录，尤其难能可贵。至于责难《史记》作为史书体例不纯，那是完全没有史学史常识的偏见。《史记》被列为"正史第一"，是唐代以后的事。在司马迁撰述的当时，后代书籍分类中最常见的经史子集四部分类法还没有出现，太史公撰《史记》，"成一家之言"，所谓"一家"并不是指个人，而是指能够跟儒家、道家、法家等分庭抗礼的别一家，因此《史记》的性质，原本跟同时代稍早的《吕氏春秋》《淮南子》类似，用四部分类来说，它其实是一部子书，但因为所用材料独特，被后来人塑造成了官方史书的开山鼻祖，但这部所谓的"正史"又不是官修的，主体成书于儒家思想一统的前夜，所以历经沧桑，依然带有鲜明的个性色彩。

基于如上的理念，我们采用如下的方式，努力达到上述目标。

首先，注意"全本"和"选篇"之间的平衡。目的是引导同学通读《史记》，但有限的课时，决定了只能是选读，怎么选就成为一个关键问题。以往的《史记》选本，为了提高读者的阅读兴趣，一般多关注《史记》五体中本纪、世家、列传三体，而置表、书二体于不顾，或者仅录表的序文部分。我们的选择则五体皆备，且所选都是不加任何节略的全篇。诸篇联成一个整体，一个明显的特征，是既涵盖了《史记》固有的五体，又大致包括了作为一部通史本身原有的叙述时段——先秦至西汉，同时注意其中关涉的主题具有充分的多元性。

其次，对于选定的篇目，采用了一种便于同学（尤其是非人文学科同学）循序渐进，从易到难，逐步细读、理解古典文本的进阶方式。由于汉语古今差异甚大，要想深入地理解传统文史名著的内在意蕴，就不得不经历准确细致地解读古典文本这一重要环节。而要准确细致地解读古典文本，首先就不得不识文字，通句读，辨疑义，否则一切有关微言大义的讲解都很可能成为空话。为此本课程特意设计了如下的进阶：本纪一篇，用现代人加标点的《史记》简体横排本；表一篇，用通行的中华书局繁体竖排校点本；书一篇，用清刻本；世家一篇，用明刻本；列传两篇，分别用域外翻明刻本和影印宋刻本（其中书以下各篇，都用没有新式标点的古籍原本）。我们把有关的文本复印件发给同学预习，安排一定的时间，请同学口头标点不同版本的部分文本，同时辅以相应的古籍实物展示，以使同学通过阅读《史记》的单篇完整文本，意识到历史文本具有跨越时空的独特魅力。

再次，除了让同学细读《史记》五体文本，我们也通过讲授，把司马迁所写的当时情境、今本《史记》的文本层次，与《史记》有关记载相关联的考古发现，以及相应的文史知识及这些知识的现代价值，四者结合传达给同学。并使同学通过小班讨论，加深对相关历史和文献问题的认知。在此过程中，诸如"为何《孝武本纪》跟《封禅书》的后半篇几乎完全一样"，"为何司马迁走南闯北却不写一篇《地理书》"等问题，也有了文本形态之外作为特殊时代历史问题的价值。

总之，这门通识课，希望通过相对完整地直面原典，让同学在细读中了解：中国本土的文化传统，是如何发展的；中国的史学经典，是如何结构与传承的；优美的中文，在两千多年前已经达到怎样纯熟的程度；复杂多变的历史，跟我们每个人又有怎样割不断的联系。

进一步阅读书目：

❶ 《史记（点校本二十四史修订本）》，北京：中华书局，2013 年。

❷ 朱维铮：《朱维铮史学史论集》，廖梅、姜鹏整理，上海：复旦大学出版社，2015 年。

❸ 陈正宏：《史记精读》，上海：复旦大学出版社，2016 年。

阅读《三国志》：
观察和理解一个时代

戴燕	复旦大学中国语言文学系教授
主要研究方向	魏晋南北朝文学、中国近代学术史、日本汉学
代表著作	《〈三国志〉讲义》《魏晋南北朝文学史研究入门》《文学史的权力》等
主讲课程	《三国志》导读

《三国志》是陈寿撰写的一部史书。陈寿生于三国时的蜀国，后半生在西晋的洛阳度过，写下《三国志》六十五卷，包括《魏书》《蜀书》《吴书》，涵盖汉末至西晋初年的历史。他是学习汉代司马迁著《史记》、班固著《汉书》而写《三国志》的，写下的是他所亲历或耳闻目睹的三国历史，这部书因此有很高的史学价值。到了南朝宋时，裴松之又利用当时还能看到的很多文献，补充《三国志》的记载，而成为有名的裴注，大大丰富了它的内容。

《三国志》也是一部经过历史选择的经典。撰成之初，在陈寿生前就获好评，张华还因此决定把晋朝国史的修纂托付给他，元康七年（297）他在洛阳去世，范頵等人便立刻上书，称《三国志》很有价值，应该赶紧去采录，于是，《三国志》也就成了一部官方认可的史书。在陈寿以前或者与他同时，还有不少人在写魏、蜀、吴三国历史，但在陈寿的《三国志》传布后，都为其光芒所掩，逐渐散佚。

要了解《三国志》，必须先理解作者陈寿的心情和立场。第一，当时人是怎么看他们的时代？蜀人中，就有许多是当自己身处战国或是西汉末年那样的时代，并没有到了东晋南北朝以后才产生的所谓"华夷之别"的意识，没有那样一种被撕裂的痛楚。第二，陈寿的学术背景以及他的师承如何？这就要说到谯周。陈寿为谯周写的传，就文字数量而言，在《蜀书》里大概仅次于他写的诸葛亮传。谯周作为老师，他的学问、立身处世的态度以及与之相关的学术网络，到底对陈寿有什么意义？第三，很重要的是陈寿个人的经验。《晋书·礼志》中有一条记录不怎么被关注，就是关于王昌是否该为他的前母服丧，在西晋太康元年曾经有过的一场大辩论，陈寿也参与辩论，贡献了他的意见。而从这一辩论中可以看到，原来西晋大一统之后，如何面对由三国分立带来的"历史遗产"，还不只是一个礼或理论的问题，更是复杂的、棘手的现实难题。这样，再来看陈寿对魏、蜀、吴三国的态度，我们才能理解他在《蜀书》与《吴书》中分别对诸葛亮、诸葛瑾的记述。

宋元以后的一些三国话本小说，便都是以陈寿的《三国志》以及裴注为基础，敷衍而成，其中最有名的是罗贯中编写的《三国志通俗演义》，而由《三国志通俗演义》，后来又衍生出来许多现代版的"戏说三国"。小说《三国演义》与古今中外的种种"戏说三国"，让三国故事家喻户晓，人人皆知。可以说，三国是一段全民共享的历史，以各种形式在记载、讲述、表演、传播。时下，三国故事的影响力仍然十分巨大，从如今火热的动漫、游戏等作品中，可以看出人们对于三国历史故事和人物的喜爱和理解。

我们的做法，恰恰是要同社会上流行的各种演义和戏说切割开来，我们将从《三国志》进入真正的三国历史，以《三国志》作为我们的阅读文本。其次，我们也将会以现代人的视角，去关注三国历史的各个方面。既讲政治，也讲思想、学术和文化；既讲男性，也讲女性和儿童；既讲魏蜀吴，也讲乌丸鲜卑和东亚。

试举三例。其一，民间演绎的三国故事大多关注战争，人物方面侧重于武将。文人被接受得较为广泛的形象，是战争中的"谋士"。但实际上，魏晋时期的文人所创造出的文化成果非常之高，何晏就是一个具有代表性且争议颇多的人物。东晋著名学者范宁痛恨当时"浮虚相扇，儒雅日替"的风气，把责任怪到一百年前的何晏、王弼两个人身上，说他们是使"仁义幽沦，儒雅蒙尘，礼坏乐崩，中原倾覆"的罪魁祸首，比桀、纣的暴虐更甚。现代人讲三国，也都视他为"以老庄为宗而黜六经"的玄学领袖，在魏晋南北朝的思想文化史上给他以大大的篇幅。

其二，陈寿的视野，还包括了与三国有往来的周边国家和民族。他有一个原则，即是"补前史之所未备"，因此根据实际情况，在《魏书》最后一卷，他写了一个《东夷传》。这个"东夷"，是指长城以北、大兴安岭以东，相当于今天中国东北以至俄罗斯、朝鲜半岛、日本的范围。这样，在中国传统正史里面，就第一次出现了日本传，便是《魏书·东夷·倭人传》。这个据统计总共有一千九百八十七个字的《倭人传》,也是世界上现存最早的有关日本的文献,在它以前,只有《汉书·地理志》在介绍北方燕地时,提到海的那一边,有倭人年年到来。由于日本人记述自己的历史,也要到8世纪才开始,陈寿于3世纪末写下的这一《倭人传》,对于了解日本的早期历史很重要,因此它在日本受到的关注比中国还要高,不但有专业性的注释、考古和研究,还有对大众的讲授、宣传,数不胜数。

其三,在《三国志·方技传》中,陈寿一共写到五个人,分别是"神医"华佗、知声乐的杜夔、懂相术的朱建平、会占梦的周宣、善卜的管辂。这五个人,如果按照现代的学科划分,勉勉强强可以归入科技类,而在陈寿看来,他们都掌握的是"玄妙之殊巧,非常之绝技"。比陈寿更早,1世纪的史家班固在《汉书·艺文志》中解释"方技",就是"生生之具",是与人的生命相关。这五人中,华佗无疑是最为知名的人物。称华佗为医学家、科学家,不光是现代人,也是他同时代人的看法。《华佗传》所记载的病例,粗略而言,涵盖当今"产科""儿科""内外科""精神科"等。在《华佗传》的叙述中,经华佗诊治的病人,他们的生死之比是七比九。那些"失败"的案例,华佗问诊后,只是告知患者将在何时不治身亡。这个治愈率似乎有负"神医"的美誉,那么,是否意味着在陈寿看来华佗的医术不精?应该不是这层意思。也许这是古今之人的不同,对于古人来说,医生的权威在于能作出正确的诊断,能够看到生死门限,让人安然尽享自己生命的饱满和力量。

总而言之,本课程将以《三国志》及裴注的文献阅读为中心,结合文物考古与学术界的最新研究成果,讲一个新的三国史,为大家重新认识三国时代,认识传统的中国历史和文化,提供一个新的路径。

进一步阅读书目:

❶ 缪钺主编:《三国志选注(全三册)》,北京:中华书局,1984年。

❷ 陈寿著,方北辰译注:《三国志全本今译注》,西安:陕西人民出版社,2011年。

❸ 罗贯中:《三国志通俗演义》,北京:人民文学出版社,1975年。

❹ 何兹全:《三国史》,北京:人民出版社,2011年。

❺ 戴燕:《〈三国志〉讲义》,北京:生活·读书·新知三联书店,2017年。

《资治通鉴》与司马光的思想世界

姜鹏	复旦大学历史学系副教授
主要研究方向	中国史学史、中国思想史
代表著作	《北宋经筵与宋学的兴起》《稽古至治:司马光与〈资治通鉴〉》等
主讲课程	《资治通鉴》导读

《资治通鉴》是中国古代最成功的编年体通史著作,由北宋中期著名政治家司马光主持完成编修。因为这项成就,司马光和《史记》的作者司马迁得以并称为中国史学"两司马"。《资治通鉴》全书记载了从春秋战国之际到北宋建立前约1400年的历史,是了解中国传统史学非常好的一个窗口。一方面,《资治通鉴》使用"长编考异法",确立史料选择、辨析的程序与原则,对后世影响很大。另一方面,《资治通鉴》将传统史学的借鉴资政功能发挥到极致,后人用"鉴于往事,有资于治道"来说明书名的含义。再者《资治通鉴》也是将历史叙述、历史评论与思想表达相结合的典范,全书共有上百条史论,其核心部分是主编司马光本人的历史评论,通过史论写作,司马光直接表达了自己的政治思想。

《资治通鉴》非常浩博,而现代人认识历史的路径和需求，与古人相比也发生了很大的变化。作为今天的初学者，如何找到学习《资治通鉴》的门径呢？我想还是要从归纳总结《资治通鉴》最基本的特征入手。《资治通鉴》最根本的特征是什么？我想就是"传统史学经典"这六个字吧。如果我们能理解经典最基本的特性应该是什么、史学最基本的特性应该是什么、传统学术与现代学术最基本的区别是什么，那就不仅对《资治通鉴》有了深入了解，还能建立起一套认知能力，借以处理其他具有共同性质的文本。

首先，从经典的角度讲，每部经典既具有一定的时空性，也具有超越时空的典范性。任何文本的形成都有一定的时代或人物背景，这就是它的时空性。若以《资治通鉴》为例，我们需要知道这个文本诞生在怎样的时代背景下，需要知道作者个人的特殊经历与思想特点，也需要知道作者本人与时代的互动。所以宋代前期政治文化的特色及其成因，司马光个人的知识志趣、政治倾向都是需要深入探讨的内容，更重要的是，需要深入研究司马光参与过的重大政治事件（比如反对王安石变法）与《资治通鉴》文本形成之间是否有互动关系。通过阅读、研究，我们会发现，历史在司马光笔下不仅仅是一个故事、一件陈迹，更是表达政治理想与现实政治主张的武器。

其次，作为一个史学文本，它具有怎样的基本特征？从这个角度看，初学者最容易犯的错误，是会把历史著作中所讲述的内容等同于已经发生的历史本身。或者说，最大的误会在于，人们总是认为通过阅读历史书籍，可以知晓绝对真实的历史。所以，我们应该提出这样的问题：当面对一部历史著作时，我们在面对什么？是历史本身吗？这是非常重要的问题，牵涉历史学的本质。事实上，发生的历史和被书写的历史并不是一回事，无论如何经典的史学著作都不可能在绝对意义上重现历史本身。为说明这一问题，我们可以把《资治通鉴》和《史记》作一个比较，比如荆轲刺秦的故事、商山四皓的故事，还有著名游侠郭解的故事，两部著作都处理过，但处理的手法以及导向的结论完全不同。此外，还有选择性问题。史学家也经常会根据自己的喜好选择、关注某类现象，而忽视另一类现象等。史学家的这些主观性是历史学内在的、无法摆脱的特质。所以历史学家在讲述、解释某个历史事件时，往往自觉或不自觉地带有自身的立场，或指向他想达到的目的。

再次，作为一个传统文本，又具有怎样的特点？传统是相对现代而言的。拿历史学来说，传统史学和现代史学当然不会是一回事。诸如《资治通鉴》之类的传统史学著作，从作者身份、编纂方法、写作目的等角度而言，都和现代职业史学家有着天壤之别。比如，我们一谈到司马光，总觉得他是一位著名史学家。其实这是现代人安给他的头衔，回到司马光自身的处境，他最重要的身份无疑是士大夫，而且是当时最有影响力的士大夫之一。对于既是官员又是学者的古代士大夫来说，历史是什么呢？历史是表达思想、寄托治国理念的工具。这和生活在象牙塔里、以学术研究为志趣的现代职业史学家有很大的不同。现代学者以学术研究本身为目的，而对士大夫来说学术研究往往只是工具。这就意味着，当他们都在求"真"时，对什么是"真"的理解会有很大不同。如果尝试着用现代史学的标准去衡量传统史学，必然出现凿圆枘方的现象。比如,《资治通鉴》"长编考异法",也能体现编纂者追求历史真实的严肃性,时间、地点、人物、事件,能够考证清楚的一一考证清楚,排比事实,罗列证据。但如果我们简单地认为《资治通鉴》对历史真实性的态度和现代史学是一致的,那我们就无法理解为什么《资治通鉴》中还有连司马光自己都不相信的鬼故事。而即便是在运用"考异"法以取得"事实"的过程中,符合历史真相也并不是唯一的原则。要深刻理解这一点,就必须明了,现代学术对于真实的理解和传统学术之间是有巨大差异的。

总结来说,首先,作为经典文本的《资治通鉴》,我们必然能从它身上找到阅读、进入任何一本经典的一般通则。找到的这种方法,在阅读其他经典时也是同样适用的。其次,它是一个史学文本,历史书写最大的特点就是主观与客观的复杂交错,不仅《资治通鉴》如此,其他史学著作亦是如此。第三,它属于传统史学范畴,所以对于历史真实性的认识与现代史学之间存在巨大差异。

进一步阅读书目：

1. 柴德赓：《〈资治通鉴〉介绍》，北京：中共中央党校出版社，2010年。
2. 刘后滨、李晓菊主编：《〈资治通鉴〉二十讲》，北京：中国人民大学出版社，2010年。
3. 陈垣：《通鉴胡注表微》，北京：商务印书馆，2011年。
4. 张煦侯：《通鉴学》，北京：北京联合出版公司，2019年。
5. 姜鹏：《稽古至治：司马光与〈资治通鉴〉》，上海：上海人民出版社，2019年。

世界文明的奠基

古希腊文明及其现代遗产

黄洋	复旦大学历史学系教授
主要研究方向	古希腊史
代表著作	《古代希腊土地制度研究》《古代希腊政治与社会初探》等
主讲课程	古希腊文明

人类的古代文明是现代世界的根基，塑造了我们生活的这个世界的基本特性。我们的制度、信仰、思想和观念乃至审美取向无不深受古代人的影响。我们不时需要回望苏格拉底、孔子和释迦牟尼的时代，找寻思想和精神的灵感和启迪。卡尔·雅斯贝斯把这些伟大思想家和精神领袖生活的时代称为"轴心时代"，大体包含了这样的意思。因此，在通识体系中开设一门"古希腊文明"似乎是理所当然的，无需刻意证明其合理性。实际上，不止古希腊文明，其他古代文明也是通识教育的核心内容。

古希腊文明在诸多方面对现代世界产生了深远的影响。在政治制度与政治观念方面，希腊人创造了以公民和公民权为基础的国家体制即城邦，发展出了国家（城邦）即"公民共同体"的观念，给予所有全权公民政治参与权，并且用法律形式将国家制度和公民权利确立下来，开创了法制传统。在此基础上,希腊人又开创了民主政治制度,让全权公民以投票方式直接决定国家大事。时至今日,公民政治成了世界各国国家制度的基础,民主政治成了世人普遍接受的价值与观念,这不能不说是希腊人的开创性贡献。在哲学和科学思想方面,希腊人发展了理性思维方式,用人的理性探索自然世界,发展了严格的概念定义和严密的逻辑论证方法,这成了现代科学和学术传统的基石。在建筑与艺术方面,希腊人创造的、以丰富的雕塑来装饰的柱式神庙建筑,成了近代以来几乎所有西方国家在建造庄严的国家建筑时的母版,例如法兰西议会大厦、德国国会大厦(即德意志帝国议会大厦)、美国国会大厦等,而希腊雕塑则成为了美的代名词。当然,古希腊文明还影响了我们熟知的奥运会、戏剧等。

"古希腊文明"重点讲述希腊文明的创造对现代世界的贡献。然而,现代世界并非简单地接受了希腊文明的遗产,而是注入了新的内涵。譬如民主政治,其内涵在古代希腊和现代世界就大不一样。对希腊人而言,民主政治意味着全权公民(即成年男性公民)掌握国家最高决策权，以公民大会的方式直接讨论国家大事并投票进行决策；它也意味着，除了需要特别技能的官职（如将军）以外，国家官职以抽签方式由全权公民定期轮流充任。而对现代人来说，民主政治通常意味着选举国家重要公职人员。这两者之间不仅是操作方式的不同，而且是理念的根本性不同。古希腊民主政治所强调的全权公民直接参与国家决策体现了全体公民权利和机会的平等，而现代民主政治所信奉的选举制度则是精英政治的手段，普通公民实际上没有多少参与政治的机会。再如奥运会。在古代希腊，奥运会是希腊人崇拜众神之王宙斯的仪式的一部分。奥林匹亚是全希腊人认可的宙斯崇拜圣地。每隔四年，希腊人聚集在这里，举行隆重的祭祀宙斯的仪式。作为仪式的一部分，希腊人组织运动竞赛，向宙斯献礼。现代奥运会虽然源出于希腊，却是个集体育、娱乐和商业于一身的盛会，象征了极为不同的含义。

因此，我们要追根溯源，弄清楚希腊人原初的观念与制度到底是什么样的，是在什么样的历史情形之下产生的。只有这样，我们才能够对古希腊文明和现代世界的关系有比较准确的理解。

另一方面，古希腊文明的遗产也不都是正面的，它对现代世界还有一些深刻的负面影响。例如，希腊人发展了强烈的二元对立思维，反映在社会政治和伦理领域，那就是善与恶、正义与非正义、自由与奴役的对立。这种二元对立观念和希腊人的族群中心主义观念交织在一起，形成了文明与野蛮、自由人与奴隶对立的观念。希腊人把其他族群都称为"蛮族人"，而他们则代表了文明人、自由人，因此也只有蛮族人才是奴隶。在希波战争之后，希腊人尤其强调波斯是他们的对立面，象征了野蛮与非正义的一方。在后来西方文明的历史上，希腊人发展出来的二元对立观念又为基督教思想所强化。到近代以来，西方人把这种野蛮与文明的对立主要看成是"东方"和"西方"的对立，并将其进一步放大，以至于用来理解从古至今的历史。这样，波斯和希腊的对立就逐渐被赋予了"东方"和"西方"的对立之源头的意义了。

要准确把握古希腊文明的另一个困难在于，我们所接受的关于希腊文明的整个知识体系都是由西方学者建立起来的。毫无疑问，这个知识体系是一代又一代西方学者精细研究的结晶；也毫无疑问，这些研究采用了严谨的、学理的方法，大多经得起推敲。因此，古希腊文明并非像某些极端民族主义者宣称的那样是西方人虚构的。然而也不可否认的是，即便当代西方学者已经超越了诗人雪莱所代表的阶段，不再像他那样宣称"我们全都是希腊人"，并且意识到了希腊人和希腊文化是"无可救药地异己"，但西方知识界所建立的古希腊文明知识体系还是不可避免地融入了西方人的价值观、想望乃至偏见。马丁·贝尔纳在《黑色雅典娜》第一卷中尖锐地指出，西方两个世纪以来的古希腊文明研究存在系统的白人种族中心主义倾向，这些研究突出了希腊文明是雅利安人的创造，却系统性地忽视了西亚和埃及在希腊文明塑造过程中产生的巨大影响。但西方人的价值观、想望和偏见并不仅仅体现在这一个方面，甚至可以说渗透在他们对希腊文明理解的方方面面。比如，西方知识界把古典希腊文明看成是现代西方文明的根源，因而倾向于把和民主政治相关联的城邦看成是希腊文明的典型特征，并进而强调希腊城邦文明和之前以王权为标志的米诺斯－迈锡尼文明的断裂。再比如，西方政界和知识界习惯于用公元前5世纪雅典和斯巴达为首的两大军事同盟的对抗，来类比当代世界的冷战局势乃至冷战之后以美国为首的西方世界与中国的关系，并进而反向将冷战时期两大阵营的意识形态对立投射到古代希腊，以此来理解雅典和斯巴达的对立，从而把雅典说成是一个民主的开放社会，把斯巴达说成是一个封闭的极权社会。至于说把希腊和波斯之间的战争看成是东西方之间永恒对立的肇始的这种做法，更是司空见惯的。又比如，西方学者经常带着殖民者的心态，从殖民主义的视角来理解希腊文明的扩张，从而淡化了古风时期希腊人殖民运动的武力扩张色彩，把亚历山大的东征与他对亚非的统治说成是出于他推进民族融合、建立大同世界的理想。如此种种，都需要我们在学习和了解古希腊文明时对西方学术界的研究进行反思，抱着批判的态度对待现有的古希腊文明知识体系，并在此基础上形成我们自己的理解。

进一步阅读书目:

❶ 黄洋、晏绍祥:《希腊史研究入门（第二版）》,北京:北京大学出版社,2021年。

❷ 黄洋:《古代希腊政治与社会初探》,北京:北京大学出版社,2014年。

❸ 晏绍祥:《古代希腊民主政治》,北京:商务印书馆,2019年。

❹ Jeremy McInerney, *Ancient Greece: A New History*, New York: Thames & Hudson, 2018.

英雄之生死：
《伊利亚特》与
《奥德赛》对读

张巍	复旦大学历史学系教授
主要研究方向	古希腊思想和文学（偏重古希腊神话、早期希腊文学与早期哲学思想之间的内在关联）、古希腊与古代中国思想形成时期的比较研究、清末至当代中国对西方古典传统的接受
代 表 著 作	《希腊古风诗教考论》等
主 讲 课 程	《荷马史诗》导读

作为荷马史诗的当代读者,我们的首要任务是,体悟和接契古老的史诗依然葆有的鲜活生命体验。这种生命体验,一言以蔽之,乃英雄之生死。《伊利亚特》与《奥德赛》分别以一位伟大的英雄为主角,前者可谓"英雄之死"的史诗,后者不啻为"英雄之生"的史诗。两部史诗相互映衬,相辅相成。

在西方,《伊利亚特》被誉为"战争史诗"之冠,甚至被直呼为"暴力之诗"(薇依),"死亡"占据了这部史诗的核心位置。《伊利亚特》"序诗"称,"阿基琉斯的忿怒"带来的后果是"无数的苦难",尤其是许多战士的阵亡,让他们的亡灵去往冥府,尸身则暴露野外,遭禽兽凌虐(第一卷,第1—5行)。从史诗"序诗"的功能来看,《伊利亚特》的故事发端于"阿基琉斯的忿怒",终结于"赫克托耳的葬礼",真正的着眼点并非"特洛伊战争"

的始末,而是死亡及与之相伴的种种苦难。史诗对死亡的关注呈现出三种情况:首先,被置入后景的是"平凡之死",比如各种寿终正寝或死于非命的碌碌之辈;其次,被置于前景的是"武士之死",比如众多捐躯疆场却并无藉藉之名的将士;最后,在前景当中,灯光聚焦于"英雄之死"。这一"英雄之死"的主要脉络,见于四位大英雄的死亡构成的一个环环相扣的因果链条,也是贯穿整部史诗的一条绵长的主旋律:阿基琉斯与阿伽门农争吵结怨,退出战场,由于他的缺阵,希腊联军节节败退,于是阿基琉斯的至交帕特罗克洛斯代友出战,击杀了支援特洛伊一方的宙斯之子萨尔佩冬(第十六卷),这又导致他自己命丧特洛伊主将赫克托耳之手(同卷),由此激起阿基琉斯复仇的滔天怒气(第十八卷),杀死赫克托耳并凌辱其尸首(第二十二卷),而赫克托耳死后阿基琉斯的大限之期也会接踵而至。虽然《伊利亚特》并未述及阿基琉斯之死,但这个主题其实贯通整部史诗,尤其在后半部成为不时奏响的"主导动机"。阿基琉斯得知自己将会英年早逝,必须用"短暂的生命"来换取"不朽的荣光",而且随着战事的推移,他对自己的死亡到来的准确时刻和具体情状也有了越来越清晰的认识。

有学者称《伊利亚特》乃"死亡之诗"(玛格),也有学者主张,称之为"生与死之诗"或更为恰当(格里芬)。倘若我们将《奥德赛》与《伊利亚特》对观,那么两部荷马史诗确实以"死"与"生"为各自的关注焦点。《奥德赛》选择"奥德修斯的归家"为主题,这位英雄归途迢递,历经危难,总算劫后余生,重返故土并以巧智和勇力夺回王位,与家人团聚。不过,奥德修斯的生还与归家,若是没有《伊利亚特》所述"英雄之死"的映衬,便会黯然失色。这种"生与死"的映衬性质,深刻地体现于两部史诗的互文关系中。奥德修斯与阿基琉斯代表两种不同的英雄典范,"奥德修斯的归家"主题与"阿基琉斯的忿怒"主题也讴歌了两种不同的英雄主义。事实上,《奥德赛》的史诗传统与《伊利亚特》的史诗传统形成了一种竞比的关系。最突出的例子便是奥德修斯勇入冥府(第十一卷),在那里遇见其他阵亡的战友,特别是阿基琉斯的亡灵,阿基琉斯竟然如此相告

(第488—491行):

> 光荣的奥德修斯,请莫把死亡说得轻轻松松。
> 我宁愿做农奴,受他人役使,
> 纵令他并无地产,家财微薄,
> 也不愿统领所有亡故者的魂灵。

这番话并非由史诗诗人道出,却是出自奥德修斯的转述。我们不要忘记,这位狡黠的英雄善于编织谎言,所以不能轻易相信,阿基琉斯的亡灵果真有如此妄自菲薄的言论。实际上,奥德修斯或《奥德赛》的诗人造作此语,其中暗藏玄机:奥德修斯借"阿基琉斯"之口,抑"死"而扬"生",意在展现《奥德赛》传统与《伊利亚特》传统之间的交锋。从另一个角度看,也正是基于入冥府的体验,以及与阿基琉斯为代表的亡灵相谈而获得的对死亡的更深入的认知,促使奥德修斯勇于"英雄之生",经受"无尽的哀痛"而绝不放弃一丝生还的希望。

　　古希腊以降,世人无不以为,《伊利亚特》先于《奥德赛》。这不仅关乎两部史诗创作年代上的先后关系,而且更重要的,还是针对其经典地位的一种评断:作为史诗,《伊利亚特》比《奥德赛》更胜一筹。基于这种评断,我们可以说,要肯定"英雄之生"("英雄之生"也只有当其饱尝苦难、历经艰险之时才值得肯定,而非当其饱食终日、无所作为之时),就必须先行肯定"英雄之死",故而"英雄之死"的史诗必居首位。只有在《伊利亚特》对"英雄之死"的肯定与颂扬当中,才会生成一幅本原性的悲剧世界图景:悲剧性是荷马英雄的存在基调,必须饱经苦难,直至经历终极的苦难——死亡,英雄才能证成自己;因此,死亡具有优先的存在意义,而悲剧性的"英雄之死"才能成就人类存在的最高意义。

同时,《伊利亚特》的诗人还巧妙地用这幅世界图景把英雄悲剧的"双重观众"——内部观众和外部观众——联结了起来,促成他们的视域融合。悲剧的内部观众乃是荷马的众神。这些神明并不只是史诗诗人使用的文学或修辞手法,亦不能还原为某种社会事实。他们强大有力,令人敬畏,史诗里的英雄对他们虔信有加。他们形态多样，每一尊都有鲜明的特征，但又构成一个整体。与凡人相较，他们可谓美化了的、更强大的种族。凡人与神明的本质性差异恰恰在于"死亡"及与之相伴的"苦难"：众神免于真正的愁烦和凡人生命的有限性。英雄则介于凡人与众神之间：芸芸众生当中，英雄是最具"神性"的凡人，故而英雄与众神得以彼此映照，两者的本质相互界定，相互衬托。《伊利亚特》的众神虽则有时也单独行动，对于个别的英雄有着特殊的关切，但他们更经常地居于光芒四射的奥林坡斯山上，从那里作为一个整体观望尘世发生的事件，尤其瞩目英雄的悲剧，有如神界的悲剧观众。英雄的行为、成就和苦难成为诸神热切关注的对象。这种神界观众的视域，也是史诗要传达给外部观众的视域。史诗的外部观众，亦即史诗当下的和日后的听众和读者，正如作为内部观众的众神那样，需从更高的境界来观照"英雄之死"，也就是从天界崇高的视角，获致悲剧的"审美直观"，最终得以收摄世界之整全，体悟生命之真相。

进一步阅读书目：

❶ 荷马：《伊利亚特》，罗念生、王焕生译，北京：人民文学出版社，1994年。

❷ 荷马：《奥德赛》，王焕生译，北京：人民文学出版社，1997年。

❸ 加斯帕·格里芬：《荷马史诗中的生与死》，刘淳译，北京：北京大学出版社，2015年。

❹ 西蒙娜·薇依：《〈伊利亚特〉，或力量之诗》，《柏拉图对话中的神：薇依论古希腊文学》，吴雅凌译，北京：华夏出版社，2012年。

悲剧与古代希腊人的
公民教育

吴晓群	复旦大学历史学系教授
主要研究方向	古希腊宗教文化、西方史学史
代 表 著 作	《古代希腊仪式文化研究》《希腊思想与文化》《西方史学通史 第二卷：古代时期》等
主 讲 课 程	希腊悲剧

古代希腊文学的最高成就体现在戏剧方面，尤其是希腊悲剧，它是古代希腊人留给后世的主要精神遗产之一。古代希腊人对戏剧有着近乎痴迷的热爱，在希腊半岛，古剧场随处可见，"看戏"在希腊人的生活中有着非常重要的地位。希腊人在戏剧方面的成就，在整个西方古典世界，乃至之后相当长的一段时间，直至西方近代戏剧产生之前，都堪称无以匹敌。更加令人惊叹的是，那些将近三千年前的古老剧目，至今还有着旺盛的生命力，一年一度的"国际古希腊戏剧节"吸引了世界各地（包括中国）的艺术家们前去参加。

有西方学者认为，在西方能称得上悲剧大师的人共有四位，除莎士比亚外，其他三位都是希腊人。西方文学史上也只有两个时代是产生伟大悲剧的时代，除伊丽莎白时代的英格兰以外，便是伯里克利时代的雅典了。三位伟大的希腊悲剧诗人分别是埃斯库罗斯、索福克勒斯和欧里庇得斯。由此,对于古代希腊悲剧的介绍和学习,人们也多是从文学赏析的角度加以展开,主要是将其作为文学作品的一个种类来谈,注重作品的文学性及欣赏价值,而对其作品产生的历史语境及思想来源仅作为背景知识简单介绍。

然而,作为起源于酒神祭仪中的希腊悲剧,却与古代希腊人的宗教观念、日常生活以及公民教育等各方面有着密不可分的联系,可以说,如果不了解希腊人是如何看待他们与神灵的关系、不了解古代希腊人的精神世界,实际上是无法真正读懂希腊悲剧的。因此,我们不仅需要将希腊悲剧视作一种文学作品加以欣赏,还需要将它放在当时的历史与文化视域中,只有在较为深入地理解古代希腊文化的某些特质之后,才能读懂希腊悲剧,并进一步在源头上把握西方文化中某些内在的东西,加深对西方文化的理解。

所谓"希腊悲剧",实际上就是指产生于雅典的悲剧,因为其他的希腊城邦基本上没有产生或留下什么杰出的戏剧作品。希腊悲剧的中心在雅典,这与雅典本身在政治、经济、文化的高度发展密不可分。三大悲剧诗人都是雅典公民,他们的剧作也都多次在雅典演出并获奖。更关键的是,对古希腊文中"悲剧"(*tragoidia*)一词并不能做字面意义上的理解,它是"山羊之歌"的意思,而山羊既是祭祀酒神的牺牲,也是酒神狄奥尼索斯的象征。实际上,希腊的悲剧正是起源于酒神祭仪中的歌舞,酒神祭仪中反映出的"死亡-复活"主题是一切古老宗教崇拜的主题。事实上,反映生命的存在与延续,这也是一切文明最本质与最核心的东西。这一主题从悲剧主人公身上所体现出来的就是承担牺牲的勇气和决心,如普罗米修斯、俄狄浦斯、安提戈涅等。悲剧诗人通过神话和英雄传说来反映他们时代的社会现实和民众的思想观念,多方面的主题在悲剧中得到表现,如命运观念、宗教信仰、民主制度、社会关系、战争与和平、家庭问题等。

对希腊悲剧的研究,自亚里士多德的《诗学》始,西方学者的著作可谓汗牛充栋,不胜枚举。历代的思想大师们对于希腊戏剧也情有独钟,从柏拉图、亚里士多德到黑格尔、尼采、马克思、弗洛伊德等人，都从哲学、美学、心理学等方面深入地研究了希腊的悲剧，为我们留下了许多精彩的论述。

亚里士多德说："悲剧是对于一个严肃、完整、有一定长度的行动的模仿。……借引起怜悯与恐惧来使这种情感得到陶冶。"（《诗学》1449b）所谓完整，是指事情有头有尾；需要一定长度，是因为悲剧上演的时间限于白天，一般要在六七个小时内上演三出悲剧和一出滑稽剧，这就决定了每出悲剧平均仅有一千五百行；最重要的是亚里士多德强调的"严肃"，所谓严肃，是因为悲剧的内容是关于神与人或人在神意下的所作所为，悲剧的目的是使人的情感得到陶冶并使人受到教益。

亚里士多德在《诗学》中进一步指出：希腊悲剧不在于悲，而重在描写严肃事件。它通过主人公的意外不幸遭遇引起观众怜悯与恐惧的情感，从而起到教化的作用，导致道德的净化。在戏剧表演中，有关社会生活中的种种伦理关系、道德要求被一一展开、定义，人们通过亲自参与和观看，在自觉或不自觉中复制并确认了那些基本的社会关系以及人们所公认的价值观念,如虔诚敬神、遵守祖训、勇敢进取、节制适度等。

在古代希腊特别是在雅典,观看戏剧尤其是悲剧,的确是一件严肃的事情,不仅属于高尚的精神生活,而且还是进行公民教育的一种重要方式。新剧的上演往往是如同选举官员一样的大事,观众认真的思考和热情的讨论,将成功的剧作家推上荣誉的巅峰。雅典每逢戏剧节,主要由国家出钱上演剧本,并组织公民集体观看,此时贵族和平民聚集的剧场就成为重要的社交场所。

雅典每年有三个戏剧节,这些戏剧节与古代希腊的其他节日一样,是为了祭祀神灵而举行的。因为演戏是祭神的一个重要项目,看戏就成了接受关于神的教育的一种重要方式。出于教化的目的,雅典政府把原来不过是宗教仪式一个组成部分的戏剧演出正式化和法律化,把戏剧演出定位为国家的全民性节日,从经济上资助演出活动,大力兴建剧场。在伯里克利时代,雅典政府在公共节庆上演戏剧的时候向每个观戏的公民发放两个奥波尔的戏剧津贴,以此来鼓励群众看戏。

伯里克利的这一举措，实际上就是在国力充裕的情况下，通过免费看戏的方式进行义务性的国民教育。只是这种教育的主题是关于神灵的教育，因为希腊戏剧（特别是悲剧）所展开的都是神与人的关系、神与人的交往，通过看戏，那些神的话语、神的故事、人神相处的原则等都一一生动形象地呈现在希腊人的面前，这就是希腊人所接受的国民素质教育。戏剧演出作为一种教化的手段，它不仅是人们生活中不可或缺的事情，也成为实施公民义务教育的一种方式。

可见，希腊悲剧的最大魅力并不在于所讲述故事的"悲"与"惨"，它的作用也不仅限于娱乐调剂。悲剧在希腊公民公共生活中之所以具有重要地位，是因为悲剧的演出是对公民进行义务教育的一种重要手段，对于塑造公民气质的价值是私人领域所不可替代的。又由于戏剧表演更具世俗性，因此能够很好地起到寓教于乐的作用，比起单纯的说教更具效力。

因此，为了更深透地理解希腊悲剧，我们需要在直接面对经典文本并加以分析的基础上，从史学的角度展现古代希腊的社会与文化，从而揭示希腊悲剧中蕴含的文化内涵与宗教思想。由此，不仅能够真正读懂希腊的悲剧，还能更好地理解与阐释古代希腊人的生活世界，也才能够回答"为什么说古代希腊的世界是一个人神共存的世界""不朽的诸神与有死的凡人之间有何相同及不同之处""希腊悲剧与现代悲剧的最大区别何在""希腊人是如何在悲剧中体现命运与人的关系的""三大希腊悲剧诗人的特点是什么""个人的意志与神意之间的关系在悲剧中是如何呈现的""如何理解悲剧中神律与王法的斗争"等一系列有趣又有意义的问题。

进一步阅读书目：

❶ 让－皮埃尔·韦尔南：《古希腊的神话与宗教》，杜小真译，北京：生活·读书·新知三联书店，2001年。

❷ 裘利亚·西萨、马塞尔·德蒂安：《古希腊众神的生活》，郑元华译，上海：上海人民出版社，

2008年。

❸ 苏珊·伍德福德:《古代艺术品中的神话形象》,贾磊译,济南:山东画报出版社,2006年。

❹ 吴晓群:《希腊思想与文化》(修订第四版),北京:中信出版社,2021年。

❺ R. Scodel, *An Introduction to Greek Tragedy*, Cambridge: Cambridge University Press, 2011.

帝国的兴衰：
修昔底德的政治世界

任军锋	复旦大学国际关系与公共事务学院教授
主要研究方向	政治学理论、西方政治思想史
代表著作	《修昔底德四论》《帝国的兴衰：修昔底德的政治世界》《民德与民治：乡镇与美利坚政治的起源》等
主讲课程	修昔底德战争史

在西方精神大传统中，始终存在两种小传统之间的对峙、紧张甚至冲突：理想与现实、正义与权力、王道与霸道、哲学与政治……哲学以揭示真相探寻真理为取向，政治以经世济民安邦定国为职志。在古希腊早期，两种小传统尚能彼此容摄，而随着伯里克利的去世和伯罗奔尼撒战争中雅典帝国的覆灭，以苏格拉底被雅典法庭判处死刑为标志，哲人与城邦、哲学与政治从此渐行渐远，进而分道扬镳，终成势不两立之势：柏拉图妙笔生花，曲尽其美，为哲学辩护，为哲人的生活方式辩护，表面是雅典审判苏格拉底，内里却是苏格拉底在拷问雅典。修昔底德深沉委婉，凌云剑笔，为政治辩护，为帝国说项，对帝国事业面临的种种迫不得已之处洞若观火，对政治人的辛苦遭逢力征经营报以理智同情。柏拉图以哲人苏格拉底的爱智之旅为载体，展现哲人的率性自足，哲学爱欲的独立不羁，不假外求。修昔底德则透过雅典帝国的盛衰，呈现政治人的委曲求全，虚与委蛇，以及以权力攫取和使用为核心的政治爱欲在实践中导致的手段与目的之间的悖谬。柏拉图与修昔底德、哲学与政治、学术志业与帝国事业、沉思（静观）的生活与政治（行动）的生活，以苏格拉底—柏拉图—斯多葛—圣奥古斯丁一系为代表的"哲学"思想传统，以智术师—伯里克利—修昔底德—色诺芬—加图—普鲁塔克—马基雅维利—霍布斯为代表的"政治"理论传统，共同构成了西方精神大传统的基本外在框架和内在结构。

修昔底德笔下的伯罗奔尼撒战争，生动呈现了希腊世界的分崩离析，各自为政，城邦之间彼此虎视眈眈，内部党争倾轧不断，整个希腊身陷其中，无法自拔，这场规模空前的灾难性战争也成为古典希腊哲学、悲剧和喜剧的鲜活舞台。正是因这场战争，从政治秩序到文化精神，希腊世界从此走上礼崩乐坏的不归路。《伯罗奔尼撒战争史》本身并非一般意义上的历史著作，而是熔古希腊史诗、悲剧、哲学、历史学、修辞学、政治学于一炉的鸿篇巨制,这部"万世之瑰宝",称得上是一部天才般的文化创作,是涵括西方古典政治传统的一部百科全书。

从荷马到希罗多德、修昔底德,虽然叙事体例有别,但精神气质一贯,即他们都在讲述战争,却并不局限于战争本身,而是力图揭示战争这一非常状态下人性和政治的丰富图景,他们的文本都贯穿着沉郁的悲剧母题。希腊悲剧的核心是英雄与命运之间的持续性紧张,无论是荷马史诗中的迈锡尼帝国、希罗多德笔下的波斯帝国,还是修昔底德笔下的雅典帝国,都渗透着帝国兴衰、命运浮沉的悲剧基调。

修昔底德以当事者口吻创作了大量演说辞,将传统的希罗多德式的"听众"变成"观众",内在思想与外在行动彼此彰显,人物与事件相互映衬。与希罗多德《历史》文本中不时地回转插叙式叙事方式不同,修昔底德将编年体对共时性的时代切面的呈现与纪事本末体对历时性的事件因果的关联有机地结合起来,战争叙事采用复调式结构:小事件共同推动大事件,故事从低潮向高潮逐步推展,事件、人物、场景之间依次转换,前后左右彼此烘托，战争双方战略战术选择与背后不同政治人物及其派系势力之间的较量互为表里。

修昔底德战争叙事围绕两条主线展开：明线是斯巴达与雅典两大军事同盟之间的正面交锋，伏线则是希腊世界大多数城邦内部贵族派与平民派之间的内讧党争，内政与外交相互交织，正面战场与背面战场彼此切换。弥合党争，消弭内讧，修昔底德重在呈现病态体征，后学亚里士多德则意在诊断病因，分析病理，进而寻找疗救之方。雅典与斯巴达，崛起国与守成国，权力与恐惧彼此推涨，出于自我保存而不得不先发制人，为了和平却被迫发动战争。修昔底德指出，战争的根本原因是雅典势力的增长因而引起斯巴达的恐惧，这被当代学者概括为"修昔底德陷阱"，借以观照当代国际政治格局。

在21世纪步入第二个十年之际，修昔底德，这位生活在2400年前的雅典人，突然与中国人的文明经验和生存体验如此切近！我们的生活世界似乎正在重演公元前5世纪希腊人的悲喜剧，修昔底德深刻的理论洞见再次彰显其穿越时空的生命力。

对于深受柏拉图一系人文主义传统浸染的中国人来说，修昔底德为我们更整全地认识西方，提供了必要的知识路线图。霍布斯说，修昔底德是一位最具政治头脑的史著作家。"大政治时代"的中国人需要"政治的"智识和思维，"政治"不再是经济、社会的附属品或衍生物。政治的动力是权力，不是道德，权力关系往往不是双赢的，它经常是零和的。政治的核心是统治与被治的关系，在一国之内树立秩序，国际之间缔造和平。

对于人类政治事务的深入洞察，修昔底德凌云剑笔，力透纸背，他深沉委婉的政治教诲，能够帮助我们克服种种幻觉，节制漫无边际的"文人墨客"式的道德义愤，摆脱积习已久的"经济人"式的苟且短视，克服"科层官僚"式的鸡零狗碎，重新鼓起面对冷冰冰政治现实的阳刚之气。

作为政治理论家，修昔底德的教诲完全可以化用为中国人认知自我和他者的智识资源。当然，任何化用的前提在于对文本的仔细研读以及精当且富有创造力的解释。我们深知，经典不是万灵丹式的行动手册，而是取之不竭的灵感源泉。

有关古典时代的希腊历史,希罗多德和修昔底德一直是最为权威的著述,后世的相关历史著述以及当代类似主题的论著,其中的大多数事实都摘自他们的著作,而许多作者在摘抄过程中,往往将原书的思想内涵和神韵有意无意地剔除殆尽。为此,读修昔底德之前,读者无须任何二手文献作为预先的所谓知识铺垫,读者完全可以走捷径,那就是直接打开《伯罗奔尼撒战争史》。读者只有在充分把握修昔底德文本主旨的基础上,才能对任何二手文献或研究形成鉴别力,进而将修昔底德的识见化用为我们自己分析和思考政治问题的见识。

对于中文读者来说,阅读修昔底德,首先面临的难题是书中大量的人名、地名。对于人名的识别,需要读者花些心思,尤其是那些比较重要的人物,需要确定其所属城邦,职位身份,重要的人物会在文本中反复出现,注意将他们前后的言行轨迹相互连缀、比照。对于地名,碰到陌生的地址,需要在地图上确定其大致方位,这样,文本与地图两相参照,脑海里会逐步形成空间感,这对于理解修昔底德叙事线索乃至文本义理至关重要。

进一步阅读书目：

❶ 修昔底德：《伯罗奔尼撒战争史》，何元国译，北京：中国社会科学出版社，2017年

❷ Jacqueline de Romilly, *The Mind of Thucydides*, Ithaca and London: Cornell University Press, 2012

❸ 欧文：《修昔底德笔下的人性》，戴智恒译，北京：华夏出版社，2015年

❹ 福特：《统治的热望》，未已等译、吴用校，北京：华夏出版社，2010年

❺ 任军锋编：《修昔底德的路标：在历史与政治之间》，北京：生活·读书·新知三联书店，2022年

城邦与人：
柏拉图《理想国》里的真理-正义问题

丁耘	复旦大学哲学学院教授
主要研究方向	形而上学、现象学以及政治哲学，在哲学史方面关注德国哲学、古希腊哲学、先秦哲学与宋明理学
代表著作	《道体学引论》《儒家与启蒙：哲学会通视野下的当前中国思想》《中道之国：政治·哲学论集》等
主讲课程	《理想国》导读

《理想国》以及一切经典是为全人类而写的，比起解决一些具体的问题，伟大的书能够为读者提供有助于审视人生的基本大问题，因而它能够突破时代限制，无论是当时还是当下都是适用的。什么是正义，这是《理想国》所探讨的核心问题，柏拉图所考察的核心也即是，面对所谓的德福不一致，人应当如何去生活，什么才算得上是灵魂的正义和人的幸福，什么样的人生才是值得过的。在他的讨论中，会把城邦政体与人生的"政体"相类比，慢慢引出存在问题、真理问题、求知序列问题、自然知识及其数学化问题、幸福问题、欲望问题、宗教神话问题、诗与爱智的冲突等一系列为西方文明乃至现代文明奠基的重要问题。

20世纪有哲学家说过，全部西方哲学史都可以看作柏拉图对话录的注脚。而《理想国》是柏拉图对话中最重要，也是最出名的一篇。《理想国》之为经典在于它不仅在哲学方面有相当的深度，它更像是一座广场，为知识体系的各学科打开视野，特别是哲学、科学、文学与史学。尤其值得一提的是，柏拉图的写作方式（在《理想国》里体现得淋漓尽致）具有特殊的文学性，通过学习《理想国》，也可以掌握阅读文学经典的方法。至于，为何在西方哲学中求真最为重要？求真有哪些步骤？本来意义上的"科学"是求真阶梯上的必要阶段，但又不是最高阶段……所有这些，都可以在《理想国》中找到最清楚的说明。

现时代以一种人类社会从未经验过的规模带来了极为复杂的形势。对此，没有任何经典可以提供现成的答案，但多少都会有所助益。生活对我们而言总是未经反思的，柏拉图这部书提醒我们要学习长期保持清醒，要审视人生和我们的生活态度。更重要的是他给出了如何去审视的方法，要用理性来看清其中的道理。只要我们以理解而非检查的态度来尝试进入柏拉图的这部书的对话，就能够有所收获。它足够高明、足够完整也足够权威。

公元前5世纪下半叶的雅典经历了一个纷乱的时代。在伯里克利的执政下，民主制使雅典逐步成为最强盛的城邦之一，却没能在将近三十年的伯罗奔尼撒战争中将雅典带向胜利，而战争失败后，雅典社会急剧衰落。为此柏拉图试图构想一种理想的政制，这种政制要好于包括民主制在内的所有现存政制。《理想国》全书围绕"正义是什么"这一典型的苏格拉底式德性问题展开，在结构上则呈现为第一卷的辩驳以及第二到十卷的论证。在个人－城邦类比的论证结构下，对正义的探讨从德性问题扩展为何为正义城邦之"自然"的讨论；而在柏拉图的刻画下，城邦正义的证成则取决于言辞中美好城邦的"建构"。在这一整体思路下，苏格拉底及其对话者展开了对智识、教育、法律、战争、伦理、宗教等关涉人类政治生活方方面面问题的讨论。理解柏拉图对这些人类文明与生活中基本而永恒的疑难的刻画，不仅有助于我们进入希腊与西方文明之堂奥，也有助于我们对当下生活方式的选择和接受保持清醒的思考。可以说，作为一部"大书"，《理想国》用它自己的方式涵摄了全部西方哲学史、科学史和政治史。对此书的理解深一步，对西学整体的体会就深一步，对现代文明与我们当下生活状况的理解就深一步。

在此书中，城邦被类比为大写的人，人的灵魂包括理性、意气和欲望三个部分，城邦的结构与此类似，由统治者、护卫者和生产者三个阶层组成。在一开始，苏格拉底就指出，最好的城邦应当做到"一人一事，各从其性"，即每个人都只从事适合自己天性的工作。为此就需要在民众之间进行选拔，挑选出天性适合的人来担任护卫者，当然，这些人在真正成为护卫者之前还要经历漫长的教育，借助音乐教育陶冶性情，通过体育教育强健体魄。由于护卫者的品性与整个城邦的兴衰关系密切，因而对护卫者的选拔与教育在《理想国》中也就占据了大量的篇幅。在对护卫者进行了选拔和教育之后，还要从他们之中挑选出一批最优秀的人来做统治者。统治者联合护卫者对生产者进行统管与治理，这就是城邦的正义，与之相应，个人的正义就是理性联合意气征服并控制住欲望，也就是说，正义是指城邦或个人中各部分之间和谐的秩序。

在对正义问题的讨论将要结束时，苏格拉底提出了只有哲学家做统治者，才能使正义的城邦得以建立，由此引出了第五、六、七连续三卷的哲学讨论。苏格拉底指出，是否目睹了真理本身是区分哲人与大众的标准，而真理与意见的对象是不同的，前者以永恒不变的存在者为对象，后者以可感事物为对象，而真实性程度最高的是善的理念，哲人王就是摹仿着善的理念造就了善的城邦。为了成为哲人，需要经受更为严格而漫长的教育，苏格拉底通过"洞穴比喻"说明教育的本质根本不在于将知识灌注到灵魂这个容器中，而是灵魂整个地发生倒转，从对眼前这个生灭变化的可见世界的关注，转向对理念世界的凝视，直到目睹到最高的理念，即善的理念。

结束了这段插入进来的话题后，苏格拉底开始讨论起不正义的城邦，他将理想城邦之外的城邦按政体划分为四种类型，分别是荣誉制、寡头制、民主制与僭主制，这几种政体依次堕落。在某种条件下也可以循环往复，因为从最坏的僭主制政体可以过渡为理想城邦，前提是使它的统治者变成哲学家。在全书的最后，苏格拉底以诗人的方式讲述了一个神话，以此来说明决定来世幸福的从来不是偶然的机运或伦常习惯，而是真正的德性。

在我们的教学经验中，对于当代年轻人来说，相比于一些中国古代的典籍，《理想国》似乎更容易接近。柏拉图所展现的西方理性传统恰是现在我们所接受的教育乃至我们生活于其中的现代世界所偏重的。对《理想国》的阅读，一是有助于读者从把握专题问题的分析中暂时脱身，回归到对人之整全性的理解上，从个人、家庭到社会、国家，摆脱浮躁渺小的破碎视角，参与伟大经典为我们开启的人类古今共同的基本思考；二是对于我们身处的时代所赋予我们生活方式的渊源有所了解，柏拉图以逻各斯（理性）来回应当时智者以及整个希腊的时代特性，如今我们同样也面对我们时代特有的分裂；三是基于对西学之理性的理解也是对我们现今所由以塑造的传统之一的思考，我们才能够并且应当更好地返回到我们自己的文明中去，在中西文明之异质与普遍共通中更为具体地把握中国人本己的精神，对未来展望中将得到保留的传统，怀以更为审慎的反思与同情。

进一步阅读书目：

❶ 柏拉图:《理想国》,顾寿观译,吴天岳校注,长沙:岳麓书社,2010年。

❷ 修昔底德:《伯罗奔尼撒战争史》,何元国译,北京:中国社会科学出版社,2017年。

❸ 阿兰·布鲁姆:《人应该如何生活:柏拉图〈王制〉释义》,刘晨光译,北京:华夏出版社,2009年。

❹ 伯纳德特:《苏格拉底的再次起航:柏拉图〈王制〉疏证》,黄敏译,上海:华东师范大学出版社,2015年。

❺ 列奥·施特劳斯、约瑟夫·克罗波西主编:《政治哲学史》,李天然等译,石家庄:河北人民出版社,1993年。

印度本土宗教：
交汇与包容

刘震 复旦大学文史研究院研究员

主要研究方向 古典印度学

代表著作 《禅定和苦修：关于佛传原初梵本的发现和研究》，*The Dharmadhātustava: A Critical Edition of the Sanskrit Text with the Tibetan and Chinese Translations, A Diplomatic Transliteration of the Manuscript and Notes*

主讲课程 印度宗教文献导读

印度有三大本土宗教：佛教、耆那教和所谓的"印度教"。佛教和耆那教是以创始人的称号命名的，而印度教比较复杂，简单地说，"印度教"就是对婆罗门宗教以及尊崇不同主神的教派的统称。

虽然这门课程叫做"印度宗教文献导读"，但很难为上述每一个宗教举出一本代表性的经典。如果非要如此的话，一本经典既无法代表一个宗教，也无法排除其他宗教的影子。

这三大宗教的产生、发展互为因果，呈现在世人面前的，也是你中有我、我中有你。比照产生于中东的三大宗教——基督教、犹太教、伊斯兰教，流行于中国的两大宗教——佛教和道教，还有印度现存的两大宗教——印度教和伊斯兰教，这三大印度本土宗教可以说相处得融洽得多，之间的斗争和对立也小得多。

印度三大宗教的仪式、图像、文献和建筑，互相利用、借鉴、继承、沿袭，改头换面、包容并蓄的例子比比皆是。最具代表性的，大概就是埃罗拉（Ellora）石窟。该石窟位于今马哈拉施特拉（Mahārāṣṭra）邦，开凿于公元6—10世纪。三大宗教的石窟从南到北一字排开，第1—12窟为佛教石窟，第13—29窟为印度教石窟，第30—34窟为耆那教石窟。目前尚未发现什么证据，显示一个宗教对另一个宗教的洞窟实施过破坏。

其原因，可能是印度统治者对三大宗教经常采用"不争论"的包容态度。印度历史上最著名的统治者——阿育王（Aśoka），虽然被佛教传统认为是佛教的信徒，他所留下的敕令碑铭也似乎验证了这一点，但是他登基第27年所颁布的敕令则昭示他同样供养了佛教眼里的外道——婆罗门、邪命者（Ajīvika）、尼健子（Nigaṇṭha，即耆那教僧人）等。

另一位法王——戒日王（Śīlāditya），在玄奘笔下，他无疑是虔诚的佛教徒，是佛教的大施主。玄奘的学识得以在印度一举成名，就是他在戒日王举办的"无遮大会"(Nirargaḍa)上辩论获胜。然而，无遮大会是婆罗门教的传统，据现在的研究，戒日王以该活动来敬奉印度教的主神湿婆(Śiva)。

戒日王，公元606—647年在位，玄奘在《大唐西域记》中有详尽的描述，称之为"今王本吠奢(Vaiśya)种也，字'曷利沙伐弹那'(Harṣavardhana)，唐言'喜增'。君临有土，二世三王。父字'波罗羯罗伐弹那'(Prabhākaravardhana)，唐言'作光增'。兄字'曷逻阇伐弹那(Rājyavardhana)'，唐言'王增'"。因此，戒日王又名喜增，亦被称作"喜天"(Harṣadeva)、"喜"(Harṣa)、"吉祥喜"(Śrīharṣa)。父兄死后，戒日王大体上统一了北印度，建立了一个强大的戒日朝，定都曲女城(Kanyākubja)。

和很多印度的国王一样，他赞助诗人，同时自己也是诗人，而且是最出色的国王诗人。他的传世作品共五部，三部戏剧《钟情记》(*Priyadarśikā*)、《璎珞记》(*Ratnāvalī*)、《龙喜记》(*Nāgānanda*)，两部佛教赞颂《晨朝赞》(*Suprabhātastotra*)、《八大灵塔赞》

(*Aṣṭamahāśrīcaityastotra*)。义净的《南海内法寄归传》的第三十二章"赞咏之礼"中,记述了戒日王作品在印度的影响:"又戒日王取乘云菩萨(Jīmūtavāhana)以身代龙之事,缉为歌咏,奏谐弦管,令人作乐,舞之蹈之,流布于代。"

这里要提的是他的《晨朝赞》。该诗格律以 Mālinī 为主,大概有 25 颂,每颂多以一句赞颂黎明、唤醒世界的连祷结尾。就诗艺本身来说,并不算高明,但作者用简单的技法,每一颂描摹、暗讽一位(或一类)依旧沉睡的外道诸神,反衬佛陀(十力者)的觉醒,立意非常新颖。现以其中的一颂为例:

> 如雪山峰一般,以蛇作祭祀的绶带,
> 精于焚毁三座城,虎皮为上衣
> 带着三股叉,与山最好的女儿恒共眠。
> 十力者啊,你的晨朝恒照耀!

此颂讽刺了湿婆。虽然没有点出他的名字,但罗列其特征与事迹。湿婆项上缠蛇、身披虎皮衣、住于喜马拉雅山修行,其标志性武器是三股叉。"焚毁三座城",指湿婆联合诸神,组成弓箭,摧毁了阿修罗所造的三座城。"山最好的女儿"指的是湿婆的妻子雪山女神(Pārvatī),湿婆与雪山女神充满艳情的爱情故事,在印度流传很广,也是印度最伟大的诗人——据说早于戒日王——迦梨陀娑(Kālidāsa)的著名大诗(mahākāvya)《童子出世》(*Kumārasambhava*)的母体。当然,迦梨陀娑又将艳情的主题进一步渲染。

从《晨朝赞》可以看出,戒日王对印度教的诸神了如指掌。在这样一首献给佛教的诗歌里,对非佛教的宗教也仅仅是点到而止的讽喻。如果哪天发现一部戒日王献给印度教的诗歌,也不足为奇。而且那样一首诗歌里的赞颂与讽喻的程度,应该也类似于这首诗歌。

无独有偶,一对从婆罗门教皈依佛教的诗人兄弟优陀跋罗主(Udbhaṭasiddhasvāmin)和商羯罗主(Śaṅkarasvāmin,与那位印度教的著名改革家同名),可能为公元八九世纪之前生人,也分别创作了相似的诗歌:《殊胜赞》(*Viśeṣastava*)和《天胜赞》(*Devātiśayastotra*)。

在《殊胜赞》中,有一颂:

> 作乐者甚至超过了鸳鸯,
> 【因为】他的一半由其妻子构成;
> 你(佛陀)【却】不被爱欲所迷惑。
> 【爱欲】带来不乐。

这一颂同样是讽喻湿婆的。鉴于湿婆与雪山女神的情意绵绵、如胶似漆,印度教的造像中有两者合体的形象,称为"半女半自在"(Ardhanarīśvara)。诗句"他的一半由其妻子构成"指的就是该形象。

在《天胜赞》中,有一颂:

> 毗湿奴的手臂很可怕,扛起一把杵作为武器,
> 大天(湿婆)悬挂着一串人骷髅做的花环;
> 佛陀的举止却出奇地宁静,

我该敬礼谁？宁静的，还是不宁静的？

这一颂提到了印度教的另一位主神毗湿奴（Viṣṇu），他的标志性武器之一是一柄杵；也提到湿婆，他的又一标志是骷髅串成的花环。

这几个文学上的例子，在印度的宗教发展史上也得到了印证。耆那教和佛教脱胎于婆罗门教，佛教又得到了耆那教的传承；8世纪印度教的改革，又从佛教汲取了很多思想；11世纪，佛教与印度教几乎融合。

在具体的神祇方面，印度教的很多神祇被佛教吸纳为护法神，到了佛教的密宗阶段，甚至成了重要的菩萨。在印度教里，佛陀成了毗湿奴十大化身（Daśāvatāra）之一。很多寺院、神龛也在历史的长河中时不时地变换宗教归属。今天，传统的印度佛教已消失近千年，但很多佛教遗迹却并未废弃，而是改换门庭，成了印度教或者印度教名下的民间宗教、地方宗教的祭祀场所。佛陀成道的菩提伽耶金刚座塔，玄奘的《大唐西域记》里曾经描述过。它在13世纪之后也未能"幸免"，很多年来曾作为印度教祭牲之地，直到20世纪50年代方回归佛教团体，成为全世界佛教徒的朝圣之地。对比同在《大唐西域记》里记载过的阿富汗巴米扬大佛，印度的佛教遗址还是万幸的。

印度所发生过的宗教包容，在我们这里也多少曾有若干事例。比如说，印藏佛教里以持净瓶的青年婆罗门形象示人的弥勒菩萨，在汉传佛教里是一位大肚的布袋和尚。汉传佛教的弥勒形象，并无文献依据，只能以传说中布袋和尚的行状来敷衍。其实，弥勒形象的汉化，寄托了中华民族对现世财富的向往。印度教的财神、夜叉之王俱比罗（Kubera）的形象窜入了汉地的弥勒造像中。俱比罗身形矮胖、手持钱袋子，或直接，或间接——通过佛教中的财神毗沙门天或者黄财神（Jambhala）——影响了这位未来佛在汉地的化身。正应了印度的一句嘉言："明天的孔雀不如今天的鸽子。"

总结一下我们的话题：我们研究某部印度的宗教经典，要时刻注意到印度的包容性。带着这一意识，我们才能更全面、深入地了解印度宗教经典。

进一步阅读书目:

1. 金克木:《梵竺庐集》(甲集)、(乙集)、(丙集),南昌:江西教育出版社,1999年。
2. 室利·阿罗频多:《薄伽梵歌论》,徐梵澄译,北京:商务印书馆,2003年。
3. 蚁垤:《罗摩衍那》(8卷本),季羡林译,北京:人民文学出版社,1980—1984年。
4. 毗耶娑:《摩诃婆罗多》(6卷本),黄宝生等译,北京:中国社会科学出版社,2005年。
5. Moriz Winternitz, *A History of Indian Literature*, vols. 1-3, Calcutta: University of Calcutta, 1967.

割裂与迷思：
古代两河流域
考古与艺术

吴欣	复旦大学历史学系教授
主要研究方向	古代中西亚考古与艺术、帝国、东西文化交流等
代表著作	《美索不达米亚：一个文明的历程》、"Exploiting the Virgin Land: Kyzyltepa and the Effects of the Achaemenid Persian Empire on Its Central Asian Frontier"等
主讲课程	古代两河流域考古与艺术

一、异域世界的神秘召唤 —— 课程缘起

提及古代两河流域文明,许多同学脑海里迅速浮现出"古老""神秘""浪漫""灿烂"等形容词,又或者是苏美尔文明、《汉谟拉比法典》、空中花园等名词。熟悉《圣经》的人们对古代两河流域文明的印象则或能更进一步:亚述人、波斯人、迦勒底人与犹太人等在此间的恩怨情仇,和此地上演的无数人世悲欢。除此之外,普通人——哪怕是对此怀有浓厚兴趣的求知者——虽然明了其作为"人类文明的摇篮"之重要,但对于古代两河流域更深入清晰的历史、文化、艺术、政治人物、事件、关系等,却实在是知之甚少。

无论是对初学者还是领域内资深教授,古代两河流域文明仿佛一种隐隐约约、飘忽不定的存在与感觉,其背后

蕴含着种种说不清、道不明的关系，如文明与野蛮的边界、开放与封闭的对立、现代与古代的关联等。这种模糊的感觉与从书本、媒体、研究中获得的认知完全契合。一个学术上的事实是，自18、19世纪欧洲殖民者对该地区的探险开始，到信息俯拾皆是的当下，古代两河文明从来都是矛盾、让人充满困惑却又无法割舍的主题。

时光倒流，当年初学者如我，当迈进堆满古代两河流域物品的博物馆展厅的那一刻，浑如穿越至另一个宇宙——琳琅满目的艺术品，充满远古魅惑，超越凡人眼界与想象：如巨大的牛头竖琴前板上镶嵌着头发蓬松的奇异裸体人，双臂挟持着满脸天真好奇的公牛，狮子和豺狗状动物为宴会奉上酒肉，动物乐队的演出，蝎子人双手高举、骄傲昂首；再如那些小小的人形雕塑，眼睛大如铜铃，虔诚而略带惊慌地直视前方的表情传递了神灵之所在……真是一个令人迷醉的与神共舞时代。神庙前的立柱，不同材质的红、黑、白三色镶嵌，几何图案构建出的现当代艺术神韵；还有酒坛里伸出的那长长的吸管，那些五千年前的人们喝的真是啤酒吗？……一切皆让我思维

竖琴前板,约公元前 2450 年,出土于乌尔
宾夕法尼亚大学考古人类学博物馆(费城)收藏

困扰、迷幻、无助——这个遥远而神秘的他域世界竟如许激发出我血液和心灵的极大兴奋,正如一个未经世事的孩子猛然闯入从未敢梦想的童话城堡。来自人类久远前灿烂文明若隐若现的神秘呼唤,正是牵引我走进此间,孜孜以求寻梦的红线——超越人类世界的艺术张力如斯,将这些迷人而又令人困惑的艺术分享给大家,这便是本课程的缘起。

二、"古老的新知",从文字破译开始——终极诱惑

与其他领域不同的是,古代两河流域文明研究堪称一门"古老的新知"。多数领域,如从明史研究到古典学、从对《红楼梦》到康德等的探索,都建立于学界长期积累而成的既有学术传统基石之上,但古代两河流域文明探索却并无此等奢侈,我们需要从头——从破译和解读文字开始,首先"建立"自己的基石,而后才能在此基础上搭建更高的学术理论。

人类所有古代文明中，来自古代两河的文献资料远多于其他地区，不仅因为美索不达米亚为世界上最早使用文字的地方，更因此间人们使用的楔形文字是写在泥板而非羊皮纸、纸草、纸张等易腐烂材料上。然而纵是如此，能阅读和书写楔形文字语言的人古今都极少。基于文字对研究古代社会的权威性，意欲深入观瞻古代两河文明图景，过往我们能仰仗的只有经过多年艰苦卓绝的训练而通晓楔形文字的亚述学家们；而其他人，无论专业学者或普通人，不仅不能解读文字，展开批评更无从谈起。在这个意义上，对古代两河文明的学习与研究，绝非一个从高处到更高处的过程，而是一种从无到有的过程。对于课程学习者，我们因那古老文明遥远而神秘的呼唤步步深入，却一不留神闯入古文字暗室，因亚述学家们缔造出的一丝光亮惊喜万分，盲人摸象般去推导这栋人类古文明大厦，千方百计去开一扉门，启一扇窗，让更多光亮进来，而后能因更充足的光，去打量，去研读，去摸索——这是一个异常艰难的过程，但亦因此"寻光之旅"，这一恍若新知的古老文明探索全程充满着挑战与冒险的诱惑与激烈。

三、命名法折射出的"欧洲中心论"及对两河流域古文明与现代中东地区的割裂——学理与世界

古代两河文明研究随欧洲"东方学"之兴而启,其学科起源和发展,与19世纪欧洲各国在中东地区的殖民活动息息相关:了解东方、向权力部门和民众解释东方,是该领域最初存在的重要价值所在,学术上命名为"古代近东文明""古代美索不达米亚文明"等。对于欧洲人,古代两河流域即以今天的伊拉克为核心,也包括叙利亚和土耳其的一部分,属于所谓"近东"地区——殖民时代欧洲对世界的定位方式,而最初的研究者们并未以当地的地名,而是采用了"美索不达米亚"这一来自古希腊语的词汇[意指"两河之间(的土地)"]来命名承载这一伟大的东方文明的土地和学科,其命名背后的"欧洲中心论"思想就不言而喻了。在汉语中,"古代两河流域文明"与"古代美索不达米亚文明"并无实质上的不同,前者是意译,后者是音译。如果我们摈弃这些词汇,用来替代它们的将是什么?"古代西亚文明"会是一个更合适的概

念吗?

殖民主义使该学科产生伊始便带有强烈的政治和意识形态导向,从而导引出此领域研究中一对难以融和的矛盾与作为学术自身的强烈不安。如何理解或"处理"该领域所涉及的古代文明与中东现代政体、文化的"矛盾"?亦即,令西方引以为傲的、通过犹太文化与希腊文化传承的、被誉为"西方文明摇篮"的古代两河流域文明,与在当前西方世界普遍与"独裁""专制""暴力""恐怖"等概念画等号的中东——骄傲的远古与敌对的当下,二者的矛盾对立。而作为学术的吊诡更在于,古代两河文明学术因政治而生,却亦因当前世界政治宗教因素而遇困——在该领域学术研究始终与政治、意识形态如影随形,古老传统与现代当下传承之课题遭遇完全割裂与分离,这直接导致两个全球认知误区:一是普通欧美民众骄傲地认为古代两河文明是西方文明的源头,因而是属于他们的;二是几乎所有的中国读者认为古代两河文明是一个死亡了的文明,与当下全无关联,而四大文明古国中只有中国文明的发展是持续而未间断——因而也更强大。这样的认知是如此根深蒂固，突破它们的唯一途径就是去学习并试图真正认识两河的历史。

四、自我成就"文化特权"——考古加持，艺术赋能

在过去的两百年间，随着考古学的发展，考古学家们在古代两河文明研究中的话语权也日渐增加，成为与依托文字本体研究与解读的亚述学家们并行的另一种更具象、更场域、更情境、更艺术的领域存在。考古学家们可以通过河流的改道、聚落分布的变化、城防系统的兴衰来把握已经逝去的古代世界的脉搏，可以依据房间的形状和大小来判断其功能，依据遗物出土的地点来解释其在社会生活中扮演的角色等——从与亚述学家们截然不同的角度来复原古代社会，建立一个更立体、更直观的古代社会的图景。而在过去的半个世纪，随着艺术史的迅速发展，学者们开始以艺术史的方法研究来自古代两河的包括雕塑、绘画、印章雕刻等在内的图像材料。如我所述

那次在博物馆中屏住呼吸、热血沸腾的初遇，可以想见在绝大多数人——包括国王与贵族——都不识字的古代两河，这些视觉材料在当时社会生活中占据着何其重要的象征意义！新的考古发现在很大程度上同时推动着亚述学和艺术史的发展，但不幸的是，在过去的二三十年里中东地区战火不断，对于许多研究古代两河流域的考古学家来说，在伊拉克和叙利亚进行田野发掘已成了难以实现的梦想……

因而，尽管古代两河流域文明是人类文明最早的发祥地，但对该文明的发展演变具有发言权的人事实上已然罕有，对文字释读功底的高门槛要求和无休无止的战争，使得在可见的未来此领域研究人员的稀缺。有理由相信，有机会进入且深度学习这门课程的同学，势必和我一道，成为可以一瞥古代两河流域文化的"特权人物"！通过学习，我们将为自己赋予一种独特的技能，看到绝大部分人所无法看到而满溢精神魅惑的"他世界"，仿佛化身巫师，凭借一只水晶球，洞见远方与足下、过去和未来——这个特权，从来只向对未知充满浓郁兴趣，愿意付出时间与精力,以灵性与智慧在宇和宙、世与界间穿行、徜徉、探索的人类少数派开放。

进一步阅读书目:

❶ Jean Bottéro, *Mesopotamia: Writing, Reasoning, and the Gods*, Chicago: The University of Chicago Press, 2002.

❷ 保罗·克里瓦切克:《巴比伦:美索不达米亚和文明的诞生》,陈沅译,北京:社会科学文献出版社,2020年。

❸ 拱玉书:《西亚考古史(1842—1939)》,北京:文物出版社,2002年。

❹ 吴欣:《美索不达米亚:一个文明的历程》,北京:文物出版社,2006年。

❺ 于殿利:《巴比伦与亚述文明》,北京:北京师范大学出版社,2013年。

"知其不可而为之":《吉尔伽美什史诗》的启示

欧阳晓莉	复旦大学历史学系教授
主要研究方向	古代两河流域历史与文化,侧重社会经济史、数学史和《吉尔伽美什史诗》
代 表 著 作	《英雄与神祇:〈吉尔伽美什史诗〉研读》、"Monetary Role of Silver and Its Administration in Mesopotamia during the Ur III Period (c. 2112—2004 BCE): A Case Study of the Umma Province"等
主 讲 课 程	古代近东的英雄与神祇

人类文明起源于新月沃地，人类历史肇始于两河流域。在两河历史之初，王权源自神权，神权赋予王权以合法性。这一幕徐徐在史上最早的城邦国家、两河流域南部的乌鲁克上演。随着阶层分化的加剧，充当人神间沟通交流中介的祭司凭借其独特职能，攀升到社会等级的顶端，成了最高统治者。《吉尔伽美什史诗》的主角吉尔伽美什就被设定为乌鲁克城邦早期的一位国王。他所代表的古代近东英雄人物和操控人类命运的神祇之间富有张力的关系，构成了本课程的主题。

"史诗"是古代两河流域最伟大的文学作品，早在三千多年前就传播到两河流域的周边（如小亚细亚和地中海东岸），也以其独特的魅力吸引着现代读者。英雄成长和征服死亡是全诗的两大主题，前一主题的主角是吉尔伽美什与挚友恩启都。吉尔伽美什不仅统治着一个声名遐迩的城邦,而且在血统上横跨人神两界——父亲是前朝君王卢伽尔班达,母亲是女神宁荪。他的身世似乎与《圣经·创世记》(6:4)中对于"英雄"的叙述不谋而合:"那时神的儿子们和人的女子们交合生子,那就是上古英武有名的人。"吉尔伽美什集人间的最高权威和神界的无所不能于一身,注定不同凡响。

不过,吉尔伽美什最初施行暴政,完全有悖于英雄的设定。乌鲁克民众不堪其苦,祈求诸神降下他的对手。位居众神之首的天神安努遂命母神在荒野用泥土造出一名生物恩启都。恩启都的教化之旅,始于与妓女莎姆哈特巫山云雨六天七夜。莎姆哈特在带领恩启都前往乌鲁克的途中,还教会了他饮食穿衣等人类习俗。当恩启都最终与吉尔伽美什在城中一处婚房外相遇时,前者已俨然成为一名极富正义感的文明社会成员。恩启都从"自然"到"教化"的蜕变,揭示了两河流域先民对人有别于动物的认知与理解,不禁使人联想到《圣经·创世记》中人类始祖亚当与夏娃因偷吃智慧树的果实而被逐出伊甸园的故事。

吉尔伽美什与恩启都的友谊是促成前者转变为英雄的催化剂。他们一起远征叙利亚,杀死了守卫雪松林的怪兽芬巴巴,大肆砍伐珍贵的木材带回乌鲁克为主神恩利尔建造神庙。自此,吉尔伽美什不再是一位压迫民众的暴君,而是回归到两河流域传统的国王定位——为神祇服务。吉尔伽美什英雄业绩的顶峰,则是他与恩启都为民除害,杀死了在乌鲁克为非作歹的天牛。

吉尔伽美什从暴君蜕变为英雄,其个人奋斗不可或缺,但神的主导和支配无处不在:恩启都为神所造,芬巴巴受神所托,天牛被神所派。神祇最终成就了吉尔伽美什的英雄伟业,正如在《圣经·出埃及记》中,摩西凭借上帝的召唤和指引才能完成带领以色列人逃离埃及、向应许之地迦南进发的伟业。

恩启都遭神惩罚而病逝后,作品转入了第二个主题——征服死亡。吉尔伽美什倍受好友之死的震撼,遂浪迹天涯以寻找传说中的不死之人乌特纳皮施提,以获取永生的秘密。他一度得到了可使人重返青春的仙草,却又不幸失去,最终目睹乌鲁克的城墙而大彻大悟:人必有一死，唯其功业方能长存不朽。吉尔伽美什的宏愿通过数千年后的考古发掘得以实现。德国考古学家在 20 世纪上半叶发掘了乌鲁克遗址，发现其城墙长度近 10 公里，是两河流域遗址中最为壮观的城墙。

英雄情谊是文学名著的常见主题。但"史诗"刻画的友情非同寻常：恩启都本是由神创造、长于荒野的一名生物，经由妓女教化后才与吉尔伽美什结为挚友。两人的深情厚谊还引发了后世学者对其是否为史上最早同性恋的争议。恩启都缠绵病榻去世后，吉尔伽美什抱着他的尸体痛哭七天七夜，直到蛆虫从恩启都的鼻孔里掉出才将其下葬。而恩启都死前讲述自己梦游冥府的经历，无疑加剧了吉尔伽美什对死亡的恐惧和绝望，驱动后者踏上了浪迹天涯、寻求永生的道路。

生与死是经典名著的另一永恒主题。吉尔伽美什探求死生奥秘的道路一波三折：他邂逅了蝎人夫妇，穿越了马舒山下的黑暗隧道，而后置身于璀璨绚丽的宝石花园。随后，他在海边得到酒馆女老板施杜丽的指点，得以穿越死亡之海并最终到达乌特纳皮施提居住的小岛。根据乌特纳皮施提的叙述，他和妻子得以永生的天机乃因为他们是众神发动的一场大洪水的幸存者（此即两河流域的"挪亚方舟"故事）。吉尔伽美什未能通过六天七夜不睡的考验后，只能悻悻地乘船返航。就在此刻，乌特纳皮施提在妻子暗示下向吉尔伽美什吐露了可以重返青春的秘方——海底的一株仙草。吉尔伽美什采得仙草后兴高采烈地踏上返乡之旅。

然而，两河流域的生死实为宇宙秩序的根基。人必有一死，唯有神才得永生。尽管吉尔伽美什坐拥三分之二的神的血统，也只能位列必死的凡人。神人之间的界限不容僭越，因此吉尔伽美什注定了无法享用仙草。他于返乡途中下到一眼池塘洗澡，结果蛇偷吃了放在岸边的仙草。蛇立即开始蜕皮，而吉尔伽美什只落得潸然泪下的结局。

尽管"史诗"的主旋律是人类难违神意、命途多舛，但它在细微处也流露出对神祇权威的揶揄和反抗。吉尔伽美什断然拒绝女神伊施塔的求婚，恩启都杀死天牛后把牛腿扔向伊施塔，洪水肆虐之际众神害怕得蜷缩如狗，洪水过后诸神如苍蝇般围绕着祭品……神祇固然操控了人的生死,但也依赖于人获取给养。这是一个人神相依的世界。

随着楔形文字使用的终结,两河流域本土文明在公元1世纪走到了尽头。但"史诗"中的若干元素,在《圣经》、《死海古卷》、摩尼教文本和阿拉伯民间故事集《一千零一夜》中都得到了不同程度的传承,见证了它超越地域、超越文化、超越族群的隽永魅力和强大影响力。"史诗"不仅是古代两河流域文明的结晶,而且是人类命运共同体在探索自身与世界乃至宇宙关系历程中的一座丰碑。

美国历史学家、全球史研究奠基人威廉·麦克尼尔在其成名作《西方的兴起——人类共同体史》第二章中,对"史诗"评论如下:"如果你在读这些诗篇时对自己的思路略做调整以适应其神话形式和某些故事情节上所表露的天真稚拙,那么你就会感觉到自己同构思和撰写这些诗歌的人们是一脉相承、血缘与共的。""史诗"的世界早已远逝,但在理性与科学精神主导的现代社会,在新冠疫情和人工智能挑战人类生活方式和自我认知的当下,人类如何在"知其不可而为之"的同时又"适可而止",《吉尔伽美什史诗》依然给我们以启发。

进一步阅读书目:

❶ 拱玉书译注:《吉尔伽美什史诗》,北京:商务印书馆,2021年。

❷ Andrew George, *The Epic of Gilgamesh: The Babylonian Epic Poem and Other Texts in Akkadian and Sumerian*, London: Penguin Books, 1999.

❸ 欧阳晓莉:《英雄与神祇:〈吉尔伽美什史诗〉研读》,上海:上海三联书店,2021年。

《希伯来圣经》：亚伯拉罕三大宗教文明之根

刘平	复旦大学哲学学院教授
主要研究方向	犹太教、汉语圣经学、汉语神学等
代表著作	《建构中的汉语圣经学》《基督教与中国现代性危机》等
主讲课程	《希伯来圣经》

《希伯来圣经》(*The Hebrew Bible*),希伯来文称《塔纳赫》(*Tanakh*),构成亚伯拉罕三大宗教文明(犹太教、基督教与伊斯兰教)的核心或基础。《希伯来圣经》独自成为犹太文明的根基,通过基督教《圣经》中的《旧约》以及《古兰经》中的部分章节而对整个人类文明发挥着巨大的影响力。《希伯来圣经》对于犹太-基督教文明的影响尤为深刻,堪称世界上两千万犹太教徒、二十亿基督徒的绝对元典。《希伯来圣经》以《旧约》的形式与《新约》共同成为对西方文明影响最大的一本书——基督教的《圣经》,而《希伯来圣经》本身也因此成为至今发行量最大、最畅销的一本书。

那么21世纪中国青年学子需要读《希伯来圣经》吗?如果回答是肯定的,读的理由何在?《希伯来圣经》对树立和规范整个世界文明带来绝对影响,不管《希伯来圣经》中陈述的内容被历史与考古证实与否，也不论它为丰富（后）现代人的生活提供崭新意义与否，来自东方的《希伯来圣经》已普遍深入整个西方世界，乃至诞生它的东方世界，波及南半球的第三世界。在美术、音乐、小说、诗歌、电影、建筑等所有领域，《希伯来圣经》无处不在。米开朗基罗的壁画《创世记》取材于其中的第一卷。现代人的"法律面前人人平等"的愿景、尊重个人价值和尊严的思想也根源于《希伯来圣经》中的人学思想。而西方社会制度、国家、政治、文化、艺术、宗教、日常生活等任何领域无处不在地运用《希伯来圣经》中透露出的原理。尽管欧美犹太－基督教在21世纪初呈现出衰落的迹象，但《希伯来圣经》中的原理已深入肌理。所以，若要了解西方乃至于东方、南方的过去，分析西方以及东方、南方的现在，观测它们的未来，我们就要知道作为其根基之一部分的《希伯来圣经》中的历史与思想，而要把握世界文明，知道构成世界文明根基之一部分的《希伯来圣经》乃属必需。

对于生活在变化多端的数字世界的（后）现代中国大

学生来说，对《希伯来圣经》的看法大致可分为两种：其一是认为它是一本可以让人把握生活真谛和人生价值的"人生指南书"；其二是认为它是"一部外来的经"，甚至是"八卦书"，虽然现今不会贬损它为迷信，最多也不过是一部来自遥远的远方、关于久远世界的神话－传说，或犹太－基督教文明中的文学名著之一。如此而论，这本书对于绝大多数（后）现代大学生来说在根本上是一部"异国他乡之书"。的确，尽管新闻媒体几乎每天都在报道与《希伯来圣经》有渊源关系的事件，诸如巴以冲突，但《希伯来圣经》中的"异国他乡"之味还是依旧浓厚。

首先，《希伯来圣经》是犹太教的《圣经》。犹太教将保留至今的24卷经书分为Torah（训示书）、Neviim（先知书）、Kethuvim（圣著）三个部分，并采用这三个部分的希伯来语第一个字母命名自己的经书为TaNak或Tanakh，即《塔纳赫》。根据通常看法，公元90年，《希伯来圣经》24卷经书被犹太拉比定为正典即犹太教的《圣经》。与此相比，基督教受到《七十士译本》的影响，其中的新教将《希伯来圣经》24卷经书分成39卷，称《旧约》，罗马天主教《旧约》中的39卷与新教相同，但另有10卷取自《七十士译本》中的次经，总计49卷，称《旧约》，而东正教的《旧约》经卷数目既不同于罗马天主教和新教，也在俄罗斯东正教和希腊东正教之间存在差别，与《新约》27卷共同构成经卷数目不等的东正教的《圣经》。正因为《希伯来圣经》由不同的宗教共同体以及具有多样性的同一个宗教共同体保存、解释并流传下来，不仅对普通人来说，甚至对信仰者自身来说，都是一本难读难解难懂的书。《希伯来圣经》的"元典"地位令（后）现代人望而生畏。

其次，《希伯来圣经》并不是由一位作者一气呵成的，而是由多位作者在不同的社会、政治、文化、经济、宗教背景之下把各自的故事用各自独特的视角和体裁表现出来的作品文集。不仅如此，他们的作品是用现代人并不使用的"死语言"（古希伯来语、亚兰语或阿拉米语）写成。对于试图窥探其中奥秘的人，这样的原文足以让人望而止步。

再次，《希伯来圣经》以多元文化为背景，经过数千年，经由不同的人记载的希伯来人/以色列人/犹太人的宗教故事，向（后）现代人展示出的是一幅异国图景，其中涉及大量不同的名称和地点，让现代读者既感到陌生，也难以阅读和记忆。对于生活在（后）现代世俗社会中的大学生而言，其中的历史、思想、制度、习俗等虽然直接或间接地传承于今，但均属于遥远的过去，似乎与当下处境毫无瓜葛。这样的书卷也的确让人望而却步。

正因为上述理由，诸多《希伯来圣经》通识课程将其中包含的内容放在"5W1H"框架之中，即以"时间"（when）、"地点"（where）、"人物"（who）、"内容"（what）、"原因"（why）和"方式"（how）为焦点来逐卷介绍《希伯来圣经》。但是，本课程并不追问《希伯来圣经》以怎样的方式元典化——既不是挖掘《希伯来圣经》如何被宗教共同体解释，也不是将《希伯来圣经》中的多元文化和历史背景——道来，更不是把《希伯来圣经》中的每一卷书分门别类，一一介绍。课程重点是《希伯来圣经》中多样内容的相互连贯性，以此来介绍贯穿《希伯来圣经》全书显露出的历史、制度、宗教思想，以及它们对现代人尤其是西方文明透露出的意义。我们不仅尊重构成整本《希伯来圣经》中单本经书的多样性，也尊重使它们浑然一体的内在历史与逻辑思想。这是本课程的设计理念。

按照这种设计理念，本课程以问题为导向，试图通过问题的规划与解答来达到课程的目的：在问题的引导之下，进入文本世界，又走出文本世界，观照当代的现实生活，从而在把握住基本概念、理论之同时，在当下的数字化时代中找寻到古老的文本世界对既定的生活世界的诠释与批判。因此，本课程一方面会回顾"一本书"中的内容（content），另一方面会回答"一本书"中的意义（significance）。本课程要带领学生询问的是《希伯来圣经》中的核心问题：人类的尊严何在？人何以通过契约、律法建构生活共同体？人之为人的价值目标在于劳作还是安息？如何直面生命本身的苦难、虚空与死亡？如何去爱？……围绕这些古旧而切身的问题，本课程试图回溯到希伯来文明、亚伯拉罕三大文明之源，也顺流而下探索其经久不衰的活力奥秘，以及对当下生活世界所透露出的生生不息的吸引力。

进一步阅读书目：

❶《旧新约圣经》，施约瑟译，上海：大美国圣经会，1913年。

❷《圣经》，思高圣经学会释译，台北：思高圣经学会，1972年。

❸《圣经》(现代标点符号和合本修订版)，上海：中国基督教三自爱国运动委员会、中国基督教协会印发，南京爱德印刷有限公司，2012年。

❹ Adele Berlin, Marc Zvi Brettler ed., *The Jewish Study Bible*, Oxford: Oxford University, 2004.

亦继希腊哲学之余绪：
阿拉伯哲学的来龙去脉

王新生	复旦大学哲学学院教授
主要研究方向	《圣经》与基督教、《古兰经》与伊斯兰教、当代天主教神哲学、亚伯拉罕宗教比较研究，以及阿拉伯－伊斯兰哲学
代表著作、译作	《〈圣经〉精读》《〈古兰经〉与伊斯兰文化》《理与人》等
主 讲 课 程	阿拉伯哲学与文化

一提起传统的阿拉伯世界，一些人的头脑中往往浮现出漫漫黄沙和逶迤而行的驼队，至于把地表贫瘠的"阿拉伯"与内里丰富的"哲学"关联起来则总不禁令人有某种"天方夜谭"之感。其实，就像阿拉伯不乏物产丰富的绿洲一样，历史上阿拉伯世界也升起过许多熠熠生辉的伟大哲学家。从世界文明的角度而言，阿拉伯哲学是希腊化的一种文化产物，是东西文化互鉴的一种哲学成果，是西方哲学走出中世纪的强大思想推力，更是完整世界哲学版图所不可或缺的有机构件。从思想创新而言，阿拉伯哲学不仅像黑格尔为代表的传统西方哲学家所认定的那样具有传播西方哲学的功能，更是一种对于世界哲学的历程和样貌做出独特贡献的、主要以阿拉伯语为载体的思想体系。

就其独特之处而言，阿拉伯哲学是一种在伊斯兰文化的特有土壤中诞生的哲学，是从伊斯兰教争中的哲学底蕴和辩证神学的苗圃中成长起来的哲学，这就有一个"阿拉伯哲学"与"伊斯兰哲学"究竟是何关系的问题。马坚先生（麦加朝觐部发行的阿中对照《古兰经》所采用的中文本译者）在其第·博尔《伊斯兰哲学史》译序中提到"异名同实"说，即"阿拉伯哲学"与"伊斯兰哲学"异名而同实。马吉德·法赫里（Majid Fakhry）在西方代表性的专著《伊斯兰哲学史》中开篇伊始如此描述伊斯兰哲学："伊斯兰哲学是一个复杂的智识过程的产物，叙利亚人、阿拉伯人、波斯人、土耳其人、伯伯尔人和其他民族都曾积极参与了这个过程。然则，阿拉伯因素占有如此优势，以至于不妨方便地称之为阿拉伯哲学。"当然，国内外许多学者对此说法并非没有异议。

无论如何，阿拉伯哲学与伊斯兰哲学之间客观存在的水乳交融关系向人们提示着这样一个史实，就是阿拉伯哲学总体上是在作为"天花板"的伊斯兰教义学与作为"底线"的伊斯兰教法学所设定的空间之内求得生存的一种哲学。所以，人们看到阿拉伯哲学的基本特征之一就是调和哲学与宗教、整合理性与信仰。在阿拉伯哲学里,这种调和与整合肇始于"阿拉伯哲学的泰勒斯"铿迭,在他那里就已经初步提出了哲学与宗教的双重真理说。这种调和与整合在阿尔法拉比和伊本·西拿的哲学中又有新的路数,就是把铿迭那个时代伊斯兰世界存在的"哲学西来说"发展为"哲学东起说"。及至伊本·鲁世德,他更是论证哲学在伊斯兰学问体系中当属作为一种宗教义务的最高等级的学问。

阿拉伯哲学的调和与整合特征不仅限于哲学与宗教、理性与信仰之间,而且表现为阿拉伯哲学家们调和与整合柏拉图与亚里士多德,认定并致力于论证两者之间的一致性。由于历史上接触和移译希腊哲学所存在的局限,以及最先获得的希腊哲学材料中最多和最显要的是亚里士多德的著作这样一些事实,导致许多非亚里士多德的著作误归于亚里士多德;其中最具影响的是把实为普罗提诺《九章集》节选本误认为所谓的《亚里士多德神学》。历史局限导致的把柏拉图主义,特别是新柏拉图主义混同为亚里士多德思想体系之构成部分的误认,导致阿拉伯哲学中兴起一种调和新柏拉图主义与亚里士多德思想的内生驱力和倾向。这无疑以一种独特的方式成就了阿拉伯哲学的创新贡献。至于明确意识到要从亚里士多德主义身上剥除新柏拉图主义的外衣,并致力于回到亚里士多德那里去,则是迟至伊本·鲁世德那个时候所从事的志业了。

从哲学传承的角度而言,这种作为"新柏拉图主义的亚里士多德主义"的阿拉伯逍遥派哲学,就像古希腊哲学之后的西方哲学一样,它也是一种继希腊哲学之余绪的哲学。但是值得指出的是,当我们认识到阿拉伯哲学道统上亦继希腊哲学之余绪的同时,还要意识到此希腊并非彼希腊。传入伊斯兰世界的希腊哲学并非是直接来自希腊本土,也并非教科书意义上的希腊哲学。这种伊斯兰世界传入的希腊哲学有两个路径,一是经过铿迭等人参与的阿拉伯"大翻译运动"散漫而来,二是通过叙利亚基督教的"大翻译运动"而来,后者的成果经由阿尔法拉比的基督徒老师而传入阿拉伯哲学,又经过伊本·西拿的提升而形成阿拉伯逍遥派——"新柏拉图主义的亚里士多德主义"。

这种"新柏拉图主义的亚里士多德主义"形式的阿拉伯哲学通过阿尔法拉比和伊本·西拿得以大成,呈现出某种与伊斯兰教义学和教法学争夺话语权之势。恰恰因为其思想发展高出了凯拉姆的上限和溢出了教法学的堤岸而引来了警觉的"伊斯兰权威"安萨里的杀威棒,导致他以《哲学家的矛盾》等著作所代表的伊斯兰教传统派对于阿拉伯逍遥派的反制。安萨里对哲学的反制超出了当时伊斯兰教界对于哲学的诋毁和谩骂,采取了首先"知己知彼"研究哲学,继而"以子之矛攻子之盾"的策略,即以哲学的方法反制阿拉伯逍遥派哲学,从他的立场"证明"这种哲学难圆其说。客观上,安萨里对阿拉伯逍遥派这种特定哲学的反制作用是双向的,他为反制哲学家而研习哲学的成果《哲学家的宗旨》对于阿拉伯逍遥派哲学思想的传播也起到了一定作用,甚至在西方中世纪一度把它误以为是安萨里的立场和思想。

安萨里携伊斯兰权威之势所发起的对于法拉比与伊本·西拿所代表的"新柏拉图主义的亚里士多德主义"

的反制，改变了阿拉伯哲学的走向与样貌。从东部伊斯兰世界的阿拉伯哲学而言，新柏拉图主义与亚里士多德主义出现了脱钩：一方面作为伊斯兰世界话语权争竞哲学的亚里士多德主义逐渐沉寂，但作为方法的亚里士多德逻辑在伊斯兰经学院得到普及；另一方面，新柏拉图主义与经过安萨里赋予合法化而登上伊斯兰学问的大雅之堂的苏菲主义进一步融合。从西部伊斯兰世界（伊斯兰教时期的西班牙）而言，阿拉伯逍遥派得以复兴，并且在伊本·鲁世德那里实现了把新柏拉图主义与亚里士多德主义剥离开来，回到他所谓的纯粹的亚里士多德研究，并以"拉丁阿维洛伊主义"的形式融入中世纪西方哲学。

尽管西部伊斯兰世界经过与天主教的多次角逐之后而消亡，随之仅存东部伊斯兰世界代表阿拉伯哲学，但是托马斯·阿奎那为天主教对抗西部伊斯兰世界异端提供火力的《驳异大全》一直存续下来。西部伊斯兰世界消亡之后，独存的东部伊斯兰世界的哲学也出现了新的发展路向，也就是因安萨里的挞伐而出现的后阿拉伯逍遥派的阿拉伯哲学与东方古代文明的结合,主流就是新柏拉图主义、苏菲主义与波斯拜火教传统的一种新形态的哲学——照明哲学及其变形。从这个角度也可以更好地理解中国伊斯兰哲学,这是一种受到苏菲主义影响的、以宋明理学为基础的"以儒释经"的哲学体系。

如果用西方哲学传统中典型的哲学形态加以衡量,阿拉伯哲学存在某种非典型性和发散性。正如彼得·亚当森和理查德·C.泰勒在所编《剑桥阿拉伯哲学读伴》(*The Cambridge Companion to Arabic Philosophy*)中所言:"事实上,令人感兴趣的哲学观念出现在伊斯兰世界范围很广的那些传统中,而且历经许多世纪。大量的哲学兴趣不仅存在于像阿维森纳那样的作者们的那些显而易见的'哲学性的'著作之中,而且在'凯拉姆'的复杂传统之中,还存在于论法学原理的著作、《古兰经》注疏之中,以及自然科学、某些关涉伦理学的文学著作和当代政治哲学之中,如此等等,不一而足。"

进一步阅读书目：

1. 王新生：《〈古兰经〉与伊斯兰文化》，宁夏：宁夏人民出版社，2016年。
2. 沙宗平：《伊斯兰哲学》，北京：中国社会科学出版社，1995年。
3. 第·博尔：《伊斯兰哲学史》，马坚译，北京：中华书局，1958年。
4. 穆萨·穆萨威：《阿拉伯哲学：从铿迭到伊本·鲁西德》，张文建、王培文译，北京：商务印书馆，1996年。
5. Majid Fakhry, *A History of Islamic Philosophy*, New York: Columbia University Press, 2014.

现代秩序的逻辑

笛卡尔与《谈谈方法》：如何使用理性来探究真理？

佘碧平	复旦大学哲学学院教授
主要研究方向	西方哲学史、法国哲学与现象学
代 表 著 作	《梅罗-庞蒂历史现象学研究》《中世纪文艺复兴时期哲学》《心智的秘密：论心智的来源、结构与功能》等
主 讲 课 程	笛卡尔《谈谈方法》导读

如何使用理性来探究真理一直是近现代哲学史与科学史的中心问题之一。伽利略最早确立了两条方法论原则：一是数学方法（即"自然界是用数学的语言写成的"），二是实验方法（一切科学假说只有通过反复的实验被检验为真，才能被接受）。不过，作为近现代科学的奠基者，伽利略主要是一位科学家，关注的也主要是具体科学的研究。从西方哲学史上看，在从经院自然哲学向近代自然科学的转变过程中，其标志性的人物是与伽利略同时代的笛卡尔。同伽利略一样，笛卡尔也是位著名科学家，不仅是"解析几何"的创立者，而且在物理学、心理学、解剖学、胚胎学等领域都做出过杰出贡献。但是，与伽利略不同的是，笛卡尔更是一位哲学家。可以说，他提出了一整套与亚里士多德的自然哲学迥然不同的概念体系，为近代科学研究奠定了形而上学的基础。因而，在国际学术界，笛卡尔被视为近代哲学之父。而且，古典理性至此也正式成型，它是以"普遍数学"为基础的"数学理性"。

不过，在笛卡尔看来，要探究真理，仅有数学理性是不够的，还要有正确使用理性的方法。1637年，笛卡尔为他的科学论文集（包括"几何学""折光学"与"气象学"）撰写了序言《谈谈方法》，旨在向读者表明，他是如何正确地使用理性方法才创立了解析几何，发现了折光现象等物理规律。而且，有趣的是，三百多年来，他的科学论文集除了科学史家之外，已乏人问津，而这篇序言《谈谈方法》却成为哲学经典，被翻译成许多种文字，在世界各地广为流传。

在《谈谈方法》中，笛卡尔探讨了"理性在各门学科中的使用方法"。这种理性的方法既是普遍的，又是多样的。为此，笛卡尔力图建立"普遍的科学"，把所有学科统一起来，建立在绝对可靠的"理性"基础之上。而理性是以数学理性为导向的，即"确立事物之间的比例与秩序"，也即"几何关系"与"数量关系"。它具有直觉与演绎的自明性,即自身显示与证明为清楚、明白的。这是其方法普遍性的方面。

可以说,这一普遍科学的方法就是他所创立的"解析几何"方法。在《谈谈方法》中,笛卡尔对于当时的代数、几何等方法是不满意的,力图剔除它们各自的缺点,把代数与几何结合起来,形成解析几何。而且,解析几何的方法也让他在几何学、折光学等方面获得了重要成果。

当然,笛卡尔并不否定不同学科之间的理性方法具有差异性。在《谈谈方法》第三部分中,笛卡尔就特别指出了人文社会学科(专门研究人的行为)的独特性,因为人的行为不同于自然事物的活动,它具有目的性。因此,在人文社会学科领域里,理性的方法要遵循"临时行为守则",特别是要遵循"中道"原则与跟随最明智人的做法。而在形而上学领域,笛卡尔则强调逻辑论证的方法。为此,他专门提出了"第一哲学原理",即"我思故我在"的著名命题,并以此作为其哲学体系的基石。

不过,笛卡尔是一位天赋观念论者。他认为完满者

（神）创造了自然与灵魂，并分别在其中置入了相同的数学规律，因为人有天赋理性，所以能够认识心中的真理，而且，只要正确地使用理性，就能认识自然的真理。虽然笛卡尔反对经验主义，但是，他并不排斥经验与实验。相反，他认为实验方法是人探究真理的关键之一。这一方法就是从内心中寻找真理萌芽，推理出事物的本原与原因，然后用外在世界中的"果"来与内心中的这些"因"相匹配。为此，这就要通过实验来匹配，一旦匹配成功，那么就建立起了"因果联系"，而这就是自然界本身的因果规律。

值得一提的是，这本书也引发了一系列值得深思的问题。首先，笛卡尔认为人的理性只要正确使用，就能最终认识自然的真理，让自然为人类服务。那么，这是否意味着人类从此进入了一个"无风险的社会"呢？其实，理性与科学并不能保证无风险，比如，为了避免伦理危机，我们不得不禁止复制干细胞。

其次，笛卡尔是天赋观念论者，一切真理都先天地内在于人的灵魂之中，他的直观－演绎的方法就是对这些已有天赋观念及其关系的直觉与澄清，却无法提供新的知识内容。而科学史告诉我们，科学的发展不是发掘已有的天赋真理，而是用新知识取代旧知识，而且，新知识的内容只能来自经验－归纳。这也是后来康德批评分析方法无法提供新知识的原因。

再次，笛卡尔的身心二元论作为实体论来说是错误的，但是现代神经科学表明，我们的内侧前额皮质神经区与内侧顶叶皮质神经区是调控我们主体概念的，外侧前额皮质神经区与外侧顶叶皮质神经区是调控我们客体概念的，只要神经系统发育成熟，人就会形成自我概念和对象概念，能分辨出自己和他人，区分周边的物。换言之，人之所以具有客观地看待对象的能力，能够分辨自我，这都是有一定的生理基础的。因此，笛卡尔的说法虽不完全正确，但还是有着启发意义的。

最后，笛卡尔的论证中也存在着定义不清的地方。比如，他认为人的身体属于物质实体，是惰性的与机械的，但是其体内的"元气"（或译"动物的精气"）却是能动的，能够驱动并协调身体各部分的运动。而且，笛卡尔对于理性的界定也过于狭隘，只强调数学理性的可靠性。以英语为例，"理性"有着"reason"（理性、理由、根据、原则等）、"understanding"（理性、理解力、同情心等）与"rationality"（理性、合理性、比率理性）等意义。换言之，除了"数学理性"（rationality）之外，人还有着"同理心"（understanding）等理性能力，理解他人的喜怒哀乐，并与他人协商一致，创建公正的制度。

对于中国读者来说，这本书简洁明快，直抒胸臆，作者好像是在与读者交谈似的。因此，阅读此书不会有枯燥之感。不过，这本书毕竟是域外名著，而且年代久远，书中的许多人物、地名对于中国读者来说是很陌生的。这就要求读者同时阅读一些哲学史与科学史的著作，让自己置身于历史背景中去理解笛卡尔的思想，方能有更大的收获。

进一步阅读书目：

❶ 笛卡尔:《第一哲学沉思集》，庞景仁译，北京：

商务印书馆，1986年。

❷ 爱因斯坦：《自述》，《爱因斯坦文集》（第一卷），许良英等编译，北京：商务印书馆，2012年。

❸ 乔治·阿克洛夫、罗伯特·席勒：《动物精神：人类心理如何驱动经济、影响全球资本市场》，黄志强、徐卫宇、金岚译，北京：中信出版社，2016年。

❹ 安东尼奥·R·达马西奥：《笛卡尔的错误：情绪、推理和人脑》，毛彩凤译，北京：教育科学出版社，2007年。

❺ 佘碧平：《心智的秘密：论心智的来源、结构与功能》，上海：上海人民出版社，2019年。

制造"利维坦":
霍布斯与现代
国家的诞生

孙向晨	复旦大学哲学学院教授
主要研究方向	近代西方政治哲学、莱维纳斯研究、汉语哲学研究
代 表 著 作	《论家:个体与亲亲》《面对他者:莱维纳斯哲学思想研究》等
主 讲 课 程	霍布斯论"利维坦"

什么是现代社会的基础？基于人人平等如何建构现代政治的合法性？西方社会的现代转型是如何发生的？宗教（或者传统）在现代社会中扮演怎样一个角色？"利维坦"究竟是什么，为什么要用"利维坦"指称现代国家？为什么过去三百多年了，我们依然还要阅读西方政治哲学的经典？

1651年出版的《利维坦》可以给我们做出一些初步的解答。这本著作被认为是近代政治哲学的第一书。托马斯·霍布斯从1641年开始发表《法的原理》到1651年出版《利维坦》，同样的主题思想，花了整整十年的时间，使其日臻完善，最终成为一本近代政治哲学的经典，在很多方面奠定了现代政治学的基础。

现代世界有其自身的话语体系，生活在这个现代世界就会受到其无形的影响。讲究人人平等、努力维护自身权利，这是现代人普遍关心的，但这并不是一个古已有之的传统。那么这样一种讲究"权利"的现代社会究竟是怎么建立起来的呢？这与西方的文化世界息息相关。在这个意义上，今天要理解我们自己的生活世界也同样需要去了解西方的政治社会经典。现代的话语体系并不是"一蹴而就"的，而是花了几百年时间逐渐建构起来的，有一个漫长的历程。那么这第一块砖究竟是如何放下去的呢？这就是我们要去解读《利维坦》的原因所在。

《利维坦》的诞生有自身的历史语境，1485年英国的都铎王朝（Tudor dynasty，1485—1603）被认为是现代英国的开始。在汉语世界中，会觉得这个时代太过久远，一般喜欢称之为"近代英国"的开端，其实"近代"与"现代"在英语中是同一个词"Modern"。在此之后，英国就进入了一个从传统向现代转型的过程，这个过程不止于都铎王朝，这是一个"现代国家"的诞生过程。这并不是一个现代分权的过程，而是针对英国内部"宗教"和"封建"力量挑战的一种统一过程，具体表现为英国的宗教改革和英国内战，一直到1688年的"光荣革命"形成了英国的现代体制。这一过程在理论上表达为如何建立一个"主权"的现代国家,同样也是一个制造"利维坦"的过程,这就是《利维坦》的写作背景。

霍布斯以修辞手法把《圣经》中的海上巨兽"利维坦"来比喻国家,这是一个替上帝在世间行使"权力"的巨兽,也就是所谓的"现代国家"。霍布斯说:"这是一个有朽上帝的诞生;我们在不朽上帝之下所获得的和平和安全保障就是从它那里得来的。"国家被称为由人组成的"有朽上帝",这与西方历史上"皇帝"的"君权神授"以及贵族的"封建制"有着极大差异。"利维坦"要确立的是具有完全主权(sovereignty)的现代国家。这个"全权"(或者称之为"主权")从哪里来呢?如果不是"君权神授",如果不是"奉天承运",这个超越于血缘、超越于家族、超越于分封的统治力量究竟从哪里获得它的合法性?《利维坦》从一开始就要面对一种全新的理解政治的方式:统治国家的"权力"来自生活在这个国家中的每一个人。

这是一个全新的起点:每一个个体都是平等的、自由的。从某种意义上讲,"平等的个体"是现代社会的起点。在传统社会,个体或属于城邦,或属于村社,或属于教会,或属于家族。用亚里士多德的话来说,个体或是城邦之上的神,或是城邦之外的野兽,而人是城邦的动物。也就是说,在传统社会中,"个体"并不具有完全的、独立的意义,他必须生存于社群之中。只有在现代社会,"个体"才具有完全独立的和自主的地位,这样一种地位在现代政治哲学中的表达就是从《利维坦》开始的。一旦每一个"个体"都是平等的、独立的,那么构想政治的整个逻辑就会发生根本性的变化,这也就是从传统社会到现代社会的"转型"问题。"为什么我要听你的"这个在传统社会有千百个理由可以来回答的问题,现在开始需要新的理由了,这也就构成了现代政治的合法性问题。《利维坦》在新的政治哲学起点上给出了第一个方案。

每一个人的生存都是由"欲望"所驱动的,由此霍布斯给出了不同于古典的幸福定义,"幸福"不再是灵魂的沉思以及灵魂的自律,"幸福"就是一种欲望的满足,而且是一种得陇望蜀式的满足。这样,平等个体"由能力上的平等出发,就产生达到目的的希望的平等,任何两个人如果想取得同一东西而又不能同时享用时,彼此就会成为仇敌"。因此,"欲望"上的平等就会带来一种"人人相互为战的状态",霍布斯称之为"自然状态"。

以这种"自然状态"为出发点,霍布斯设想了现代国家的构建。人人相互为战,和平和安全在"自然状态"中无法得到保障,因此就需要有一个主权者来加以保护。那么主权者的权力从哪里来呢?不是靠君权神授,而是靠每一个自然人的"授权"。在西方自然法传统中,"律"首先是一种约束人们的义务,但霍布斯说,人们"往往把权和律混为一谈,……法与律的区别就像义务与自由的区别一样"。在他看来,在"自然状态"中,每一个人的首要地位并不是由遵守自然法决定的,而是每个人都有"自然权利",这种权利就是"每一个人对每一种事物都具有的权利,甚至对彼此的身体也是这样"。这一关于"权"与"律"先后关系的颠倒,石破天惊。在历史上"律"的首要性第一次让位给了"权利";责任的首要性让位给了自由，并由此说明了"权力"的来源以及合法性问题。建构主权的目的在于保护每一个人的和平与安全，而主权者权力的合法性来自每一个人"自然权利"的"让渡"。因此，人类第一次在平等的前提下论证了政治权力的合法性。《利维坦》由此也承担得起近代政治哲学第一书的美誉。

阅读《利维坦》是一项有着很大挑战度的工作：第一，17世纪著作的语境与21世纪有很大不同，我们如何深入那个时代的思想诉求？第二，作为17世纪的著作，其与古典政治理论范式已经有了巨大不同，《利维坦》是西方"古今"之变的一个杰出例证，它所呈现的"古今"张力究竟表现在哪？第三，《利维坦》的开创性贡献有哪些？它为现代社会预设了哪些前提？这些工作对于今天有什么积极和消极的影响？第四且最为关键的是，阅读传统经典究竟会对你——21世纪的大学生——理解世界带来怎样的影响？这是我们在阅读经典时始终要反思的。

进一步阅读书目：

❶ 霍布斯:《利维坦》，黎思复、黎廷弼译，北京：商务印书馆，1985年。

❷ A. P. 马蒂尼奇:《霍布斯传》，陈玉明译，上海：上海人民出版社，2007年。

❸ 卡尔·施密特:《霍布斯国家学说中的利维坦》，应星、朱雁冰译，上海：华东师范大学出版社，2008年。

❹ 列奥·施特劳斯:《自然权利与历史》，彭刚译，北京：生活·读书·新知三联书店，2006年。

❺ 汪堂家、孙向晨、丁耘:《十七世纪形而上学》，北京：人民出版社，2005年。

自然与自由：康德《实践理性批判》的旨趣

尹洁	复旦大学哲学学院青年研究员
主要研究方向	生命伦理学、医学哲学和康德哲学
代表著作	《医学哲学》《康德心灵理论研究》等
主讲课程	康德《实践理性批判》精读

古代道德哲学家,尤其是亚里士多德及其追随者,通常都认为伦理学的任务是关注如何实现人类的最终目的,即被他们称作"幸福"(happiness)或"人类繁荣"(human flourishing)的生活。这个最终的目的并不源自一种纯粹主观的评价,例如满足我们各自的欲望或偏好,而依赖于客观地找到那些适合人类本性的好生活。以亚里士多德为代表的德性伦理学将"性格特征"(character traits)视为一种"道德德性"(相对于其定义的"理智德性"而言),正是这些道德德性通向了被我们视作为理想的好生活。道德德性无论是作为实现好生活的手段还是作为其必要的构成部分而言都是好的、值得欲求的。反之,那些倾向于阻止"幸福"生活的特质则被认为是恶习,即便它们促成了愉快的生活或一个人最想要的其他某种特定形式的生活,因此,单从结果上来评估一个人是否收获了日常生活中所欲求之物或之事的做法并不适用于判定这个人是否达到了亚里士多德意义上的幸福。大部分哲学语境中的幸福（或人类繁荣）概念都较少偏重于我们日常生活中赋予这一概念的含义，诸如感官上的愉悦、快乐、满足等。哲学意义上的幸福概念，相较而言，刻画的是这样一些作为理性存在者的行为，诸如我们应该做什么，我们应该努力成为什么样的人，以及一个有智慧的人到底应该过什么样的生活。

在康德那里，道德哲学的旨趣发生了进一步的转变，他认为理性的行动者必然能认识到"道德法则"在自身的作用，并进而意识到自己是自由的，但这一对于自由的意识的依归是什么？换句话说，追随大部分伦理学作品所指向的方向，幸福的位置在哪？德性能蕴含幸福吗？在《实践理性批判》的收尾处，令很多读者略为失望的是，康德似乎没有给出关于"德性"和"幸福"之间关系的一个令人满意的描述。表面看来，康德并不关心一个具有德性的人是否能拥有现实生活中的幸福。对于康德而言，其道德哲学更为明确的任务是要确认一个人所获得的幸福是不是能配得上其德性。敏锐的读者可以看出,康德关于德性和幸福关系的观点蕴含着这样一个难以让人接受的结论,即:即便一个人有德性,不见得他就会拥有幸福。

但如果是这样,难道康德的道德哲学只是为了对理性存在者做出一个冷冰冰的道德推荐吗?这样看的话,如果道德是最高理想,难道理性存在者不就只具有达至道德的工具意义而已吗?并非如此,对于康德而言,作为理性存在者的人,其尊严恰恰来自其自身当中固有的理性,唯有借助于遵从所谓的"道德法则",人才真正彰显了自由。较为麻烦的是,诸多关于康德哲学的学界讨论虽借由"自然与自由"的主题带出,但这两个概念对于"因果性"的规定构成了一种无法兼容的结果。"自然"即"自然因果性",意味着每一个事件或事态都是由在先的事件或事态决定,而"自由"则意味着我们的意志总能自行开启一条新的因果链,不受到既定的因果影响。表面看来,自然因果性与自由因果性无法兼容。这可能会让你想到哲学导论中常介绍的"自由意志与决定论"问题:一旦承认决定论是真的,自由意志似乎注定无处安放。我们姑且不绕进"自由意志与决定论"这样的千古难题,尽管自从量子力学提出之后决定论并不是一个确定无疑的关于世界的解释,但康德本人其实不是在一种日常语言的意义上来言说"自由意志"这一概念的。

在阅读《实践理性批判》之时,比较麻烦的是,如果对康德那更为著名的《纯粹理性批判》毫不知晓,可能难以理解《实践理性批判》究竟意图何在。《纯粹理性批判》当中题为"二律背反"的部分所提出的问题,要到《实践理性批判》才有答案。在《纯粹理性批判》当中,"作为自发性的自由"的概念尚未真正进入道德哲学(被康德称为"实践哲学")的领域,仍单纯是在一种形而上学的意义上来给出一种关于世界本源的一般性描述,它无非意指的是一种能够跳脱出所有的因果链而单凭自身启动一个新因果序列的能力。而在《实践理性批判》这里,自由变成了一种独立于任何先在规律的自我立法、自我规定,成为了一种实践领域而非单纯理论领域的能力。两部著作中对于自由概念的表述合并起来才能用于理解康德关于自然因果性与自由因果性之间张力的主张。康德所言的意志不是一种心理学意义上的意志力,而是一种能够按照规则来表象我们的因果性的能力,是一种使得理性能够成为行动之有效原因的能力。通过意志,我们才能使得表象中的对象成为现实。一旦意志不直接地被对象规定,而是被理性的规则所规定,那么它就有望摆脱感性必然性的限制。意志,作为一种欲求能力(faculty of desire),其自由与否取决于到底是否将普遍的"道德法则"纳入行动的"准则"当中。尽管法则本身来自理性,并不是由意志自身生成的,但是意志却具有一种选择能力,能够将法则作为准则。理性因此也就能够以一种立法者的身份来颁布命令,使得意志被"纯粹实践理性"所规定。这样的意志自由,并不会与现实的、经验世界的自然法则相抵触,在根本上对于康德而言,是因为我们所理解或认知到的自然法则和我们为自身立法的道德法则都是出自我们自身的理性,换句话说,在自然和自由之间之所以具有一种统一性是因为二者都遵从理性。对于康德而言,基于其在现象和物自体之间所做的区分,并没有一个绝对客观的、独立于认知主体而存在的、在我们今天被更多地理解为是科学意义上的自然法则,而只有被作为认知主体的我们所表象出来的自然法则,这一法则对于认知主体的规定并不在那个不可知的物自体界,而恰恰就在我们表象的经验世界当中。

由此,唯有借助自然因果性与自由因果性之间的连接与兼容,康德才能既在理论理性的认知领域也在道德理性的实践领域皆完成其"哥白尼式的革命",是为《实践理性批判》末尾所言"头上的星空和心中的道德律"之意指所在。

进一步阅读书目:

❶ 贝克:《〈实践理性批判〉通释》,黄涛译,上海:华东师范大学出版社,2011年。

❷ 罗杰·斯克鲁顿:《牛津通识读本:康德》,刘华文译,南京:译林出版社,2013年。

❸ 曼弗雷德·库恩:《康德传》,黄添盛译,上海:上海人民出版社,2014年。

❹ 曼弗雷德·盖尔:《康德的世界》,黄文前、张红山译,北京:中央编译出版社,2018年。

❺ 康德:《康德书信百封》,李秋零编译,上海:上海人民出版社,2019年。

现代自由秩序的逻辑
——黑格尔《法哲学原理》

汪行福	复旦大学哲学学院教授
主要研究方向	现当代西方哲学、马克思哲学、西方马克思主义、社会正义论
代表著作	《走出时代的困境：哈贝马斯对现代性的反思》《通向话语民主之路：与哈贝马斯对话》《分配正义与社会保障》《现代社会秩序的道义逻辑：对中国改革价值取向的思考》等
主讲课程	《法哲学原理》导读

《法哲学原理》是黑格尔生前出版的四本主要著作之一，集中了他对现代社会秩序理念和基本结构的思考。《法哲学原理》不是狭义上的法律哲学，而是广义上的社会哲学和政治哲学，其中涉及现代社会秩序的构成和维持所涉及的重大问题，如：1）自由何以是现代世界的原则，把它理解为现代世界的原则有什么意义？2）相对于古代世界，现代社会秩序发生了哪些重要的变化，一个合理的现代社会秩序应包含哪些核心要素？3）如果我们承认以商品生产和交换为核心的市民社会是现代世界的核心构成因素，也是推动全球化并还在不断地改变我们社会的动力，我们该如何直面市民社会的内在悖论和问题？4）国家的根据和理由何在，现代国家与古代国家的区别何在，现代国家如何在既不损害个人自由的同时又能承担起公共权威和集体政治认同的作用？

《法哲学原理》的命运与时代变迁息息相关，由于黑格尔强调哲学必须与现实和解、国家应该看作"自在自为"的理性定在、君主立宪制是现代世界的成就等观点，他的哲学不仅被看作为德国落后的政治制度的辩护，而且被认为是现代专制主义的思想渊薮。然而，《法哲学原理》的思想光芒并没有被上述保守主义因素完全遮蔽。实际上，随着现代世界原则的更充分地展开以及它的内在矛盾和问题更明显地暴露，黑格尔的思想越来越得到重视和积极看待。今天的学界越来越重视黑格尔对现代自由秩序的规范性辩护，也越来越重视他对现代社会的内在矛盾、困难、冲突的经验分析。可以说，没有彻底地体验过黑格尔《法哲学原理》对现代社会的辩证分析，就不能充分把握我们生活的世界的深度和复杂性。在此意义上，黑格尔是我们的同时代人。

黑格尔说："每个人都是他那时代的产儿。哲学也是这样，它是被把握在思想中的它的时代。"黑格尔生活在西方世界从传统向现代转型的关键时期，这一时代的根本特征是确定性的丧失。在文化上和政治上，欧洲被两次大革命——发端于法国的政治革命和起源于英格兰的工业革命——卷入狂涛巨浪,历史驶进了没有航标的大海。黑格尔敏感地感觉到时代的变迁,也意识到现代人面临的困难。黑格尔的法哲学可以被理解为一部微缩的从宗教改革到工业革命的历史叙事,其核心抱负是探讨如何在现代人的主观自由基础上建立合理的客观社会秩序。

《法哲学原理》的副标题"或自然法和国家学纲要"可作为理解本书的方法论路标。"自然法"本质上就是理性法,即理性为世界的立法。在黑格尔看来,历史不是偶然的任意过程,而是理性的自我展现,现代社会不是历史的偶然结果,而是理性的普遍自由理念和原则的确立,而法哲学则是对现代世界的规范原则和理念的把握。"国家学纲要"固然是以国家制度为核心,但黑格尔并没有陷入对狭义的国家制度和结构的经验描述,而是试图对一切与人的自由实现条件有关的社会制度和规则系统进行阐述。

黑格尔法哲学中的"法"(Recht)有特殊含义,它既指狭义上的"法律",即强制性的实证法,也指人们享有的主观"权利",还指符合自由理念的正当性。黑格尔说:"法的基地一般来说是精神的东西,它的确定的地位和出发点是意志。意志是自由的,所以自由就构成法的实体和规定性。至于法的体系是实现了的自由的王国,是从精神自身产生出来的,作为第二天性的那精神的世界。"法的世界就是人的世界,法是调节人类活动及其关系的所有规则。在黑格尔那里,"法"是复数(Rechts),不是单数。法是自由意志的定在,而"自由的理念的每个发展阶段都有其独特的法,因为每个阶段都是有各规定中之一的那自由的定在"。《法哲学原则》把法区分为三个类型,它们分别为"抽象法""道德法"和"伦理法",这些法按照普遍性、特殊性和个体性的逻辑形成一个从抽象到具体的整体:"理念最初不过是抽象的概念,所以它必须不断地在自身中进一步规定自己。但是这个最初的抽象规定决不会被放弃,相反地,它只会在自身中愈加丰富起来,于是最后的规定是最丰富的。"法哲学把握的是法的自我否定、自我发展所产生的规则和秩序的整体。"抽象法"把人作为抽象的法人,它调节的是人与自然物的关系,财产权以及相关的人格自由的权利是其核心内容,其规范原则是正义;道德法把人理解为主体,调节的是有自我意识的个体与自身的意志关系,其规范原则是道德自律;伦理法把握的是人在社会关系的自由,涉及个人与社会的关系,在这里,人作为具体的社会成员,进入到家庭、市民社会和国家诸关系之中,自由意志实现了在他者中保持自己,其规范原则是团结或和谐。这样,黑格尔就系统地阐述了人与自然物、自我和群体的关系以及在这些关系中所蕴含的合理要求,从而展现了黑格尔对社会政治问题的系统思考。

《法哲学原理》具有高度的思辨性,但也具有丰富的经验内涵。黑格尔在谈良心自由时既强调良心是主观自由的极致,是神圣不可侵犯的,又指出道德良心在规制人与人的关系时作用是有限的,囿于内心之中的良心是主观的自我确信,没有客观普遍性,因而在道德中人们不可避免地会遭受到"不确定性之苦"。在谈到奢侈性消费时,他既肯定奢侈是人的需求的精致化和精神化,同时又指出其中包含着类似于今天广告刺激所产生的大量虚假消费以及由此导致的伦理蜕化。《法哲学原理》思想最有现实感的内容是：他一方面肯定市场经济为个人的主观自由和特殊性权利提供了实现条件，为人类创造了巨大的物质和精神财富；另一方面，他也指出，私有财产原则和基于偶然性的市场竞争不可避免地带来不平等和贫困，并坦诚地承认贫困是困扰和折磨现代社会的难题。显然，这些思想与我们生活息息相关。

黑格尔思想的特殊价值在于他对现代性思考的辩证性。一方面他坚定地站在现代世界的原则之上，即站在个人的主观自由是现代社会秩序的基础和前提的原则之上，抵制一切复古的倒退，从而为现代社会的合法性颁布了"出生证"，这体现在他对财产权、道德主观性、家庭情感之爱、市民社会交换和人对国家的爱国主义情感等主观自由的强力辩护上；同时，他也敏锐地看到自由主义对自由概念的理解和资产阶级自由秩序本身的片面性，这体现在他对一味地保护财产权而不顾人死活的法条主义的批判，对片面强调良心自由而拒斥伦理约束的道德主义的批判，对只看到市民社会的积极作用而忽视它的非伦理后果的经济主义的批判。这些都为我们系统和全面地理解现代社会面临的困难以及寻找可行的出路提供了丰富的思想资源。

阅读《法哲学原理》是一项艰巨的工作,这不仅因为该书的思想宏富,需要有一定历史和思想史知识才能完全把握,更为困难的是,黑格尔的思辨语言和概念思维与我们的语言和思维有隔离感。但是,黑格尔思想并非是无法理解的"天书",虽然他的表述方式是思辨和抽象的,但其思考的问题是具体的和历史的,他的思想体系是独特的,但他思考的问题是普遍的。黑格尔是我们的同时代人,我们仍然生活在他力图把握的世界之中,把他的理论拉入到当下,通过经验的反刍,我们可以进入他的特殊的运思之境。

总之,黑格尔的法哲学可以被理解为回应时代要求的一个"现代性方案",对其理论得失的思考,不仅是重要的理论任务,也是我们为自己生活的未来进行实践定向的重要任务,这是我们阅读这一经典的价值和意义的根本所在。

进一步阅读书目:

1. 黑格尔:《法哲学原理》,范扬、张企泰译,北京:商务印书馆,1995年。
2. 阿维纳瑞:《黑格尔的现代国家理论》,朱学平、王兴赛译,北京:知识产权出版社,2016年。
3. 高兆明:《黑格尔〈法哲学原理〉导读》,北京:商务印书馆,2010年。
4. 史蒂芬·B.史密斯:《黑格尔的自由主义批判:语境中的权利》,杨陈译,上海:华东师范大学出版社,2020年。

危机与革命:马克思、恩格斯论从资本主义向共产主义的过渡

张双利 | 复旦大学哲学学院教授

主要研究方向 | 马克思主义哲学、西方马克思主义,以及马克思与德国古典哲学之间的思想关系

代表著作 | 《黑暗与希望:恩斯特·布洛赫乌托邦思想研究》等

主讲课程 | 《共产党宣言》导读

早在 1848 年,马克思、恩格斯在《共产党宣言》中明确指出,资产阶级的灭亡和无产阶级的胜利同样不可避免。我们站在历史的今天,回顾资本主义在这之后的多阶段发展,该怎样理解马克思、恩格斯在当年做出这一判断?要回答这个问题,我们不仅要回到《宣言》的文本,更要在思想与时代之间的内在关联中去理解《宣言》思想的现实内涵和当代意义。

马克思、恩格斯写作《宣言》的时代,是资产阶级社会已经公开显露其内在矛盾本性、工人运动已经开始登上政治舞台的时代。在此时代背景之下,马克思、恩格斯自觉介入工人运动,以思想的方式来参与历史的生成。因此,《宣言》虽然只是马克思、恩格斯为"共产主义者同盟"这一工人组织所起草的行动纲领,其核心主题却是资本主义的历史性。该主题同时包括两方面内涵,一是资产阶级社会的历史起源、本质特征和矛盾本性，另一是共产主义运动的现实前提、根本原则和具体路径。

怎样理解现代社会和现代世界？此时的马克思、恩格斯在对现代社会的根本判断上已经同时超越了斯密和黑格尔。以斯密为代表的政治经济学家断定，现代社会在根本上是市场社会，以自由竞争为原则的市场经济具有道德的意义，它不仅能带来对个人利益的满足，还能同时成就整个社会。黑格尔的认识更进一步，他在法哲学中用市民社会的概念来界定市场社会，强调指出市民社会有其根本局限性，市民社会以特殊性为原则，每个人都认自己是目的，如果任其自行发展，必将导致极致的贫富分化和普遍的自我异化，致使伦理共同体的解体。黑格尔给出的方案是用理性国家来支撑、限定和统摄市民社会的发展。通过对黑格尔法哲学和政治经济学的双重批判，马克思、恩格斯不仅反驳了黑格尔的方案，而且还看到了更进一步的问题，即市民社会中人与人之间的关系不仅是人与人之间的相互分离和对立，更是一方对另一方的支配。从市民社会中的权力关系出发，他们界定了阶级和统治阶级的概念，用资产阶级社会概念来重新理解现代社会。

《宣言》对资产阶级社会历史性的把握开始于对其历史起源的追问。《宣言》明确指出，资产阶级社会是社会革命和政治革命的共同结果。一方面是举行社会革命的资产者阶级，其带来的是人与人之间的新型剥削关系；另一方面是举行政治革命的资产阶级，其带来的是对每一个人的平等地位的承认。正是由于这双重革命，在资产阶级社会中，人与人之间的支配关系被限定在经济的领域，经济领域的统治关系反过来以政治领域的平等关系为重要前提。资产阶级的经济规定性和政治规定性之间的这一对张力所表达的恰是内在于资产阶级社会中的资本主义与民主之间的矛盾。

关于资产阶级社会的基本特征和发展趋势，《宣言》主要从商品化、合理化和全球化三个角度做了分析。商品化的要害在于，在商品交换的形式之下所展开的是资本家和劳动者之间的经济统治关系；合理化的要害在于资本通过与技术的合谋实现了对社会的全面规定；全球化的要害在于资本在国家的支撑之下，一方面实现了对整个世界的全面统治,另一方面带来了国家与国家之间的支配关系。《宣言》将三条线索合在一起,刻画出了一个行将吞噬一切的资本主义体系:以商品形式为中介,资本开始展开对人的世界和物的世界的全面掌控;借助于技术理性,资本开启了一个对社会生活进行无限合理化的进步过程;凭靠着民族国家的机制,资本不仅对社会生活全面掌控,而且必将把整个世界都拖拽进资本主义的体系之中。我们今天重新阅读《共产党宣言》,可以明确看到在这里所揭示的实际上是资本主义的内在发展逻辑,这一画面在1848年的欧洲尚未真正出现,资本主义后来历经多阶段发展,从自由竞争的资本主义到有组织的资本主义(organized capitalism)再到今天的新自由主义资本主义,这一画面才得到彻底展开。在这个意义上,我们可以说《宣言》既属于产生了它的那个时代,又远远超越于那个特定的年代,是对资本主义发展逻辑的把握。

这个看似完备的资本主义体系是否会带来历史的终结?《宣言》对此做了断然否定,马克思、恩格斯明确指出资本主义生产方式蕴含着生产力与生产方式之间的根本矛盾，矛盾必然导致周期性的经济危机，经济危机不仅导致对生产力的极大破坏，而且会导致大量过剩人口的产生等严重社会问题。如此，经济危机将触发内在于资产阶级社会中的民主和资本主义的矛盾，使反对现行统治秩序的工人运动蓬勃兴起，使历史走向下一个环节的现实道路被打开。那么，危机是否一定会导致无产阶级革命，带来共产主义的胜利？《宣言》指出参与反抗的工人必须在斗争中完成中工人向无产阶级的跨越，无产阶级将带来对整个资本主义体系的彻底变革。也就是说，现行的资本主义社会虽然会必然导致经济和社会危机，但却不会自动带来从资本主义向共产主义的过渡。由资产阶级社会向共产主义社会的过渡必须经由无产阶级的革命行动的中介才能得以实现。在这个意义上，共产党人对于世界历史的发展具有极端重要意义，工人要在共产党领导的阶级斗争中上升为无产阶级，历史要在无产阶级革命的推动之下才能走向下一个环节。

怎样从《宣言》出发来理解当代世界的基本格局？马克思、恩格斯在《宣言》的7篇序言中为我们思考这一问题提供了两条重要线索：关于资本主义，既要在根本上把握住其自我否定式的发展逻辑，又要从资本主义内在矛盾本性出发去进一步理解资本主义的阶段性转型和发展；关于无产阶级革命，由于其在具体路径上一定是在社会矛盾最为激化的地方先行爆发，革命之后的社会主义实践并没有齐一的模式，需要各国共产党人在新的历史条件下去进一步探索。从这个角度看，今天的我们依然是《宣言》的同时代人，我们可以通过阅读《宣言》的文本，学会让《宣言》和产生了它的那个时代对接，让《宣言》和我们今天的时代对话。

进一步阅读书目：

❶ 马克思、恩格斯：《共产党宣言》（《马克思恩格斯选集》第一卷），中央编译局编译，北京：人民出版社，2012年。

❷ 霍布斯鲍姆：《革命的年代：1789～1848》《资本的年代：1848～1875》《帝国的年代：1875～1914》，

王章辉、张晓华、贾士蘅译,北京:中信出版社,2014年。
❸ 列宁:《帝国主义是资本主义的最高阶段》(《列宁选集》第二卷),中央编译局编译,北京:人民出版社,1995年。

如何唯物主义地思考世界?
——和恩格斯一起思考

吴猛	复旦大学哲学学院教授
主要研究方向	马克思主义哲学史、《资本论》及其手稿、当代法国哲学
代表著作	《福柯话语理论探要》《历史的肉身——〈路德维希·费尔巴哈和德国古典哲学的终结〉当代解读》等
主讲课程	《费尔巴哈论》研读

如何唯物主义地思考世界？这对当代中国人来说似乎是个不应成为问题的问题。事实上，"唯物主义"一词已经成为当代汉语的基本语汇：对于很多人来说，只要不把神灵请进自己的头脑中，或者不把观念或思维理解为事物运动的根本原因，就是唯物主义地思考问题了。

但如果我们仔细想一下，在人类历史长河中，各种形式的有神论和观念决定论已经为解释周遭世界和人类自身提供了如此多彼此啮合的理论和衍生出来的观念，就能想象到，"唯物主义地"思考世界，实在是非常不容易做到的一件事。这是因为，如果把神灵和观念从人类认知系统的基础中抽去，并非仅意味着观念大厦中的某些部件被更换，更意味着整个系统的重塑。

进一步说，在近代以来的人类认知系统中，对于自然界的认识与古代人类相比，有着重要的不同，这就是，自然界逐渐被认为是一个按照自身规律运动的系统，而不是一个以神的意志为推动力的系统，这是和人类科学的进展和改造自然的能力的提高密不可分的。因此，随着近代自然科学体系的建立和完善，对自然进行唯物主义思考，已经成为一件不难接受的事情。但对于人类自身的历史和社会进行思考，要做到这一点却是很难的，因为不仅人类社会历史的发展历程迄今无法运用数学精确地加以研究，也无法真正建立起严格的自然科学意义上的规律，而且人类社会历史所涉及的各种精神要素具有鲜明的内在性和主体性，无法被全部还原为外在性和客观性，因此对人类社会历史进行唯物主义思考，其合理性并不是那么显而易见。

这样，我们可以看到，"唯物主义地思考世界"，其实并不是一件容易做到的事情。恩格斯在他写于19世纪末的著名作品《路德维希·费尔巴哈和德国古典哲学的终结》（该著在思想史研究中常被简称为《费尔巴哈论》）中要做的，就是要表明，这件如此不容易做到的事情，马克思主义哲学是如何做到的。恩格斯通过三个步骤来阐明这个问题：第一步，说明马克思主义哲学诞生的思想史背景；第二步，分析唯物主义的基本含义以及进行唯物主义思考的困难所在；第三步，阐述马克思主义哲学是如何贯彻唯物主义原则的。

恩格斯从黑格尔学派的解体开始介绍马克思主义哲学诞生的思想史背景。黑格尔哲学是近代哲学的一座高峰，马克思以及恩格斯本人都曾从黑格尔那里学到许多东西。恩格斯和马克思一样，都对黑格尔哲学中的辩证法问题极为关注。对于恩格斯来说，他对黑格尔辩证法的关注，基于一个特别的理由：辩证法所展现的，是事物的自身运动过程或自身的否定过程，因而与辩证法相通的，根本上说应当是唯物主义，而非唯心主义。所以恩格斯将黑格尔哲学的矛盾视为辩证法与其绝对唯心主义体系之间的矛盾。

正是由于黑格尔的辩证法是在唯心主义体系中呈现的，这就使黑格尔的学生们，特别是青年黑格尔派思想家们往往不能从唯物主义的角度继承黑格尔辩证法。而在恩格斯眼中，这就意味着抛弃黑格尔思想中最具价值的东西。恩格斯特别分析了黑格尔的一个重要的学生（同时也是公开"反"出师门的学生）费尔巴哈的思想。费尔巴哈看到了黑格尔绝对唯心主义的弊病，但他自己的人本学却在根本上失去了黑格尔辩证法所具有的深刻性。恩格斯并未由于费尔巴哈的"唯物主义立场"而给予后者较多赞扬，恰好相反，恩格斯更多地是对费尔巴哈进行批判。恩格斯的目的在于说明，在自然观上持唯物主义立场但放弃辩证法，是无法真正跳出唯心主义的窠臼的。这不仅是说，费尔巴哈的唯物主义只能是"半截唯物主义"，也就是在历史领域无法贯彻唯物主义原则的不彻底的唯物主义，更是说，这种唯物主义即便在自然观上也无法实现就自然本身来理解自然，而是只能获得一种片面性的立场即机械唯物主义。

这样我们可以看到，恩格斯关于"唯物主义"的理解，其实根本上说是与把握"事情自身"或"事物自身的运动"有关的一种理论态度；他所反对的唯心主义，则是将某种对于事物的观念等同于事物本身的立场。这是《费尔巴哈论》中最为有趣的问题之一，因为实际上这部作品在思想史上的最重要的影响，恰好来自恩格斯为唯物主义和唯心主义所下的另一组定义，即根据思维和存在"谁是第一性的"来区分唯物主义和唯心主义。如果我们不是从严格性上，而是从可理解性上来看这两种关于唯物主义的界定方式，我们不得不说，第二种界定方式相较于第一种而言，无疑更"硬"，但却更容易被理解，特别是更容易被《费尔巴哈论》的直接读者即德国工人阶级所理解。不过我们没有理由将这种在哲学论证上更容易产生问题的界定方式理解为恩格斯对唯物主义的唯一理解，更不能将之理解为关于唯物主义的唯一定义。事实上，恩格斯（包括马克思）在绝大多数情况下，都是在把握事情本身的意义上谈论唯物主义的。

因此，当恩格斯为读者介绍马克思主义哲学在自然观和历史观方面的基本观点时，我们应当重视的是，这些观点是如何把握和呈现事情本身的。尤其是，我们应当留意，马克思主义哲学是如何把握人类历史和社会的"事情本身"的。我们可以看到，恩格斯将辩证法视为理解那个时代的历史性原则本身，并且基于辩证法理解自然、历史和人类思维的统一性。他一方面将19世纪自然科学的巨大进展与辩证法问题联系在一起，另一方面又从资本主义时代所获得的庞大生产力和与之对应的特定生产关系的关系出发理解现实历史中的辩证法。这样，在恩格斯那里，辩证法，不论是"自然辩证法"还是人类社会历史的辩证法，根本上说是由于现代人类社会的独特历史性而得以展现的周遭世界（包括社会历史的自身运动），而不是某种在先的观念的设定或某个公理的推论。马克思和恩格斯深入地考察了他们所处的时代的独特性，从历史性原则而不是一般的抽象原则出发理解自然和社会。因此，马克思主义哲学的主要范畴，比如"生产方式""生产力""生产关系""意识形态""阶级"等等，其实根本上来说，都不是任何意义上的抽象概念，而主要是针对成熟形态资本主义时代的分析工具。通过对这一特定时代进行深入分析，马克思和恩格斯获得了一种基本理论视野："社会"的整体性力量业已形成，而个体则被这种力量统一塑形。正是在这一视野下，神灵和观念的力量才被社会性的力量所取代，而人的周遭世界才被真正理解为在物质力量推动下运动或变化，对于世界的唯物主义思考才有可能实现。

《费尔巴哈论》既是恩格斯最著名的作品之一，也是恩格斯受到误解较深的作品。只要我们摘掉各种有色眼镜，就能在这些看似易懂的文字背后，读出一个不一样的恩格斯。

进一步阅读书目：

❶ 马克思、恩格斯：《德意志意识形态》，中央编译局编译，北京：人民出版社，2003年。

❷ 马克思、恩格斯：《共产党宣言》，中央编译局编译，北京：人民出版社，1997年。

❸ 麦克莱伦：《恩格斯传》，臧峰宇译，北京：中国人民大学出版社，1997年。

❹ 《费尔巴哈哲学著作选集（上）》，荣震华、李金山译，北京：商务印书馆，1984年。

❺ 黑格尔：《小逻辑》，贺麟译，北京：商务印书馆，1996年。

从"认识你自己"到"成为你自己":尼采的哲学启蒙

吴新文	复旦大学中国研究院教授
主要研究方向	19世纪西方哲学、马克思主义中国化、社会思潮与价值观理论、经济伦理
代表著作	《再造文明:马克思主义与中国》《社会主义核心价值观》等
主讲课程	《查拉图斯特拉如是说》导读

在西方思想史上,尼采是一位具有多副面孔的哲学家。海德格尔断言,尼采和马克思意味着西方形而上学的"完成"或"终结";列奥·施特劳斯认为,尼采是现代性的第三次浪潮的标志性人物;而更多学者则把尼采看作是 20 世纪存在主义和后现代思潮的先驱。可以毫不夸张地说,要理解西方现代思想,尼采是必须予以正视的。

《查拉图斯特拉如是说》是尼采的哲学代表作。根据历史记载,查拉图斯特拉(Zarathustra)是公元前 7 世纪至前 6 世纪古波斯的先知,在古希腊被称为琐罗亚斯德(Zoroaster),中国唐代佛经中称其为苏鲁支。查拉图斯特拉是琐罗亚斯德教(又称拜火教、祆教)的创始人。该教主张光明与黑暗、善与恶的二元论,公元前 6 世纪末成为波斯国教。尼采借用波斯拜火教的这位先知作为自己的主要哲学著作的主人公,究竟意欲何为?

尼采曾经宣称:《查拉图斯特拉如是说》一书是进入他的哲学必经的"前厅",也是他给予人类的最大馈赠,不仅是"至高之书",也是"至深之书";能成为他的查拉图斯特拉的听众,是一种无与伦比的"特权",没有人能随便拥有倾听查拉图斯特拉的"耳朵"。该书的副标题也极具诱惑和挑衅意味:"一本为所有人而又不为任何人的书"。

尼采为《查拉图斯特拉如是说》打出如此吊人胃口的"广告",确实吸引了很多读者。但是读者一旦接触该书,都会生出如下疑问:谁是尼采的查拉图斯特拉?把戏剧、寓言、颂歌、对《圣经》的戏仿与哲人的独白冶于一炉,能炼出尼采所说的哲学吗?

19世纪后半叶是西方资本主义取得巨大发展的时代,进入帝国主义阶段的资本主义加快了全球扩张的步伐,西方"文明"的大旗在全球各地飘扬。在西方社会内部,随着产业革命的推进、市场经济的繁荣、社会生活的世俗化和民主化,市民社会和资产阶级不断壮大并成为社会的中坚力量,自由、民主、平等、人权、法治等现代性价值日渐成为主流。资产阶级和市民阶层的目光局限于日常的世俗事务，强调一切都要为现实功利服务，现代性价值刚成为主流，就开始为人的沉沦和堕落推波助澜，社会大众表现出趋乐避苦、安于现状、患得患失、党同伐异、躲避崇高、消解伟大等倾向，有成为"末人"的危险。有鉴于此，尼采喊出了"上帝死了"的口号，预言了西方文明的虚无主义命运。

在哲学内部，古希腊德尔斐神庙上的那句著名的铭文"认识你自己"，经过以笛卡尔的"我思故我在"为标志的近代哲学转折，再经过以"敢于认识"为口号的18世纪启蒙运动的洗礼，最终带来了认识论和知识论哲学的兴起，以往宏伟形而上学大厦开始分崩离析。与此相应，各门具体科学包括社会科学逐渐挣脱哲学的"母体"，并开始确立自己的研究对象、范围和方法，进而挑战哲学在整个人类知识体系中的权威地位。

正是在这种情势下，尼采誓言要创造"一种未来哲学"，发动一场哲学革命，进行哲学启蒙。这种未来哲学试图超越哲学与诗歌的纷争、哲学与宗教的对立、哲学与科学的疏离、爱智慧与爱生命的撕扯，而达到对世界和人生的整体肯定。而只有摆脱了怨恨或复仇精神、作为创造性的个体或自我才能达到这种肯定。于是这种未来哲学的核心问题就是：在上帝死了的时代，如何从"认识你自己"到"成为你自己"？或者用尼采的另一种说法，人如何成其所是？《查拉图斯特拉如是说》一书，就是对这场哲学革命或哲学启蒙的整体呈现。

《查拉图斯特拉如是说》的序篇和四卷内容，以查拉图斯特拉的上山、山上隐居、下山、与各种人物和动物的照面及其言行、思想为线索，逐步展开超人（第一卷）、权力意志（第二卷）、永恒轮回（第三卷）等主题。在第四卷，查拉图斯特拉在山上与各种"高人"的"照面"把全书的戏剧场景推向高潮。

如果说超人－权力意志－永恒轮回学说体现了尼采哲学的建设性的"肯定"部分，那么，"重估一切价值"则代表了批判性的"否定"部分。个体要实现超人原则，成为"创造性的个体"，首先就要像狮子那样进行"创造性的破坏"。在尼采看来，"重估一切价值"就是这样的破坏，是为未来奠基的"一场大战"。尼采把战斗的矛头指向基督教这种"民众的柏拉图主义"，而自由、民主、平等、人权、法治等现代性价值不过是基督教的世俗化。当这些价值成为教条、成为常识、成为不证自明的真理或普世价值时，对这些价值进行重估，揭示其来源和实质，分析其成为价值的前提和运作机制，批判其最终导致的道德虚弱和道德伪善，就成为新的哲学启蒙的重要工作。因此，对现代性价值进行价值重估，是贯穿《查拉图斯特拉如是说》的另一条主线。

通过超人—权力意志—永恒轮回学说与"重估一切价值"思想的双重展开，尼采开辟了在现代社会人如何成其所是，或者个体如何成为你自己的现实路径。不难看出，尼采所强调的个体是高举远慕的创造性的个体，不是现代社会那种生活于自己的"小世界"、追求自己的"小确幸"、陶醉于"自由而无用的灵魂"之中的精致的利己主义者。

总之，尼采塑造的查拉图斯特拉，与波斯拜火教中那位教主已经判然有别，他的形象是复杂的、丰富的、多面的，兼有哲人的深刻洞见和先知的坚定信仰、日神阿波罗的清醒与酒神狄奥尼索斯的迷狂；或者像罗马神话中的门神雅努斯，同时具有光明和黑暗、开始和终结、过去和未来、和平与斗争、接纳与拒斥两副面孔。在查拉图斯特拉身上，哲学作为最具精神性的权力意志，得到了极大彰显。

尼采所塑造的查拉图斯特拉形象的这种复杂和暧昧，给那些习惯于非此即彼的单向度思维方式的现代人理解《查拉图斯特拉如是说》，增添了较大难度。1888年2月19日，尼采在致丹麦文学批评家勃兰兑斯的信中也指出："我像鸟一样飞翔于高高的天际，盼望着能以尽可能非现代的眼睛考察现代世界的一切。"由此可见，理解《查拉图斯特拉如是说》，需要对现代社会乃至整个西方文明，都要有"入乎其内"而又"出乎其外"的视野。这也正是尼采要用一个非现代、非西方的查拉图斯特拉这个人物，来代言自己哲学的深意所在。

进一步阅读书目：

❶ 尼采:《苏鲁支语录》,徐梵澄译,北京:商务印书馆,1997年。

❷ 尼采:《查拉图斯特拉如是说》,孙周兴译,上海:上海人民出版社,2016年。

❸ 朗佩特:《尼采的教诲——〈扎拉图斯特拉如是说〉解释一种》,娄林译,上海:华东师范大学出版社,2013年。

❹ 迈尔:《何为尼采的扎拉图斯特拉?——一场哲学争辩》,余明锋译,北京:华夏出版社,2019年。

❺ 海德格尔:《尼采》(上、下),孙周兴译,北京:商务印书馆,2002年。

财富背后的文化动力：马克斯·韦伯的新教伦理研究

郁喆隽 | 复旦大学哲学学院副教授

主要研究方向 | 宗教学、社会理论、社会科学的哲学

代表著作 | 《财富、救赎与资本主义：马克思·韦伯的新教伦理研究》《神明与市民：民国时期上海地区迎神赛会研究》等

主讲课程 | 《新教伦理与资本主义精神》导读

欧洲从16世纪以降在经济领域取得巨大的成就，积累了巨额的财富。这一切通常被归在"资本主义"名下。然而仅"资本主义"一词本身就可能会带来天差地别的理解和情绪。1904年，德国思想家马克斯·韦伯发表了一篇论文《新教伦理与资本主义精神》。在这篇论文中韦伯提出了一个崭新的观点：近代欧洲资本主义的诞生并非主要由于一些外生的偶然机缘，例如新航路和新大陆的发现、技术革新，或者内部阶层性剥削；资本主义诞生需要一种持续的内在心理动力，即"资本主义精神"。而这种"精神"的根源则来自16世纪的欧洲宗教改革。

韦伯身处19世纪后半叶的德国。当时的德国是一个困顿之国。困顿使人思考。韦伯的新教伦理研究没有直接关注19世纪的德国，其眼光与众不同：他首先采取了一种"退一步"的研究路径，向前跨越了三个世纪，来追寻西方资本主义的根基。其次,韦伯采取了"以人为本"的视角。这种以人为本不是指将人的利益和福祉视为根本,而是在社会认识论和行动理论上而言的——在韦伯的"理解社会学"看来,人的观念会对历史进程产生影响,思想、观念和世界观本身就是自变量,而不仅仅是应变量。因此在人文-社会领域中不存在所谓的"铁一般"的法则。处在外在的历史条件和机缘下,个体的人和集体的人(社团、民族、国家)依然是可以有所选择的。韦伯的哲学根基上要破除历史主义的宿命论(也是虚无论),为后发现代化国家提供一种能动理论。

从年代来看,欧洲的文艺复兴和宗教改革之间有很大的重叠。这种有趣的重叠形成了一种独特而充满张力的文化氛围。文艺复兴时期的欧洲人一方面笃信上帝,将个人救赎视为此生的首要目标;另一方面,个人也在努力寻求解放和自由,尝试从宗教的权威和以往的思想桎梏中挣脱出来。这种张力造就了一种全新的人类:他既不像以往的人那样彻底地跪拜在上帝脚下,也不像后来的人那样内心毫无敬畏,肆无忌惮。相比之下,当下的世人缺乏敬畏，甚至缺少对自身的敬畏，其决断会颇为鲁莽，其结果却影响持续久远。宗教改革虽然发端于信仰内部的不同理解，其动力却截然不同于文艺复兴。两者之间形成了某种呼应。宗教改革之后，新教和天主教形成了鲜明的对照，新教所塑造出来的文化，从"出世"转向了"入世"。入世的信仰者一方面全然地接受上帝的超越性和绝对性，另一方面不再将此世视为暂居之处，转而充分肯定此世生活的积极价值，并尝试在此世生活中彰显上帝的荣光。原本的对立和矛盾，在救赎的目标下被融贯了起来。财富成为了这一转变中的要害问题。欧洲的这一转型历经大约三四百年的时间。致力实业和商贸的资产阶级迅速崛起，而依靠传统地租和政治特权的阶层原地踏步。在德国到了19世纪下半叶，享有政治特权的容克（地主）阶层甚至已然成为了德国进一步现代化的阻力。可以说，当时韦伯的祖国也面临着极为迫切的"现代性"问题。韦伯尝试从欧洲文明内部来为德国从何而来、现状如何，以及将往何处去的问题找到一个回答。

在过去三四十年中，国人大致经历了欧洲三四百年中的转变——从计划经济到市场经济，从集体主义到个人主义，最重要的是从以财富为耻到以财富为荣，甚至发展到了以财富作为衡量个人价值的唯一标准。换言之，财富成为了一种"救赎"——一种没有超越目标、缺乏实质内容的此世救赎。但是很多人并不清楚自己为何致富，以及未来是否还能继续致富或者保有财富。于是这种救赎显得不那么牢靠，甚至是岌岌可危的。这种窘境迫使我们去思考人追求财富的深层动力：财富究竟是目的还是手段？如果说宗教改革时代的欧洲人致富的心理动机是宗教上的救赎，那么如今我们致富的心理动力是什么？短期内致富之后，人究竟（还）在追求什么？有人追求"面子"和排场，有人想要光宗耀祖，还有人寄希望于下一代……我观察到身边的不少同学，他们是出于强迫、不得不去追求财富的。与其说他们追求的是财富，不如说他们更加害怕贫穷。中国人的存款比例在全世界一直是较高的。其原因究竟是什么？是因为受到传统文化的持续影响，还是由于缺乏周全的现代社会保障制度？在经历了一代人的财富"狂飙突进"之后，代际转换和承继的问题已经出现。如今在校同学的父母中，很多人想必都曾经尝过贫穷甚至饥饿的滋味。不过由于他们的努力，他们的后代得以摆脱贫穷和饥饿。但是问题紧随而来，当人们不再是为了摆脱贫困积累财富时，当人们从小就在物质上获得了即时的满足之后，那种内在动力是否还能持续？

韦伯在新教伦理研究中对资本主义的分析有两个不同的切入点：一个显见的切入点是尝试从宗教根基理解资本主义精神的诞生——人-神关系对资本主义的塑造；另一个隐藏的切入点是一种对未来的担忧，即摆脱了宗教根基的资本主义，一旦和机械文明结合起来，将成为一种凌驾一切、宰制所有的非人力量。非人逻辑反过来控制人-人关系。这一点和马克思巴黎手稿中的"异化"思路极为契合，后来也被法兰克福学派所继承。

虽然我们不能幼稚地希望，资本主义重新扎根到宗教的土壤中去，但是依然可以发问：如果资本主义成了颠覆性的力量，那么还有什么可以再度驯服这头猛兽？可能对今天的人来说，需要担心的已经不再是往日的建构性力量——工商业资本主义,需要特别担忧的是金融资本主义。换言之,韦伯特别关注的是物质文明背后的精神根基。在他看来,勤勉、强制节约、反对奢侈、以荣耀上帝为目标的清教伦理最初才是形成资本的源动力。这也是所有一切其他现代合理性(rationalism)的起点。然而,单纯经济领域中的合理性推向极致之后,出现的是非理性或反理性,甚至是疯狂。那么谁将来遏制这种疯狂?当今在绩效主义的驱动下,全世界无论其传统文化是怎样的,多少都沾染了资本主义的种种弊病:一些个人信念迷惘、沉迷享乐和消费,整体道德水准出现滑坡,社会伦理撕裂……然而简单地将原因简单地归结为"西方",只是在回避自身的责任。关键是"我们"将如何做为?

救赎曾是"为己"的根本,而财富如今将"为人"和"为己"在基础上统合了起来。资本主义似乎成了一种超越任何个人、无可撼动的制度。在个人的追求与挣扎,以及外在的、无法动摇的制度之间,似乎缺乏勾连。这道鸿沟令人绝望。韦伯的新教伦理研究在两者之间架起了一座桥梁——将无可撼动的外在、非人之物,追溯到个人精神及其生活方式的根基。可以说,韦伯是在用"为人"之姿态做"为己"之学问。反过来,"为己"之发问又可以投身"为人"之事业。

进一步阅读书目:

❶ 马克斯·韦伯:《韦伯作品集 I:学术与政治》,钱永祥译,桂林:广西师范大学出版社,2008 年。

❷ 莱因哈特·本迪克斯:《马克斯·韦伯思想肖像》,刘北成等译,上海:上海人民出版社,2007 年。

❸ 迪尔克·克斯勒:《马克斯·韦伯的生平、著述及影响》,郭峰译,北京:法律出版社,2000 年。

❹ 顾忠华:《韦伯学说》,桂林:广西师范大学出版社,2004 年。

❺ 苏国勋:《理性化及其限制:韦伯思想引论》,上海:上海人民出版社,1988 年。

四 社会历史的展开

文艺复兴：
社会转型与新文化建构的范式

赵立行	复旦大学法学院教授
主要研究方向	外国法制史、欧洲中世纪史、文艺复兴史
代表著作	《商人阶层的形成与西欧社会转型》《西方史学通史第三卷中世纪时期》《世界文明史讲稿》等
主讲课程	文艺复兴史

在漫漫的历史长河中,文艺复兴不过是区区几百年的一瞬,但在不同时代历史学家的长期演绎下,它成了一个意义非凡的经典时代。19世纪,雅各布·布克哈特出版的《意大利文艺复兴时期的文化》一书,使"文艺复兴"摆脱了单纯文学和艺术复兴的窠臼,奠定了其作为一个重要历史时代的地位和价值。他概括了文艺复兴以复兴古典文化为桥梁构建新时代文化的特征,将"世界的发现和人的发现"概括为文艺复兴的灵魂,深刻地阐释了经济变革与新文化构建、认知方式与社会转型之间的关系。现代人在证明自己所处时代的合理性时,总是要向前追溯,将文艺复兴定为近现代的开端,认为该时代开启了人性、理性、科学认识之先河。在某种意义上,文艺复兴成了必然出现又必须出现的现象,否则我们现在的一切将无源可溯、无所归依。时至今日,世界各个地区的文明,每当发生重大社会转型时,都会以文艺复兴为范式探究构建新文化的机理。

在历史学家的眼里,凡事皆有因果,文艺复兴的出现也不能例外。但是历史的功用在于总结过去而非预言未来,它只能基于已经发生的事情进行特定归纳。因此,欧洲文艺复兴的出现只能基于欧洲历史的现实,也只能在历史的连续性中去探求,这就需要我们用历史的视角去考察这一独特的历史阶段。

文艺复兴的历史启示我们,观念和社会形态是相辅相成的,社会形态往往决定着社会价值观的内容,社会形态的变化自然会引发社会价值观的重塑。正如有的历史学家所说的,当观念产生时所面对的环境消失时,观念也就失去了自己的力量,正如一个全身倚靠在墙上的人,当墙被突然移开时他就会倒下一样。那堵墙在中世纪曾经顽强地屹立着,在文艺复兴前夕尽管可能已经朽坏,但也需要有人推它才会倒下;即使那堵墙倒塌了,在没有新的观念能够抓住人们的心理之前,旧观念也不会自行消失,甚至还会有顽强的生命力,更何况依靠那堵墙所确立的旧有社会价值观内容丰富而具有张力,体系严密而具有说服力。那堵墙所代表的是乡村自然经济和等级制度,而新的社会形态则体现为商业和城市生活。当那堵墙逐渐失去支撑力的时候,它所维护的旧观念就会与新的社会形态形成紧张和矛盾,贫穷与富裕、爱情与禁欲、蒙昧与科学形成鲜明的对比,社会价值观的重塑成为必然。

文艺复兴的历史启示我们,任何新文化的构建都不是闭门造车,而是基于对优秀传统文化的发掘。布克哈特说过,文化一旦摆脱了中世纪的桎梏,也不能立刻和在没有帮助的情况下找到这个物质的和精神的世界的途径。它需要一个向导,并在古代文明的身上找到了这个向导,因为古代文明在每一种使人感到兴趣的精神事业上具有丰富的真理和知识。人们以一种赞羡和感激的心情采用了这种文明的形式和内容,它成了这个时代的文明的主要部分。文艺复兴时期的人文主义者在一定程度上都是复古主义者,但是,他们是立足于现实来研究古典的,或者通过从古典中吸收的营养来剖析和改造现实,试图给困惑的现实社会提供新颖的答案。这样,他们就突破了以纯粹学问的视角来看待古典文化，而是借助这些优秀成果而为新社会代言。因此，征服西方世界的不单纯是古典文化的复兴，而是这种复兴与意大利人民的天才的结合，是立足于现实对优秀传统文化的传承。

文艺复兴的历史启示我们，新文化的构建必须以人性为基础才能有恒久的生命力。尽管文化必须与特定的社会相匹配，但是文化更应该以人性为基础。文艺复兴时期的人文主义者们认识到，神本所代表的价值观是不符合人性的，自然所赋予人的肉体、情欲、理性不可能是邪恶的，人的周围世界也并非过渡的，而是现实的。一旦有了这样的认识，即使不否认上帝，也给人认识世俗世界和自身提供了极大的空间。因此，一旦人们勇敢地扯碎了幻觉的纱幕，克服了对于自然的恐惧和对于书籍和传说的盲信，就会有无数的新问题等待人们去探索。文艺复兴时期的人文主义者开始把人放到了中心位置。认为人是生活的创造者和主人，他们证明了人就是人，而不是神，值得赞美称颂的是人而不是神，人是实实在在的血肉之躯，有自己的人性和个性。这样，他们由对神的唯一关注，而转到对人本体的关注。在个人主义的引领下，凡事都要通过个人的努力、奋斗和牺牲去成就，个人不再被看成是可有可无的东西。而且个人的价值不再取决于家世出身，而在于才干和美德。在这种个人主义的基础上形成了一种新的平等观念，也就是人们在才能和财富面前一律平等。也正是在这样的观念之下，意大利才能在各个领域涌现出一批批巨人。

文艺复兴的历史启示我们，文化需要载体，无论文学、艺术、哲学、政治学、科学都是用不同的形式传达某种统一的时代精神。文艺复兴时期发展出了一种用于文学创作的俗语，并以这种俗语创造了十四行诗以及小说的文学体裁，它们成为歌颂爱情的主要文学形式；绘画艺术中展现出的透视法、风景入画、裸体以及自画像等等，都无一不在突出人性和展现自然之美；哲学著作试图在哲学图示中将人置于中心的位置；政治学著作开始探讨统一之道以及实用主义的政治；科学从神学中摆脱出来，开始揭示人所能够感知的世界。这些载体都在表达同样的理念：人是认识世界的主体，人是应该被歌颂的对象。

文艺复兴的历史启示我们，新文化的构建不可能一蹴而就，而是在冲突和矛盾中孕育和成长。旧的观念不会立即消失，新的观念也不会遽然确立，在双方冲突和调和中形成新的平衡需要一个过程，它几乎涵盖了整个文艺复兴时期。正如有的历史学家所说，过去并不是一场圣诞节闹剧，历史从不会像神迹戏剧那样突变。在文艺复兴的那段历史中，我们明显地可以看到肉欲的过度宣扬与禁欲精神的纠结，看到个性的张扬与道德秩序的堕落，看到科学精神的成长与神秘主义的混杂，看到理性主义的光大与宗教虔诚的并存。但是正是在这种冲突和混杂中，欧洲逐渐走出了神本的桎梏而步入了人本的新时代。

文艺复兴不仅仅是一个特定的历史时代，而且是近现代的起点；文艺复兴不仅仅具有特定的文化意义，而且具有范式的价值。我们探讨文艺复兴，不仅仅是了解一段历史，而是要探寻社会转型时期如何构建新时代文化的路径。

进一步阅读书目:

❶ 雅各布·布克哈特:《意大利文艺复兴时期的文化》,何新译,北京:商务印书馆,1983年。

❷ 刘明翰主编:《欧洲文艺复兴史》(多卷本),北京:人民出版社,2010年。

"人权"的彰显
——思考欧洲现代文明的特性

李宏图	复旦大学历史学系教授
主要研究方向	近现代欧洲史及其思想文化史
代 表 著 作	《西欧近代民族主义思潮研究：从启蒙运动到拿破仑时代》《从"权力"走向"权利"：西欧近代自由主义思潮研究》《语境·概念·修辞：欧洲近代思想史研究的方法与实践》《观念的视界》等
主 讲 课 程	欧洲文明的现代历程

在迈向现代社会的过程中,欧洲率先发展出了现代文明的诸种要素,例如,市场经济体制的建立,城市化的发展,社会福利制度的形成等,学术界对这些内容多有涉猎研究。在学习的过程中,如何提炼出一个更为核心性的基本问题来串联这些不同的要素和表征,从而可以更好地理解欧洲现代文明的特性?在我看来,最为核心性的基本支点和特质则是将原先以等级特权为中心的社会结构转化为了以人的权利为中心,实现了权利的平等享有。而能体现这一社会转型的当属1789年爆发的法国革命和同年通过的《人权宣言》。

对此,生活在革命时期的拿破仑的评述无疑最为中肯。1818年10月,囚禁中的拿破仑对于法国革命作出了这样的评价:1789年革命是全国群众向特权阶级的总攻击。贵族们直接或间接地占据了所有的司法职位,并享有各种封建权利。他们被准许免向国家纳税，但占据了全部赚钱和体面的职业。革命的主要目的是废除这些特权，肃清这些流弊，破坏古老封建制度残存的东西，砸碎束缚人民的最后锁链，使每个公民平等负担国家的费用和赋税。革命建立起了权利的平等。1847年，法国历史学家米什莱在其所写的《法国革命史》中，也将大革命解释为"法律的来临，权利的复活，正义的反抗"。说到底，"旧制度"下的特权与王权被摧毁，从此以人的权利作为社会的基础与规范性原则。

当然，这只是一种提炼性的概括，如果还原到历史的进程中去的话，则可以丰富我们对此的理解。而要很好地理解这一社会转型，首先要明了法国特有的被称之为"旧制度"的这一等级特权制度。

1789年的革命者将他们要推翻的制度称为"旧制度"（the Ancien Régime；法文为 L'ancien régime），这是法国革命者们发明的一个术语，借以表达他们要建立的是一个新制度，既然是新制度，那么要推翻的体制应该就是被定名为"旧制度"。"旧制度"所包括的内容有很多，体现在社会结构上，其特征为整个社会被分为三个等级，教士和贵族分列为第一和第二等级，享有特权，其他所有社会阶层则统称为第三等级。贵族有别于贫民，他们具有某种头衔和特权，其本质在于享有特权和世袭性，按照我们现在的说法即为身份权。这一特权体现在享有免税的权利，可以担任政府官员、法院职位、军队军官等（可以说这些职位全部都由贵族垄断），享有法律上的豁免权等等。总体而言，这一社会结构的特质是等级制，而这一等级的存在与延续则是基于血缘上的世袭性和封闭性。没有了社会流动，更谈不上平等。对此，启蒙思想家伏尔泰斥责道，难道农民的孩子永远是农民，而贵族的子弟永远为贵族？因此，在法国大革命之前，第三等级就发出呐喊，要求建立一个为才智之士开放前程的社会，建立起一种社会流动机制的社会。

1789年7月14日，带着对"旧制度"的愤恨，巴黎人民攻占了象征"旧制度"的"巴士底狱"，宣告革命的爆发，随后开启了从"旧制度"到"新社会"的转折。这一社会转型则是由两个重要节点，即两个重要的事件来完成的。第一是贵族宣布放弃自己的特权,这在历史上被称为"1789年8月4日之夜"。

当革命爆发后,面对着汹涌澎湃的人民抗争以及人民对自由和平等的渴望,8月4日,贵族们集结开会,讨论如何应对这一紧迫的形势。会上,大贵族诺阿(Noailles)子爵说:"为使国家再生,为证明所有人都是公民,我们的意愿是,尽快确立人与人之间应该存在的权利平等,只有这样才能保障我们的自由,我丝毫不怀疑,所有封地的所有人、所有领主都远非否认这一真理,他们都已准备好为正义而牺牲自己的权益。他们已经放弃他们的特权,如金钱上的豁免权;而此刻,人们不应要求他们完全无条件地放弃他们的封建权益。"(黄艳红:《法国旧制度末期的税收、特权和政治》,社会科学文献出版社,2016年,第323页。)

正是由于贵族们的主动放弃,作为一种制度性安排的特权在事实上就不存在了。因此,这一夜也被称之为法国历史上"神奇的一夜"。法国历史学家索布尔认为,实际上,贵族8月4日所作的牺牲主要是迫于形势压力的让步,并非是出于自愿而满足人民的要求。无论出于什么动机,是贵族们为公共利益原则所激发,还是害怕人民的革命将其冲垮,其结果则是,原先贵族所享有的特权从此不存在了。

在"8月4日之夜"之后,还有一个具有里程碑意义的事件,这是打碎"旧制度"的第二个节点,这即是1789年8月26日通过的《人权宣言》。

《人权宣言》并不长,除前言外,仅有17条,但透过《人权宣言》,可以看到革命前法国启蒙思想家的思想被宣言的起草者们所接受,并体现在一个制度化的文本中。同时,这样一个文本的确立实际上也标志着对未来社会的基本理解和取向。从《宣言》前三条的表述中即可明晓革命者的用心。

第一条

在权利方面,人们生来是而且始终是自由平等的。除了依据公共利益而出现的社会差别外,其他社会差别,一概不能成立。

第二条

任何政治结合的目的都在于保护人的自然的和不可动摇的权利。这些权利就是自由、财产、安全和反抗压迫。

第三条

整个主权的本原,主要是寄托于国民。任何团体、任何个人都不得行使主权所未明白授予的权力。

在通过《人权宣言》后,根据当时政治体制的规则,须得到国王的批准才能生效。当这份文件送到路易十六那里时,他拒绝批准,声称"我永远不会批准剥夺我的教士和贵族的法令"。后来迫于压力,不得不签字同意。正如国王所说,《人权宣言》规定了人的权利,也就意味着废除了贵族的特权,"旧制度"的终结。因此,历史学界将《人权宣言》评价为这是"旧制度的死亡证书",同样,也是"新制度的出生证书"。从此,一个社会不是建立在国王的专权、贵族的特权和教会的神权基础之上,而是建基于"人权"基础之上。就社会转型而言,法国大革命实现了从"旧制度"到"新社会"的转变,将原先的社会基础和基本原则,以及社会运转的逻辑进行了彻底的改变。

应该看到,《人权宣言》具有除旧立新的意义,但其仍有内在的悖论。建立在自然法理论基础上的"人"的权利和现实社会的作为"公民"的权利两者并不统一,并非是所有人都能成为"公民",例如当时的女性和无财产者、有色人种等都不能成为"公民"。为了表达不满,也为了捍卫自身的权益,当时的女剧作家和政治活动家奥兰朴·古日(Olympe de Gouges)亲自起草完成了《妇女和女公民权利宣言》(Déclaration des droits de la femme et de la citoyenne),并呈交给制宪会议,同时也呈交给了玛丽王后(Marie Antoinette)一份。她所起草的宣言明显地突出了妇女的地位,女人要和男人享有一样的权利。例如,第一条女人生来是自由的,在权利的享有方面和男人是平等的。社会地位的差异,只能根据对公益所做的贡献来评定。

值得提出的是,虽然是法国通过了《人权宣言》,但法国人从不认为人权的原则仅限于法国这一空间，也不认为这是法国人独自享有的。相反，他们却认为，"人权"这一原则应该是超越民族、阶级、种族、空间和时间，具有普遍性，是全人类都应该享有的基本权利与实现的基本目标，而这一基本理念和表述后来也成为了1948年联合国"世界人权宣言"文本的来源之一。

进一步阅读书目：

1. 林·亨特：《人权的发明：一部历史》，沈占春译，北京：商务印书馆，2011年。
2. 安托万·巴纳夫：《法国革命引论》，王令愉译，上海：华东师范大学出版社，1989年。
3. 西耶斯：《论特权 第三等级是什么？》，冯棠译，北京：商务印书馆，1990年。
4. 威廉·多伊尔：《何谓旧制度》，熊芳芳译，北京：北京大学出版社，2013年。
5. 阿尔贝·索布尔：《法国大革命史》，马胜利等译，北京：中国社会科学出版社，1989年。

欧洲殖民帝国如何影响当代世界

朱联璧	复旦大学历史学系副教授
主要研究方向	英帝国与英联邦史、全球史、民族主义和公众史学
代表著作	《加拿大国庆节的诞生与发展（1867—1942）》等
主讲课程	16—20世纪的欧洲殖民帝国

近代以来欧洲殖民帝国的海外拓殖对全球各国的社会、政治、经济、文化、军事、教育、科学等诸多领域产生深远影响，这些影响塑造着人们当下生活的世界。换言之，若要理解当下世界许多问题的成因，又或是要理解许多偏见和刻板印象的来源，都无法绕开欧洲殖民帝国在16至20世纪的全球活动，更不能忽视被殖民者的能动性在此过程中发挥的影响。这门通识课的目标便在于呈现欧洲殖民者和被殖民者之间如何进行互动，又如何共同塑造了当下世界。通过文本和图像史料，透过全球史的视角，去感知不同时代、不同地区、不同身份的人的所思所想，进而理解为何在种种偶然性的交错下，历史走向了特定的方向。

对欧洲殖民帝国史的解析可以被分解成时间、空间、人群、物质和观念五个相互影响的维度。就时间维度而言，殖民活动在不同时间的表现与所在的空间和参与者有关，进而影响当地的物质产品和观念基础。从海外拓殖之初各国殖民者利用来自东方和本土的知识到达美洲，构建全球商业网络，到盛期不断扩张控制范围，不断因应当地情况调整统治的方式和形式，再到晚期帝国濒临解体之时寻求可以长期维持影响力的途径，展现了欧洲殖民帝国在不同阶段的主题。尽管各个帝国大致都经历了由盛而衰的历程，但在具体的时间表上有所不同，也对不同的区域产生了长期影响。不同殖民力量之间的相互竞争，将原本局限在欧洲的争夺扩展到世界范围，最终在第二次世界大战之后葬送了帝国的正式统治，转而以非正式的方式延续影响。

就空间维度而言，近代最早出现的欧洲殖民帝国的中心位于伊比利亚半岛。这些王国的殖民者们将欧洲的航路向南延伸到了好望角，接上了从东非到印度的航路，又向西接入中南美洲，让大西洋从欧洲的边陲变为通往富裕的海洋，展现出了区位优势。航船技术的不断发展，让后起的殖民势力在距离欧洲更远的地区建立殖民地。由此带动的人员、物产和观点的交流,让整个世界借由海洋相连。每个空间特有的气候条件、物产、观念和政治基础,也让来自同一个国家的殖民者选择不同的方式进行统治和剥削,在不同的地区埋下不同的反抗的种子。这些种子在帝国趋于瓦解的过程中持续萌发,最终驱逐了殖民帝国的统治,使之回归本土。

就与殖民相关的各类群体而言,不论是殖民者、被殖民者,不论是男性还是女性,不论是当地人还是异乡人,都以各自的方式对殖民产生影响。帝国史不等于殖民史,更不仅仅是殖民者的历史。一旦将视线延伸到白人男性殖民者之外的群体,会发现早期抵达南美洲的殖民者为了获得当地的财富,选择和当地贵族女性联姻。虽然这些女性大多被归化为基督徒,有了教名,但也在后代身上延续了属于本土的财富、社会地位、文化和观点。而北美洲以原始部落为主,缺少可以通婚的富裕的贵族女性,英国本土的未婚女子成批抵达北美殖民地,与生活在当地的殖民者建立家庭,延续英国的生活方式。可见,不同地区的女性会以各自的方式影响殖民地的家庭格局、权威延续的方式和统治的形态。又如参与了第一次世界大战的中国劳工,也被卷入了殖民帝国相互竞争的历史中,为西线战场的胜利作出巨大贡献。因此,帝国并不属于某个特定拥有权力的群体,而是属于所有有能力影响帝国的普通人。

就殖民活动带来的物质交换而言,物质和经济维度同时产生影响。大到马匹、小到蚊虫,贵如黄金钻石、贱如玉米红薯,看得见的财富、看不见的病毒,都依据各自特性在不同时空的帝国中推进变革。殖民者不变的追逐利益的诉求,极可能受益于从美洲源源不断流出的黄金和白银,也可能受制于一场传染病大流行。诚然源自欧洲的传染病让许多美洲人丧命,但来自非洲的热带传染病,也加大了原本生活在温带和寒带的欧洲人占据中南美洲的难度。物质既是帝国内交流的不可或缺的构成,也是交流的载体,还可能是交流的障碍,取决于从哪个群体的角度来评价物质的属性。

就殖民活动带来的观念交锋而言,自殖民时代开始之时,对于谁有权控制殖民地就开始了争论。不同帝国的知识分子各有主张，有的认为海洋是开放的，是人人可以利用的资源，有的认为海洋是闭锁的，只属于首先占据海洋的人。帝国的殖民和经贸政策也受本国知识分子的观念影响，但对身在殖民地的一线殖民者而言，更有可能根据自己的想法和当地的情况来决策，进而造成观念冲突。再以宗教为例。与欧洲殖民帝国同步扩张的还有基督教，但基督教的影响力不限于在欧洲之外获得更多的皈依者，也成为一种可借鉴的模板，使得原住民的宗教更为系统化，更具吸引力，成为更多原住民的精神依归。又或者殖民者在以本国文明的优越性作为统治殖民地的正当性来源时，被殖民者也深谙自身文明的价值，以此作为脱离殖民统治的正当性来源。

行文至此，读者应该已经留意到，不同群体的频繁互动，以及由此带来的物质和观念的交流，对不同时空的帝国走向有着至关重要的影响。欧洲的殖民者和他们身后的政权出于追逐财富等目的主动参与和支持了殖民活动，并通过对帝国的知识性构建，使殖民地从抽象的异邦变成文字上的他者，使原住民和其他被殖民者引入的强制劳动力为自己带来财富。但同样重要的是，看似是被动和被迫的殖民活动的受害者，所具有的能动性和塑造当下世界的力量。因此，只有观察时间、空间、人群、物质和观念五个相互关联的维度的共同作用，才能更为深入地理解当下世界的复杂性。

理解这种复杂性的过程，同样是学习历史质询的过程。大量由殖民者留下的资料常常带有西方中心的视角，是探究帝国史时不可或缺的素材。对研究者而言，要如何从中发掘没有留下书写资料的群体在帝国中的作用，如何剥离殖民者的偏见，如何不过高也不过低地估计不同人和物的作用，都是在解读帝国史的过程中需要时时留意的。中国作为世界的一部分，也曾经深受西欧殖民帝国的影响。理解这些殖民帝国的历史，同样是为理解中国近代以来的历史，以"一战"劳工为代表的中国人的角色和中国观念与西方观念的异同提供比较的参照，立足中国，了解世界。

进一步阅读书目:

1. 约翰·达尔文:《帖木尔之后:1450年以来的全球帝国史》,黄中宪译,北京:中信出版社,2021年。
2. 钱乘旦等:《英帝国史》(全八卷),南京:江苏人民出版社,2019年。
3. 顾卫民:《葡萄牙海洋帝国史(1415—1825)》,上海:上海社会科学院出版社,2010年。
4. 顾卫民:《荷兰海洋帝国史(1581—1800)》,上海:上海社会科学院出版社,2020年。
5. 卡丽·吉布森:《帝国的十字路口:从哥伦布到今天的加勒比史》,扈喜林译,北京:社会科学文献出版社,2018年。

政治的由来：
人类政治演化史的逻辑

包刚升	复旦大学国际关系与公共事务学院教授
主要研究方向	政治理论、比较政治与政治史
代表著作	《民主崩溃的政治学》《政治学通识》《民主的逻辑》等
主讲课程	政治与社会

当人类以群居方式生活在一起时，政治就产生了。没有人确切地知道，人类起初的政治生活，是发生在100多万年前，还是数十万年前。这往往取决于我们对何谓"人类"的定义。人类政治生活的历史性飞跃，发生在国家诞生的那一刻。一般认为，人类最初的有文字可考的国家诞生在两河流域和尼罗河谷，时间大约是公元前3500到3000年之间。自此以后，国家就成了人类政治演化的中心问题。

我们关心的问题是，人类政治在宏观意义上究竟是如何演化的以及这种演化背后的逻辑是什么？由于有文字可考的拥有正式权威结构的人类历史大约就是五六千年的时间，所以我们今天研究的人类政治演化史主要就是在这五六千年的时间内发生的。

从人类演化的时间维度上看，尽管人类社会的各个地方差异很大，有些政治生活是共通的。比如，人类只要过群体生活，就需要某种权威结构。大家有没有见过一个社会是没有权威结构的呢？几乎没有。最典型的人类权威结构就是我们今天熟悉的国家。只要有国家或正式的权威结构，就一定会出现权力，或者叫政治权力。而政治权力往往伴随着暴力，或者是对暴力工具的运用。任何国家都要掌握或控制具有压倒性优势的暴力资源。所有这些内容和逻辑，大概是非常相似的。

进一步说，不管人类社会怎么演化，总归需要一些人来做跟整个社会有关的重要决策。当然，不同社会做决策的人的数量是不一样的。但在近现代之前，人类社会做决策的主要制度就是君主制。君主制，往往是一个处于权威结构顶端的君主拥有至高无上的政治权力。但少数一些地方会出现贵族制。在贵族制下，国王的政治权力往往不那么大，一般是由一批高级贵族共同控制着政治权力，国王或多或少要受到贵族们的制约。还有极少数地方很早就兴起了古典民主制，比如以雅典为代表的古希腊城邦。尽管人类政治演化在决策体制上的差异是巨大的，但随着时间的推移，人类越来越从君主制向着民主制的方向演化。但问题是，民主制就一定是一种优良政体吗？答案就未必那么肯定。从19到21世纪初的人类历史经验来看，民主制仍然会遭遇很多问题和挑战。比如，即便拿今天的希腊来说，它的民主制就面临着非常严重的公债危机。在民主制条件下，公民根据民主原则来集体决定政府的财政和预算，但结果却是让政府与国家走到了破产的边缘。所以，同为民主制，有的实现了善治，有的未必能实现善治，不同的现代民主政体持着不同的治理绩效。再进一步说，未来的人类政治究竟何去何从，这仍然是一个问题。

人类政治演化不仅有时间维度，而且还有空间维度。地球的陆地面积尽管很大，但在公元1500年之前人类的主要活动区域是欧亚大陆和中东北非地区——尽管在撒哈拉以南非洲、美洲都兴起过王国甚至帝国，或者正式的统治机构。这就说明人类的不同地区在政治演化上的差异是很大的。公元前3500年到3000年，两河流域和尼罗河谷就出现了国家形态，这些国家形态一般被认为是人类历史上的最早国家,至少是有文字可考的最早国家。他们有正式的权力结构,有军队,有官僚制,甚至还有宗教。令人困惑的是,尽管中东地区出现了人类最早的国家,但时至今日,中东仍然是一个以政治不稳定和暴力频仍著称的地区。中东政治文明的演化,算得上是先发而后至。

除了苏美尔文明和古埃及文明,人类早期国家后来还在印度河流域、黄河流域等地方兴起。一般认为,中国有明确考古证据的早期文明起源于殷商。从殷商到西周,中国古代政治基本上处于早期国家与分封制的阶段。从东周到秦汉,统一的君主制中央集权官僚国家开始兴起。这一重要的政治转型还奠定了中国此后政治演化的基本模型。从秦汉到1840年中国遭遇西方,中国的政治演化史基本上是一部周期性王朝兴衰的历史。这种政治演化有三个主要特点:第一,君主制中央集权官僚国家作为一个个王朝的兴衰;第二,统一与分裂的交替;第三,中原农耕文明和草原游牧文明之间的持久较量与互动融合。在1840年中英战争之前,按照德国哲学家黑格尔的说法，中国是没有历史的，因为他认为中国的历史就是重复。当然，这个观点是有争议的。

如果我们把眼光放到地中海世界和整个欧洲，这个地方的政治演化大致上可以用两个1000年和一个500年来概括。第一个1000年大致上从公元前500年到公元后500年，这是以古希腊和古罗马为主的欧洲古典文明主导的时代，古希腊出现了城邦民主制，古罗马经历从古典共和制向帝制的转变。到了公元476年，以西罗马帝国为代表的欧洲古典文明就瓦解和衰落了。但无论如何，古典文明奠定了欧洲后续政治演化的基础。第二个1000年是欧洲的中世纪，大概是从公元500年到1500年。欧洲中世纪在政治上的重要特征是封建主义制度及其演化。欧洲中世纪的主要特征，一方面是王权与贵族权力的博弈，另一方面是王权与教宗权力的博弈。当然，关于封建主义，国内有许多流行的误解。总体上，欧洲的千年中世纪为此后的近现代政治转型又做了铺垫。从公元1500年左右至今，欧洲在政治上经历了一个全新的时代。一方面，欧洲开始兴起民族国家，各种新兴政治形态开始出现，制约国王或国家的制度安排开始兴起，从立宪主义到法治的演化，从代议制到民主制的演化，都使得欧洲政治出现了全新的局面。另一方面，地理大发现之后，欧洲逐步推动人类社会进入全球化时代，特别是英国在18世纪后期率先启动工业革命，从根本上改变了人类的经济、技术与社会条件，由此人类全新的政治格局被打开了。实际上，欧洲1500年以来的政治演化一直影响甚至左右着人类今天的政治格局。

总之，就空间维度而言，从中东到中国再到欧洲，人类的政治演化在地理空间上呈现出巨大的差异性。时至今日，这种政治演化的差异并没有完全消失。

这里的核心问题是：人类社会的数千年政治史究竟经历了怎样的演化？这种政治演化背后的逻辑是什么？更具体地说，作为人类最重要的政治发明，国家为什么会成为人类社会共同的统治形式？国家为什么会兴起，又是如何兴起的？为什么说国家解决一部分问题的同时，又创造了新的问题？人类是如何通过新的政治发明来克服国家本身所带来的种种问题，又是如何通过新的政治发明来约束国家权力的？人类社会5000年的政治演化史又为我们理解今天的政治提供了何种启示？"政治与社会：人类政治演化史的逻辑"将与你一同探究这些重大而有趣的政治课题。

更抽象地说，这门课程试图通过对人类政治史的宏观考察，帮助同学们理解人类社会究竟面临着怎样的政治问题，洞察人类社会政治演化的基本路径及其逻辑，以及掌握分析人类基本政治问题的一般理论框架。这门课程的基本目标还包括通过考察人类政治演化的历史及其逻辑，来帮助同学们获得理解重大现实政治问题的认知能力。

进一步阅读书目：

❶ 包刚升：《政治学通识》，北京：北京大学出版社，2015年。

❷ 包刚升：《民主的逻辑》，北京：社会科学文献出版社，2018年。

❸ 费尔南多·萨瓦特尔：《政治学的邀请》，魏然译，北京：北京大学出版社，2009年。

❹ 迈克尔·G. 罗斯金:《政治学与生活》,林震译,北京:中国人民大学出版社,2014年。

❺ 塞缪尔·芬纳:《统治史(卷一～卷三)》,王震、马百亮译,上海:华东师范大学出版社,2014年。

法律与社会的法理关系及其实践

潘伟杰 | 复旦大学法学院教授

主要研究方向 | 宪法学、现代法治理论

代 表 著 作 | 《现代政治的宪法基础》《宪法的理念与制度》《制度、制度变迁与政府规制研究》《法治与现代国家的成长》《当代中国立法制度研究》《革命后现代国家法律体系构建研究》等

主 讲 课 程 | 法律与社会

法律来源于社会，社会是法律的基础，法律和社会之间有着密切且复杂的法理关系及其实践功能。

法律由社会的生产方式及其交往方式所决定，同时，法律又维护着特定的法权关系和社会秩序。在人类文明的不同发展阶段上或是社会形态变迁的相异类型中，社会生活中出现了法律及其不同的体系建构。通过深入观察社会形态和法律类型之间的关系，社会变迁与法律体系建构之间的互动，可以极大地丰富我们对法律与社会之间的法理关系及其实践的理解。

先说法律的起源，法律不是从来就有的。在原始公社制度解体以前，以土地为核心的生产资料是公有的，产品实行平均分配，个人与集体浑然一体，这使他们只需依靠传统习惯就可以把彼此间的关系调整好了。而随着生产力的发展，社会分工的出现，以所有权为核心的所有制在社会生活和社会形态中扮演着越来越重要的作用。这一步的关键表现就是，原始社会的氏族联盟和氏族习惯逐渐被以公共权力为特征的国家和以强制力为保证的法律所代替。随着社会的发展、文明的进步，需要新的社会规范来解决社会资源有限与人的欲求无限之间的矛盾，解决社会冲突，维持社会秩序，为了适应这种社会结构和社会需要，国家和法律这一新的社会组织和社会规范就出现了。由此可以看出，法律是社会的产物，是为了调整一定社会经济关系，维护社会成员的权利义务应运而生的，法律实践及其背后的法理不可能脱离现实的人和现实的社会生活得到理解。

不同的社会，有不同的法律观。法律是人类社会发展的过程化产物，从人类社会早期的行为和社会关系的习惯法的产生，到国家的诞生，法权关系的迁演，社会冲突解决机制的发展，法律被赋予了不同的含义，所以对于一个国家在不同时期的不同社会环境下，法律的内容、特点和表现形式自然不尽相同。封建社会法律由代表地主阶级利益的国王或者大臣制定，资本主义社会法律由代表资产阶级利益的议会制定,而社会主义社会法律由代表工人阶级利益的人民议会制定——比如说中国的法律就是由代表广大人民利益的全国人民代表大会及其常务委员会制定。这就是法律的本质,即它代表了特定阶级或相应阶层的利益,由此可见法律是与一个国家的社会经济结构分不开的。以中国为例,千百年来,法律经历了一个翻天覆地的变化,从夏商周奴隶时代的"刑"——这是统治阶级维护自己统治的一种暴力工具,并且通过这些制度、规范来控制自己的国民以达到维护统治的目的——发展至今日的社会主义法治,法律趋于完善也更现代化。从中国特色社会主义法律体系的构建到中国特色社会主义法治体系的展开,这些都是中国社会发展到一定时期的产物。

对比同一时期不同国家的法律发展的特点,也能很好地去理解法律与其所在的社会之间的紧密联系。中西方的法律存在很大差异,中国的法律体现的是以人民为中心的法治观的法理价值,而西方的法律体现的是以个体为中心的法治观的法理追求。这种法理认知上的差异,归根到底是从中西方社会所依据的实际关系——从他们进行生产和交换的经济关系中,获得自己的法治观的。从根本上讲,西方发达的私法文化是建立在发达的市场经济之上的,因为私法是一种理性化的法律体系,这与所有制、市场经济有着不可分割的内在联系,但其法理本质或奥秘其实隐藏在私有制这一核心约束之中。

不同的社会经济结构决定着法律的作用的不同面相。从中国法律的历史发展以及中西方法制社会差异的对比中可见法律与所处的社会现状之间存在着紧密的联系,法律和现存经济结构为纽带的社会关系是无法割裂的。首先,社会决定了法律,社会发展成什么样子,法律就发展成什么样子。法律应以社会为基础,而不是相反。法律应该是社会共同的,是由一定的物质生产方式所产生的利益需要的表现,而不是单个人的恣意表现。社会的政治、经济、文化、道德、信仰等因素决定我们的社会能产生、容忍、适用什么样的法律。法律不是凭空想象或者任意创造出来的,它总是社会各种现实状态的相互作用,相互影响,最后相互妥协的一个结果。我们当前的法律同古代的法律有很大的不同,这并不是由法律自身的不同造成的，最根本的原因还是所处的社会基础发生了根本性的改变。那么，法律对于整个社会又存在着什么样的特殊意义？答案是，在一定的社会基础上建立了法律这工具来约束社会中的每个个体，确保其权利和义务。法律是不同利益群体之间相互作用、相互妥协后形成的并最终依赖于国家强制力实现的一种特殊的制度安排，在一定程度上有维护社会稳定的功用。法律约束个体的行为，因此不管是中国古代封建社会的君王法则还是我们现在倡导的社会主义法治，都有要维护一种相对稳定的社会状态的功用，只有当一个社会相对稳定时，这个社会才具有向更好的方向发展的可能性，才具有让每个人获得最大幸福满足感的可能性。

法律与社会之间的相互作用不仅维系着社会生活的秩序，而且促进着法律自身的完善。首先，法律对社会的影响是毋庸置疑的，试想如果一个社会没有法律，那将是一种什么样的局面，可能会充斥着犯罪、动乱，社会生活将充斥着无序、混乱和倾轧，人类文明自然无从体现。对于社会生活而言，当然也是对社会成员自身来说，法律的一个重要作用就是作为约束人们行为的规范,维护社会的秩序,没有法律无疑会天下大乱。每个人每天都做出一定的行为,但是人们的行为各不相同,怎样才能够知道自己的行为没有危害到他人、危害到社会,这就需要法律的评价功能。通过法律的评价功能来衡量和评价自己的行为,才能够减少社会危害的产生,增加社会的和谐。在做一件事情的时候,如果对事物有可能产生的后果先做好预测,那么就减少了可能产生的后果的恶劣程度。法律所具有的预测功能就是人们可以预先估计自己行为的结果,从而决定自己行为的取舍和方向,这在社会现实中具有重要的意义。法的强制性是以国家作为后盾的。当然强制的目的在于实现法律权利和法律义务,即实现法律价值,确保法律的应有权威,维护社会正义,维护良好的社会秩序。任何没有教育功能的法律都是十分可悲的,那样的法律在社会成员的心中缺乏认同,很难甚至无法得到人们的自觉遵守,因而法在我们的现实社会当中有很强的教育意义,影响人们对正义合乎实际的法理想象,从而使人们达到更好的状态,在社会生活中更好地发展自我,实现正义。法律存在于社会当中，并且是现阶段的社会不可缺少的一个元素，在不同的程度上推动着社会文明的成长，使社会关系和谐。

现代社会提供了法律及其追求的价值实现的现实基础。法律对社会有重要影响，反过来社会对法律也有一个促进其不断完善的作用，社会舆论就是这样一个例子。在现代社会生活中，随着网络的不断发展，人们拥有了一个方便充分发表不同利益诉求的途径，社会舆论也成为了监督法律的公正执行的利器。比如曾经发生的和颐酒店女子被劫持案件，被害者在微博讲述了自己的被害经历，引起了广泛关注，最终警方抓捕了嫌疑人，酒店道歉反思，也引起网友对女性保护自身安全的讨论。现代社会生活这种公共舆论的力量是有其积极意义的，网络舆论对一些违法乱纪现象的披露和关注，为司法活动提供了重要的办案线索，典型的案例有陕西的"表哥案"。而且网络舆论的巨大力量引起司法机关对案件的重视，还可以减少司法不公现象的产生，促使司法活动更加公开透明，比如"邓玉娇案"。还有，我国现有法律还处在一个发展完善的阶段，还存在很多漏洞和需要改进的地方，通过每个公民各抒己见，发表自己的建议看法，有些意见再通过各级人大代表提出，有助于推动科学立法和民主立法的互动，最终有助于现代社会全民守法的自觉性提升。

总而言之，法律与社会有着紧密的联系，两者相互促进共同发展，在不同社会环境下法律表现出不同的形态特点。本课程恪守通过社会理解法律、通过法律理解社会的教学目标。法律内嵌于社会历史演进之中，法律会呈现出何种形态和特征，会以何种方式存在和运行，是无法脱离现实的人和现实的社会而得到理解的，最终则以中国智慧、中国实践回答现代国家法治文明的发展趋势和知识结构。要坚持通过法理感悟社会。社会是由法律等规则而构造和维系的，法律是社会文明程度的一面镜子，它反映着社会中人们相互结合的深层奥秘和社会关系的本质要求。社会的变迁亦可以透过法理的变迁而得到深刻说明和全面把握。本课程教学注重法理学学术研究与课程体系建设之间的关系，注重提升社会主义法治体系与法治道路、法治理论的说服力。当然，课程贯彻了通过法治认同中国的教学目标。作为"社会研究与当代中国"模块的课程,本课程最终都是为了理解我们所生活于其中、构成其公民认同的中国,理解她的过去历程、当代问题和未来趋势,为我们能够在其中成为一个公民的角色而做智识准备。

进一步阅读书目:

❶ 黄宗智:《经验与理论:中国社会、经济与法律的实践历史研究》,北京:中国人民大学出版社,2007年。

❷ 张中秋:《传统中国的法理观》,北京:法律出版社,2019年。

❸ 本杰明·N.卡多佐:《法律的成长:1923年12月耶鲁大学法学院讲座》,李红勃等译,北京:北京大学出版社,2014年。

❹ 罗斯科·庞德:《通过法律的控制 法律的任务》,沈宗灵译,北京:商务印书馆,1984年。

❺ 苏力:《法治及其本土资源》,北京:中国政法大学出版社,1996年。

以现代学科为视角
理解近代中国

曹南屏 | 复旦大学历史学系副教授

主要研究方向 | 中国近现代思想文化史

代 表 著 作 | 《阅读变迁与知识转型——晚清科举考试用书研究》等

主 讲 课 程 | 中国现代学科的形成

在如今的中国，从幼儿园以至于大学，人们的学业都与各种学科紧密相关；甚至于在职场上，人们所具备的知识与技能往往与某项"专业"高度相关，而"专业"的背后，通常就是相关的学科。一方面，学科似乎伴随着中国人教育经历的始终，人们对其再熟悉不过；另一方面，即便经过了多个学科十数年的训练，每当高考过后，很多学生、家长却也对大学里要学什么专业一头雾水，以至于市场上还应时而生了《×× 帮你选专业》之类的书。什么是学科？我们对学科足够了解吗？基础教育阶段的学科与大学里的学科有着什么样的关系？大学里的学科主要跟毕业后找工作有关吗？或许很多人都想过这样一些问题。本课程名为"中国现代学科的形成"，授课教师并不认为这门课能对这类问题提供现成的标准答案，但相信这门课能让大家加深对学科的理解，从而形成自己对这类问题的解答。

　　各种"专业"知识被归类于各个"学科"之下,对其的修习构成了人们认知世界的重要方式;同时,专业化的训练也为每个个体在社会上谋得一份职业做了必要的准备。这是一个人们早已习以为常的模式。然而,如果仔细想想,学科体制对于中国人而言,是一个"近代"的产物,是一个"援西入中"及本土化发展的结果。在此之前,中国当然有着十分悠久的读书、学习乃至科举考试的传统,但却并不以学科的方式来组织知识、培养人才。同样,在西方世界,学科体制也有其现代性的一面,许多现在我们耳熟能详的学科,在西方国家的出现与体制化,也是一个较为晚近的现象。伴随着中西交流,来自西方的现代学科（modern disciplines）被逐渐引入近代中国（modern China）,其在中国的后续发展,深刻地改变了中国人的教育体制、人才培养模式、知识的组织与生产方式等等,从而关系到绝大多数中国人的切身经验。

　　对于中国而言,现代学科在名目上就展现出明显的"近代"色彩。近代中国在对于来自西方的学科体制的接纳与调适的过程中,几乎重塑了中国的词汇乃至语言。这其中包括各个学科的基本词汇与专用术语。例言之,现在我们通用的"地理""数学"等学科名称,在学科体制进入中国之前,其所指与今天差异很大。在传统时期的中国,"地理"常常和风水之学有关,"数学"也多与数术之学关系更紧密些,以这两个词汇对译西方现代学科中的 Geography、Mathematics,发生在近代的中国。再如,近代以前的中国人并不用"历史"来称呼相当于西方 History 的内容;至于以"哲学"一词来对译西方的 Philosophy,对于中国来说完全是个偶然。更有甚者,"学科"本身也是一个近代才出现的汉语新词,用以对译 discipline。最基本的学科名称已是如此,各个学科的词汇、概念,乃至与之相关的各种思想、观念等,更是如此。事实上,仅仅讨论汉语中现在通行的各个学科名称何以是如今的样子,已经是一个足够复杂、足够有趣的故事。进一步地,本课程还试图揭示及讨论的是:人文学科、社会科学、理科、工科、医科等如何在中国出现并发展为一个个相对固定的学科分支?这一演变及其结果,对我们理解不同的学科存在什么样的影响？

学科绝不仅仅是一堆名目、一个收纳知识的框架而已，学科体制对于近代中国的影响显然是多维度、多层次的。在学者所称的"中西正式相遇的最初阶段"，即明清之际，以耶稣会士为代表的一群人就已将当时西方的知识分类部分介绍给了中国人。19世纪以后，随着中国的国门被来自西方的"列强"以武力的方式打开，"西学东渐"也在晚清以后达到新的高峰，中西之间的知识交流对中国的实际影响也大大超出明清之际。相较于明清之际，晚清中国要应对西方国家的种种现实困境，这逐渐使得中国人认识到"西学"的重要性。对于彼时的中国读书人而言，中国传统学问崇尚"通"，相较之下，来自西方的现代学科，其特点却表现为"专"；学科体制与中国传统学问体系之间最大的显性差异即"分科"与否。近代学者傅斯年就指出，"中国学问向以造成人品为目的，不分科的"，同时认为传统中国"学术既不专门，自不能发达"。20世纪初的一位读书人即已感到"夫彼族之所以强且智者，亦以人各有学，学各有科"，而中国却是"有学而往往不能成科"。换言之,"分科"与"专门"在构成现代学科基本外在样貌的同时,却也使得长期以来既"不分科"也"不专门"的"中学"面临全新的际遇。在近代中国"西学"传播的过程中,鼓吹"西学中源"的有之,主张"中体西用"的亦有之,在学科体制成为一种组织知识、培养人才的基本建制以后,如何在其间安放中国传统的各种学问乃至价值,成为此后长期延续的一大问题,甚至至今仍旧萦绕着中国人的日常生活。

自19世纪末、20世纪初开始,中国人开始建立一套仿自西方的教育体制,并在1905年废止了施行了一千多年的科举制度,从此,这一套以现代学科为表征的教育体制成为中国培养人才的主流模式。从科举到"学堂",是一个巨大的历史变化;而制度的变革,其影响绝不仅仅在制度层面。以翻译享有大名的严复,将此称作"数千年中莫大之举动",认为必然影响巨大,只是"结果何如"难以估量。在制度性的变革之外,现代教育体制至少重塑了人们教育经历中的一些基本社会关系,并带给中国人全新的个体经验。比如,什么是"学校"?什么是

"同学""师生"等关系？类似这样一些常识，其实也经历了近代的形塑。科举时代的中国人也习见"学校"一词，但其所指与现在所说的"学校"大相径庭。由于科举时代的中国在同一个"学校"的人却往往并不在一起长期听课、学习，因而相比现在的同学关系，人们要更加看重科举的"同年"关系。"师生"也是现代教育体制中重要的关系之一，然而在科举时代，师生关系也跟现在有着极大的不同。现代教育体制还终结了科举制度中的"仕学并途"的"再生产"模式，当民国时期的大学内喊出"读书不为做官"的口号，实际上也彰显出现代教育体制与科举制度的显著差异。同时，制度的变革还带来了"士大夫"文化的消散，并且加速了传统中国"四民社会"的解体。现代学科体制也重整了中国人对于知识的分类、学习知识的方法、对各类知识重要与否的判断，乃至认知世界的方式。可以说，今天我们对于不同学科的理解，乃至对于教育、职业、科学、传统文化等诸多相关议题的理解，都与现代学科在中国的发展历程密不可分。

经过了一个多世纪，中国在各种学科上的进步有目共睹，学科发展也大体跟现在的西方国家保持同步、齐头并进。然而，这个时代依然有大量公共议题由学科引发，其中既包含不少具有全球共性的问题，也有些问题与现代学科在中国的本土化发展有关。比如，关于素质教育、教学与考试改革、"大学何为"等"经典"讨论长期延续，关于学术工作的量化考核、SCI（及其各种同类）崇拜、人文学科的边缘化、基础学科的意义等议题也不时见诸传媒。在如今这样一个移动互联网时代，这类议题既显得触目可见，又很容易消散在热闹劲儿过去之后。学术界关于学科体制的讨论，则不仅涉及其过去与现在，还包括未来的可能发展趋向。既然现代学科对中国影响既深且巨，与其相关的问题与争论也注定层出不穷且无法终结。这些问题与争论，其名目或许是"新"的，其缘起或许可以从"旧"的历史现象中加以追寻。在本课程中，或许我们可以借助历史的视野，回到现代学科在近代中国"其作始也简"的早期发展阶段，作一番观望与思考。说不定那些"旧"的历史，会让我们对于眼前的问题，获得些许"新"的见解。

进一步阅读书目：

❶ 华勒斯坦等:《学科·知识·权力》，刘健芝等编译，北京：生活·读书·新知三联书店，1999年。

❷ 熊月之:《西学东渐与晚清社会》，北京：中国人民大学出版社，2011年。

❸ 左玉河:《从四部之学到七科之学：学术分科与近代中国知识系统之创建》，上海：上海书店出版社，2004年。

❹ 马西尼:《现代汉语词汇的形成：十九世纪汉语外来词研究》，黄河清译，上海：汉语大词典出版社，1997年。

❺ 章清:《会通中西：近代中国知识转型的基调及其变奏》，北京：社会科学文献出版社，2019年。

20世纪的中国、美国与东亚现代世界的形成

马建标	复旦大学历史学系教授
主要研究方向	中美关系史、北洋军阀史和近代传播史
代表著作	《冲破旧秩序：中国对帝国主义国际体系的反应（1912—1922）》《权力与媒介：近代中国的政治与传播》等
主讲课程	20世纪的中美关系与东亚世界

19世纪末以降，在中国的对外关系中，中美两国的关系是与众不同的。这种"特殊关系"体现为美国对华政策的独特性。这一时期，美国在对华关系上奉行"门户开放"的政策，不同于日俄等国对中国土地的觊觎，美国在华主要主张开展自由贸易，主张进行学术文化交流。作为20世纪的新兴大国，美国在国际秩序与国际关系上由参与者变为主导者。特别是一战之后，美国奉行的自由主义国际秩序影响着其后东亚国际关系的走向，对东亚及欧美各国的国际行为起到制约的作用。20世纪中美关系与东亚国际秩序的演变，实则是美国不断推行其民主思想和外交理念的过程，而美国的国际安全利益观念也在不断地调整。这一时期的中美关系在诸多方面呈现出复杂的特点。中美关系的演变不仅涉及国家利益和对外事务理念的变化，还涉及国家独特的文化与心理内涵。因此本课程以中美两国的"洲际交通"、学术交流、美国的"门户政策"、华盛顿体系的建立、英美特殊关系、美日冲突的形成与结束、国共内战与二战后的冷战等内容为主题,全方位多角度地阐释20世纪中美关系的走向与东亚现代国际体系的构建。

第一次世界大战之后,美国带领欧洲各国遏制日本在中国的侵略扩张,并在1922年建立了华盛顿体系,防止日本对中国的侵略。第一次世界大战导致旧的帝国主义国际体系的崩溃,俄国发生十月革命,建立苏维埃政权。由于俄国革命的影响,中国共产党得以建立,孙中山提出联俄联共。随后,国共合作,北伐军兴,南北统一。随之,国共发生内战,直到1949年国民党败退台湾。一战导致亚太地区的国际关系结构发生深远的变革,迄今仍余音未绝。美国在战后成为真正意义上的世界大国领袖,美国对远东国际事务的介入超过了以往任何时期,而日本的综合国力在一战期间迅速膨胀,加快侵华的步伐。大体而言,1920年代以后,苏俄、美国、日本都试图成为东亚秩序的主宰者,此三国关系的变化,直接影响到现代中国的命运及发展道路的选择。

"20世纪的中美关系与东亚世界"课程以美国与东亚的关系为主题,主要讨论自19世纪末以降,中美两国在东亚现代世界体系形成中的作用。这一时期的美国与东亚世界的关系,从文明角度而言,是美国的基督教文明与以中国为中心的东亚儒家文明圈的关系。亨廷顿在其《文明的冲突与世界秩序的重建》一书中提出"文明冲突论"的著名观点。他的学说虽有可商榷之处,但他提出的文明视角却有利于我们深化对国际关系史的认识。由此可见,东方文明之间的碰撞在19世纪末至20世纪初的中美关系史上尤为明显。例如1870年发生的天津教案与1900年的义和团运动,其背后隐含着基督教文明与儒家文明之间的文化竞争。在20世纪初不同文明有更多的机会进行碰撞交流的时候,欧美与东亚各国开始共同寻求文明的共性与解决矛盾的机制,因此使得国家间的条约关系逐渐确立。近代"不平等"条约关系的确立,成为20世纪上半期中美关系与东亚国际秩序确立的法律基础,同时也是这一时期东西方文明进行沟通的制度保障。但到五四运动之后,觉醒的中国人越来越不能容忍近代以来形成的中外条约体系。苏俄革命的胜利推动了世界民族解放运动,中国在 1920 年代兴起了轰轰烈烈的反帝运动。

美国与中国、日本和朝鲜等国条约关系的最初确定,主要依靠在东亚地区的美国传教士来完成。这意味着传教士在美国与东亚关系的形成过程中发挥了至关重要的作用。有人说,美国的传教士是一般美国人观察东亚世界的眼睛,正是通过来华传教士的观察和著述,美国人才对东亚世界的文明、政治、地理及社会风俗有了最初的了解。因此我们同样重视中美之间的文化交流,尤其重视美国来华传教士、外交官等一批对中美关系的形成和发展有推动作用的代表人物及其相关历史活动。

19 世纪末美国国务卿海约翰提出的"门户开放"政策,几经演变,促进了 20 世纪初东亚国际关系的"美国化"。一战爆发之后,中美两国的合作在一定程度上遏制了日本在东亚的扩张。一战之后,美国通过 1922 年的华盛顿体系废除了自 1902 年以来的英日同盟,华盛顿体系作为一战之后的东亚新秩序一直勉强维持到 1941 年太平洋战争的爆发。在此期间，由于一战之后民族主义思潮以及马列主义思潮在东亚地区的传播和中国共产党领导的革命运动的蓬勃发展，东亚文明发生重大变化：其一是马列主义思想的"中国化"进程，改变了中国固有的儒家文明形态，并最终产生中国特色的社会主义文明；其二是二战之后，日本、韩国以及台湾地区在美国文化的影响下，塑造了有别于传统东亚文明的西方文明形态。上述两种文明形态塑造了所属区域的政治秩序和社会秩序，进而影响了东亚国际秩序的变化。

纵观20世纪，中美关系是塑造20世纪东亚世界秩序的主导力量。要明白中国的今天，以及东亚秩序的现状，了解20世纪的中美关系史具有历史和现实的双重意义。这门课程通过跨国史的视角，利用丰富的文本和图像史料，讲述影响中美关系和东亚世界的重要历史人物的故事。尤其是了解中国、美国在东亚世界中的地位及其关系的演变，有助于今人对全球化和当代东亚世界的认识和理解。欲明大道，必先习其史。本课程有助于拓展历史爱好者的国际视野，培育其人文情怀。

我们了解历史，是为了把握当下，感知未来。通过这门课程的学习，希望同学们能够更好地认识中国在过去一百多年里，如何从一个积贫积弱的、政权割据的"旧中国"发展成一个主权统一的"新中国"，并在此过程中，理解中美关系如何影响着中国的国家命运，以及中美关系如何塑造着20世纪的东亚世界秩序，进而理解中国在东亚世界的历史地位及其在未来所应扮演的角色。

进一步阅读书目：

❶ 泰勒·丹涅特：《美国人在东亚：十九世纪美国对中国、日本和朝鲜政策的批判的研究》，姚曾廙译，北京：商务印书馆，1959年。

❷ 马士、宓亨利：《远东国际关系史》，姚曾廙译，上海：上海书店出版社，1998年。

❸ 滨下武志：《中国、东亚与全球经济：区域和历史的视角》，王玉茹、赵劲松、张玮译，北京：社会科学文献出版社，2009年。

❹ 陶文钊：《中美关系史》，上海：上海人民出版社，

2004年。

❺ 王立新:《踌躇的霸权:美国崛起后的身份困惑与秩序追求(1913—1945)》,北京:中国社会科学出版社,2015年。

以人为本：
当代中国的人权与法治

侯健	复旦大学法学院教授
主要研究方向	法理学、人权法学、教育法学
代 表 著 作	《表达自由的法理》《名誉权与舆论监督问题研究》《利益表达与公权行为——公民如何影响国家》等
主 讲 课 程	人权与法

联合国教科文组织曾指出，人权作为一种伟大的道德价值的信念，并不专门是西方或犹太－基督教对世界的贡献；在人类所有重要的道德文献中，都可以见到这种贡献。享有充分的人权，是长期以来人类追求的理想。多个世纪以来，各国人民为争取人权做出了不懈的努力，取得了重要的成果。

2004年中国全国人民代表大会通过宪法修正案，规定："国家尊重和保障人权"。当代中国的人权建设注重把人权的普遍性原则与具体国情相结合。在中国，人权首先是生存权和发展权。它不仅指个人权利，而且指集体、社会的权利；不仅指公民权利、政治权利，而且指经济、社会与文化权利；不仅强调权利的保障，而且强调义务的履行，强调权利与义务相一致。改革开放以来，中国的人权建设取得了显著的进步。

在实践的背后，有许多理论问题需要厘清，例如人权的来源和性质、人权的主要价值及其相互关系、人权的法律保障机制，等等。这些问题都需要以马克思主义为指导，以开放的态度，加以探讨。

关于这些问题，存在着各种不同的观点。有一种观点认为，权利的来源是法律，并不存在超越法律规定的权利；一个人享有什么权利，取决于法律的规定。也有人批评说，这种观点是不对的，人权并不取决于法律的规定，而取决于人性；人们有相同或相似的人性需求，这就是人权的来源。不过，这种批评没有厘清实然与应然的区别。人性是什么，有哪些需求和特征，是一个事实问题、实然问题。即使能够指出所有人都具有的人性需求或特征，也只是指出了一个事实。为什么人应当享有人权，为什么每一个人都应当享有人权，是一个价值问题、应然问题。即使最基本的例如保护生命的权利，也是一个有待证明的价值问题。应然问题、实然问题是两种不同的问题，不能简单等同起来，它们之间存在着区别。这样，我们就需要探讨，有没有可能跨越实然与应然之间的鸿沟,把人权命题建立在坚实的理论基础之上。

　　自由是人权中的一个重要价值,但是它的内涵存在争议。我们以中国法制史上的一段史实为例。裹脚是中国的旧俗,女孩用长布条裹住自己的双脚,致其畸形,成为"三寸金莲"。1912年推翻帝制之后,一些地方政府出于解放妇女的意愿,出台法令,禁止女性裹脚。有的法令不准小脚女子在公共道路上行走,甚至有的规定征收"小脚捐"。如果裹脚是一位女性自愿为之,这种法令是否侵犯其自由?自由通常被界定为,当一个人具有某种意志,不受不合理的约束而实现了这种意志。比如,"我"是一个具有完全民事行为能力的女性,认为"三寸金莲"具有妙不可言的美,有一个坚定、清晰的裹脚意志。按照这个通常的界定,自由就是"我"想要裹脚的意志不受阻碍地实现了。不过,仔细思量,这个界定不一定是准确的。因为,虽然"我"不受阻碍地实现了"我"的裹脚意志,但是"我"的裹脚意志本身可能是在一种禁锢的思想文化环境中形成的。也就是说,"我"的裹脚意志的形成过程是不自由的,它并不是"我"的真正的意志。

自由不仅指意志的自由，而且指自由的意志。我们需要追问意志形成的条件和环境。

平等也是一个重要的人权价值。通常把平等分为实质平等和形式平等。在20世纪以来的法律实践中，广泛存在着平权措施。所谓平权措施，一般都把促进实质平等作为目的。但是这也容易引起争议。中国教育部《2022年普通高等学校招生工作规定》第46条规定，对于具有特定身份的考生，比如边疆、山区、牧区、少数民族聚居地区的少数民族考生，省级招委会可根据本地投档录取办法决定，在其文化统考成绩总分的基础上增加一定分数投档。从平等的角度来看，这一规定的理由何在？人们通常认为，这些地区的经济发展水平落后，教育资源贫乏，这一规定弥补了少数民族考生在高考竞争方面的弱势。不过，困惑依然存在，为什么这些地区的汉族考生不能享有加分优惠？这些地区的教育资源贫乏或经济发展水平落后不仅会制约少数民族考生的学习，而且会制约汉族考生的学习。或许，在这一条件之下这一规定才可以得到来自平等的辩护：少数民族考生的母语不是汉语,却要接受通过汉语实施的教育和考试。平等不是任何情况下的无差别制度待遇。但是什么条件下应当是无差别的制度待遇,什么条件下可以有差别,需要我们仔细厘清。

人权保障是一个复杂的系统工程。根据人权实现的程度,可以把人权划分为这样的几个形态或层次:第一是应有权利,即人们应当享有哪些权利;第二是法定权利,即法律上确认和保障人们可以享有哪些权利;第三是实有权利,即人们实际上可以享有哪些权利。人权保障的目的就在于推动应有权利转化为法定权利,推动法定权利转化为实有权利。显然,法治在保障人权方面可以发挥重要的作用。人权和现代意义上的法治关系密切,它们有着共同的历史逻辑,它们是相伴生、共成长的,具有相似的社会条件和发展规律;有着一致的理论逻辑,它们相互规定,相互推导;有着共同的价值基础,即以人为本、维护人的尊严;也有着相关联的实际现象,在人权得到较好保障的地方一般也能够发现良好的法治。

讨论人权与法的问题具有重要的现实意义。就目前的情势来看,百年未有之大变局、新冠肺炎疫情、大数据和人工智能、生物工程和医疗新技术,这些新变化新事物挑战了传统的人权与法原理,带来了新的人权与法问题。也需要通过讨论来寻找解决问题的思路。

进一步阅读书目:

❶ 中共中央宣传部研究室选编:《马克思恩格斯列宁斯大林毛泽东论人权》,北京:中共中央党校出版社,1992年。

❷ 中共中央党史和文献研究院编:《习近平关于尊重和保障人权论述摘编》,北京:中央文献出版社,2021年。

❸ 黄枬森、沈宗灵主编:《西方人权学说(上、下册)》,成都:四川人民出版社,1994年。

❹ 甘绍平:《人权伦理学》,北京:中国发展出版社,2009年。

❺ 李步云主编:《人权法学》,北京:高等教育出版社,2005年。

中国与全球化大变局下的国际法律秩序

梁咏	复旦大学法学院副教授
主要研究方向	国际投资法、国际贸易法、国际经贸争端解决机制的多元化改革等问题
代表著作	《国际法点点通：全球化时代的法律冲突与对话》《中国投资者海外投资法律保障与风险防范》等
主讲课程	全球化时代的法律冲突与对话

在全球化时代，人类文明的多元发展、冲突、融合也反映为法律关系的多元发展、冲突和融合。当下，受逆全球化、国家主权回归、非传统安全泛化等多重因素叠加影响，加之新冠疫情持续发酵，全球化发展所依赖的政治和经济两大基石同时出现严重危机，以雅尔塔体系为基础的国际秩序面临重大改革。

在国际秩序面临重大变革的当下，美欧等传统发达国家所提出的"美国利益优先""再工业化""区域全球化"等多种改革方案，本质上都没有摆脱西方国家中心主义的"桎梏"，无法解决当下全球化大变局中的多重矛盾，同时美欧等国家也利用其在现行国际法中的优势地位，通过对现行国际规则的"新解读"和限制崛起的发展中国家——特别是中国——可能构建的新型国际规则，继续维持甚至提升其在国际法规则中的话语权。同时，尽管中国综合实力明显抬升,但在国际规则中的话语权以及对新一代国际规则构建的主导权还有待进一步加强。面对"改革中的博弈"和"博弈中的改革"的双重困境,未来全球化模式应如何改进?未来国际社会政治和经济整体稳定应如何维持?新一代国际秩序应该向何处去?

全球化大变局背景下,整体国际环境可能对中国愈加不利。中国在国际社会面临的指责更多从"非市场经济地位""汇率操纵"等经贸问题更多转向"国有企业""政府补贴""强制技术转让"等体制性问题。极个别国家甚至将中国定位为"战略竞争者""经济掠夺者"和"修正主义国家",这种对中国标签化、污名化、政治化的"塑造"、将自身问题归责于中国甚至公然违反国际法和国际关系基本原则对中国采取单边制裁措施,使中国面临比以往更复杂和更激烈的矛盾和冲突。中国未来发展道路应该如何走?如何实现中国的智慧发展?

面对"去全球化"特别是"去中国化"风险,中国亟需寻求一种更高站位,从整体性思维出发,寻求最多志同道合者的共同参与,消减全球化大变局对中国的不利影响，推进更平衡的全球化，进而寻求中国的智慧发展。中国提出的"人类命运共同体""共商共建共享"等原则以整体性思维看待跨国法律关系，具有先进性，如果能充分发挥中国智慧、讲好中国故事，则有利于使这些原则更好地得到普遍认同并落实于实践。

整体性思维体现了中国主导的新型国际法合作理念。无论是中国传统还是中国当下推进的合作模式，基本都蕴含了寻求最大公约数、共商共建共享的新型国际合作理念，并贯穿了"合则两利、斗则双输"的政治智慧。"人类命运共同体""共商共建共享"等原则将现行和平共处五项基本原则中的"互"上升为"共"的要求，代表着一种更和谐的新型国际合作理念。中国在进一步发展中，坚持国家根本利益不动摇，以整体性思维指导，尽可能基于最大的合作利益，寻求最大的合作可能，沿着成本效益最优化、整体阻力最小化的道路前进，以实现智慧发展。

整体性思维可以引导学生更好地透过现象看本质，真正将理论学习与实践研究有机结合。全球化时代的法律冲突往往牵涉法律、国际关系、经济学、社会学等多学科的融合,因此必须以整体性思维来考虑一个具体国际事件和问题的内在逻辑和法律环境。以 2018 年以来的中美贸易战为例,这在经济上是由中国对美国长期贸易顺差引发,表现为美国通过激活休眠法律、将现有法律进行"中国塑造"以及针对中国制定新的法律、对中国企业进行精准打击,但所反映的美国希望维持其在核心产业的领导力、遏制中国发展等更深层次的原因显然是政治和外交问题。以 2020 年初爆发的新冠疫情中各国采取的差异化管制方式为例,表面看它是对基本人权及对公共利益与个人利益冲突时的选择优先问题,但其决策机理又与整体产业优势、社会偏好因素高度相关。因此,学生只有从多维度分析和思考问题,才能更好地透过现象看本质,更好地认识到跨国实务产生的内在逻辑和法律环境。

整体性思维可以帮助构塑学生的大国公民素质并培养国际法意识。伴随中国综合国力的提升,中国在世界舞台中作用越来越显著,同时也面临着越来越多的矛盾。相较于综合国力的快速提升,中国公民的大国身份意识和国际法意识尚处于培育发展期。大国身份意识和国际法意识发展的相对滞后，使相当部分国民或是"妄自菲薄"，在一些利益方面，觉得还是以让步求安宁，或是"盲目自大"，认为可以处处显示中国力量、强化中国话语权，或是"以邻为壑"，为了疫情防控等需求，割裂与外部联系。事实上，在思考和探讨某个国际问题或事件时，不应将其视为某个孤立的问题或事件，一定要将其置于国际社会的整体环境中，学会透过事件纷繁复杂的表象，去粗取精、去伪存真，用正确的法律眼光观察、分析，学会采取理智的、有效的方法解决所面临的法律冲突。

世界正面临百年未有之大变局，全球化模式、国际法规则进入大变革、大调整期。当今国际格局中，东西方力量对比发生实质性改变，以及西方主导全球治理能力的缺失，从外部要求中国采取更加积极的态度参与全球治理。在此背景下，中国不仅应"做好较长时间应对外部环境变化的思想准备和工作准备"，而且还应在整体性思维引导下实现中国的智慧发展，在最大程度上避免冲突、减少竞争、促进合作。

进一步阅读书目：

❶ 王义桅:《"一带一路"：中国崛起的天下担当》，北京：人民出版社，2018年。

❷ 中国现代国际关系研究院:《百年变局与国家安全》，北京：时事出版社，2021年。

❸ 格雷厄姆·艾利森:《注定一战：中美能避免修昔底德陷阱吗？》，陈定定、傅强译，上海：上海人民出版社，2019年。

❹ 弗雷德里克·皮耶鲁齐、马修·阿伦:《美国陷阱：如何通过非商业手段瓦解他国商业巨头》，法意译，北京：中信出版社，2019年。

科学探索的视野

人文的物理学

金晓峰 复旦大学物理学系教授

主要研究方向 实验凝聚态物理、表面与超薄膜磁性、低维体系中的自旋相关输运

主 讲 课 程 人文的物理学

明代晚期，大约距今400年前，中国知识界第一次清楚地意识到，西方科学值得我们认真学习，这可从下面两个例子中得到明证。一是利玛窦（M. Ricci）与徐光启合译的前六卷《几何原本》（*Elements*）于1607年问世。作为西方思想史的重要组成部分，《原本》一书地位崇高，它为后世提供了一种卓有成效的认识和探索自然的几何方法，其典范的作用远远超越了数学本身。徐光启在《几何原本杂议》中写道："此书有四不必：不必疑，不必揣，不必试，不必改。有四不可得：欲脱之不可得，欲驳之不可得，欲减之不可得，欲前后更置之不可得。有三至三能：似至晦，实至明，故能以其明明他物之至晦；似至繁，实至简，故能以其简简他物之至繁；似至难，实至易，故能以其易易他物之至难。"我们从这段话中不难看出，《原本》显然是一种异质文化，其抽象性、演绎性、公理化的特点，相对于我们的传统文化，完全是新的。第二个标志性事件，发生在崇祯三年（1630年），那是一次有关月食发生的预测，同时用我们的大统历、阿拉伯人的回回历和欧洲人的西洋历来定量计算月食的发生过程。结果表明，大统历最不准确；回回历稍好，但也不够准确；只有西洋历非常准确，月食初亏到重新复原的时间，只差几秒钟。如此一来，再考虑到历法的修订等等，西方天文学从实用的角度开始被中国知识界所接受。

然而，值得注意的是，西方科学关注的具体问题，特别是其语境，与传统中国知识分子的主流趣味取向，差别实在太大了，因此，除了极少数精英如徐光启等，可以说，中国知识界并没有受到实质性的冲击。再加上18世纪初，基督教在中国的进一步传播受到禁止，这一次西方科学与中国知识界的撞击最终基本上是无疾而终。

鸦片战争自1840年拉开序幕，随后签订了一系列丧权辱国的不平等条约，西方用坚船利炮打开了中国的大门，对中国社会造成了从未有过的冲击。中国知识界的众多精英在震惊的同时，开始有了"睁眼看世界"的自觉和动力，正是在这样的背景下，西方科学再一次受到中国知识界的关注。与前次的情况完全不同，这次中国知识分子对科学的重视，已无关趣味取向，而直接联系到中华民族存亡的大问题。也是自此开始，无论是当权者还是老百姓，无论是长者还是儿童，"落后就要挨打"这一道理便深入人心，学习西方的科学技术因此便成了唯一选择。福州船政学堂、上海制造局等都渐渐设立起来，目的当然是"师夷之长技以制夷"。

这一次，由于几乎所有的国人都是通过西方的船坚炮利而切入对科学的关注，因此科学自然带上了强烈的工具性和实用性色彩。特别是，当"科技"被当成一个复合名词，而不是独立的两个名词——科学与技术（science and technology）来使用，"高科技"（而不是"高技术"）被错误地用来指称"high technology"时，就很难责备国人为什么会对科学产生那么大的误解了，因为从头开始，我们重技术轻科学的倾向就非常明显。说到底，这恐怕还是与我们传统文化中"务实"有余、"求真"不足的趣味取向有关。实际上,这种对科学的片面认识,对中国的学术界和产业界都造成了不良后果。

针对历史上我们吸收西方科学时碰到的上述两种状况——趣味问题和实用倾向,开设"人文的物理学"这门课程有两个目的。一方面,让中国后代知识分子明白,以理解和认识世界为目的的"科学",与以改造人类生存条件为目的的"技术",是非常不同的两件事。虽然今天的高技术,如果脱离了科学,可以说几乎不可能出现;反之亦然,今天的科学,如果离开了先进的技术支撑,也同样不可能存在。但是,即使如此,科学与技术所追求的目标及其研究方法仍然非常不同——前者追求解释,后者追求可用。

另一方面,以物理学这门重要的自然科学为例,比较详细地介绍在过去的两千多年时间中,人类如何一步步地理解了我们自己生活于其中的这个世界,比如:我们怎么知道地球是圆的,而不是方的?我们怎么知道太阳比地球更大?我们怎么知道地球是绕太阳旋转,而不是反之?为什么垂直上抛的篮球会重新回到我们的手上,而不是被运动的地球甩到后面?我们怎么知道天上与地上的物体满足同样的物理规律?我们怎么知道在音乐中,相差8度的两个乐音最协和、5度次之、4度再次之呢?为什么冷热不同的两个物体相互接触,冷的不会越冷,热的不会越热呢?我们为什么只能回忆过去,却不能回忆将来呢?我们怎么知道"电磁场"是与我们所坐的凳子同样真实的一种存在呢?我们怎么知道光就是一种电磁波呢?我们怎么知道光真的具有波和粒子这种相互对立的二象性呢?我们怎么知道核能具有如此大的威力呢?我们怎么知道"我们的"太阳不仅不是宇宙的中心,即使在银河系内,它也处于比较边缘的地方?我们怎么知道宇宙中真的存在黑洞呢?……

当我们沿着物理学发展的历史逐一回答上述问题之后,相信所有中国的年轻人,都会与爱因斯坦一样发出如下感叹:"关于自然,最不可思议的就是,它竟然是可以被理解的。"特别是,当我们有意识地与实用的技术拉开一点距离来谈论科学时,科学本身就成为可以被欣赏的审美对象，科学之美也就能自然地呈现出来。从物理学中产生出来的"熵"的概念、"场"的概念等等，当我们学会欣赏之后会发现，其美的程度绝对不亚于莫奈的油画、贝多芬的交响曲以及莎士比亚的戏剧。同时，还希望年轻人知道，科学与音乐、绘画和文学相似，乃是"由人类创造的（created），而不是原本就在现象之中的，它是人类的发明（inventions），而不是采矿的结果"。音乐家、画家、小说家和科学家，他们每一个带给我们的都是一种对世界秩序的个人眼光。这种眼光，最原创的，常常也是最怪异的。但是，当我们学会了如何去听、去看或者去理解，就会发现，这个世界从此披上了新装。当然，科学的独特之处在于，科学家的个人眼光如何，还必须由实验作出最终判决。

总而言之，虽然科学不是以往中国知识分子的趣味，但应该相信，它完全有可能成为未来中国知识分子的趣味，讲授"人文的物理学"这门课，正是为了让科学成为未来中国的文化基因尽一点微薄之力。

进一步阅读书目:

❶ I. 伯纳德·科恩:《新物理学的诞生》,张卜天译,北京:商务印书馆,2016年。

❷ Steven Weinberg, *To Explain the World: The Discovery of Modern Science*, New York: Harper Collins, 2015.

❸ Frank Wilczek, *A Beautiful Question: Finding Nature's Deep Design*, New York: Penguin Press, 2015.

大气科学与
人类社会

穆穆	中国科学院院士，复旦大学大气与海洋科学系教授
主要研究方向	大气 – 海洋可预报性及相关的资料同化、集合预报与适应性观测等
主讲课程	大气科学漫谈

从太空俯视地球，山川沧海之上，日月星辰之下，是薄薄的大气层。正是这片不起眼的淡蓝，开启了从远古洪荒到万物繁茂的沧海桑田，见证了人类从鸿蒙初启走向今天的灿烂文明。我们从孩童到现在，历经了寒来暑往和风雨阴晴，见证过流云飞虹的美景，也听闻或不幸遭遇到了各种气象灾害。在2021年5月甘肃白银马拉松赛事中，一些选手不幸因冷锋过境大风降温而失温遇难。如果主办方和选手能掌握一些相关气象知识，就可以避免悲剧的发生。事实上，在大气现象与灾害背后总有原因可寻，掌握风云变幻的规律并预测其变化，有着重要的科学意义与巨大的社会经济价值。欢迎来到大气科学的浩瀚之旅，相信大家一定会不虚此行。

让我们从最宏观但也与大家息息相关的全球气候变化说起。近一百多年来地球表面平均气温显著增高，而极地海冰与陆地冰川融化，海平面上升与海水倒灌，以及愈发频繁的高温热浪、暴雨、寒潮等极端天气气候事件，都是气候变化的魅影。2021年诺贝尔物理学奖获奖者中真锅淑郎和克劳斯·哈塞尔曼是气候学家，他们获奖的理由是"奠定了地球气候变异和人类对其影响的认知基础"，以及在"地球气候物理模拟、量化变异和可靠预测全球变暖"方面的卓越贡献。最新的联合国政府间气候专门委员会（IPCC）第六次气候评估报告明确指出，人类活动对一百多年间气候急剧变化有绝对主导作用，应对气候变化已上升至关乎人类未来发展的问题，为此我国推出了"碳达峰"与"碳中和"计划。人类活动如何影响全球气候变化？地球气候系统各圈层和人类社会又在气候变化中起到何种作用？这是心系天下、关注人类命运共同体的我们必须回答的问题。

在全球气候变化中，极地是受影响最大、也是最敏感的区域之一。当今，北极地区是全球增暖最显著的区域，北极地区海冰急剧融化让北冰洋与北半球高纬度地区海水变得更淡，并对海洋深层环流产生重要影响。南极大陆周边海冰虽然没有出现大幅融化，但陆地冰川和陆缘冰架也出现了显著断裂解体。极地的愈发破碎，将如何影响到全球凉热？青藏高原作为"世界屋脊"与"第三极"，位于亚洲季风区的关键地带，其冰雪消融也将极大影响亚洲季风的异常和周边山川的冷暖晴雨。

占地球约70.8%表面积的海洋，同样在地球气候系统中扮演着重要的角色。海洋中有昼夜间的潮涨汐落，有因不同温度和盐度而沉浮的各种水团，有随风而起的风生洋流，有隐秘于深渊却维系全球冷暖的热盐环流。由于其高比热容，海洋吸收了绝大部分太阳辐射热能，并如同缓冲器将巨大的热量缓慢地释放并影响大气圈，对大气以及整个气候系统产生巨大影响。"厄尔尼诺"与"拉尼娜"是深被公众熟知的一对名词，是指热带中东太平洋海温大范围暖异常或冷异常的现象，它们经常与我国乃至世界各地异常的酷暑严寒、洪涝干旱相联系。虽然我们对"厄尔尼诺"与"拉尼娜"的形成、演变及其对全球气候的影响有了较好的了解，也可以对其发生进行有技巧的预测，但由于其复杂性，提高预测水平仍然是我们面临的挑战性难题。

在浩瀚的风云变幻中，还有众多时空尺度较小的天气过程——如寒潮、锋面等，它们对日常生活影响更加直接。台风从热带海洋的氤氲间而来，常携风带雨奔向陆地，造成强风、暴雨、风暴潮等灾情。借助于卫星、雷达等高技术观测手段，数值模式和现代天气学理论使得我们可以较好地预测台风移动路径，但对台风强度特别是其内部更精细的结构与发展机制仍知之有限，需要进一步探索，这样方能对台风的强度与破坏力做出更精准的预报，进而提高防灾减灾能力。

除了大自然的变化万千，当讨论人类活动对大气的影响时，大气环境自然成了一个直接的话题。随着20世纪的全球工业化进程，酸雨、光化学烟雾等大气污染问题逐步显现，而氟利昂等臭氧损耗物质的排放，更是引发了南极平流层的臭氧空洞现象。进入21世纪以来，大气污染与人体健康问题更加广受关注。人类活动排放的污染物进入大气层后会怎样扩散或进一步化学反应？对全球气候变化有怎样的影响？回答这些重大问题，仍需要进一步的观测、理论与模拟研究。

观测是发现现象、理解原理机制的基础。20世纪50年代以来,大气探测与遥感领域取得了突飞猛进的发展。气象雷达对云和降水的探测已应用于分钟级临近降雨预报。近地面风廓线、大气环境要素、气溶胶和闪电探测,以及遍布山川的地面自动化观测站等资料都为大气科学的发展起着重要作用。苍穹之上,经过三十多年的发展,我国风云三号与四号系列气象卫星利用高精度、高频率的多波段遥感技术,成功实现了对大气、陆面和海洋多领域的立体观测。但是,人类对大气的了解仍然肤浅,新的观测原理、技术与设备,仍然有待我们的进一步探寻。

预测天气与气候,一直是人类的追求。从远古洪荒求助于神灵,到年复一年寒暑间总结经验,再到近代由基础科学的发展探求原理机制,直至如今借助超级计算机和大数据进行模拟预测,这几乎就是大气科学学科发展的缩影。大气是一个复杂的混沌系统,观测误差与模式中物理过程的不确定性以及非线性,使得天气与气候的可预报性问题,成为大气科学研究与预报实践的永恒课题。

大气科学是现代科学百花园中璀璨夺目的一枝,她以能够为人类社会做出有价值的天气与气候预测而芳香四溢。大气科学是集现代高新科学技术宠爱于一身的女神,欢迎大家近距离目睹她的风采!

进一步阅读书目:

❶ 布洛克:《大洋传送带:发现气候突变触发器》,西安:西安交通大学出版社,2012 年。

❷ John M. Wallace & Peter V. Hobbs, *Atmospheric Science: An Introductory Survey*, New York: Academic Press, 2005.

❸ Edward S. Sarachik & Mark A. Cane, *The El Niño-Southern Oscillation Phenomenon*, Cambridge: Cambridge University Press, 2010.

❹ F. W. Taylor, *Elementary Climate Physics*, Oxford: Oxford University Press, 2005.

人类进化：
人类的起源与迁徙

金力	中国科学院院士，复旦大学校长
主要研究方向	群体遗传学、表型组学、计算生物学、分子流行病学
代表著作	在 Nature、Science、Cell、American Journal of Human Genetics、PNAS 等学术刊物发表论文500多篇，《Y染色体与东亚族群演化》（合著）、《中华民族遗传多样性研究》（合著）等。
主讲课程	人类进化

谭婧泽 | 复旦大学生命科学学院副教授

主要研究方向 | 体质人类学

代表著作 | 《中国远古开颅术》(合著)、《中国西北地区古代居民种族研究》(合著)、《宁夏古人类学研究报告集》(合著)等。

主讲课程 | 人类进化

李辉 | 复旦大学生命科学学院教授

主要研究方向 | 分子人类学、历史人类学、语言人类学

代表著作 | 《人类起源和迁徙之谜》(合著)、《Y染色体与东亚族群演化》(合著)、《来自猩猩的你》等。

主讲课程 | 人类进化

复旦大学现代人类学教育部重点实验室曾于2010年拍摄过一部宣传短片,其中的一小段介绍很好地概述了"人类进化"课程的中心内容,就将这段简介作为本文的开篇语:"我们从哪里来?要往哪里去?对于人类的来历,人们孜孜不倦地问了数千年。到了今天,人类起源之谜依然是世界十大科学问题之一。人类学,追踪人类发展的自然历史,探索人类的未来。在这个学科的百多年发展历程中,古往今来的众多群体被记录、剖析、比较,归纳总结出一条条人类形体和文化发展的规律。与地球上的所有物种一样,人类也只有一个起源,古老的非洲大陆是全世界人类的发源地。一百多万年前直立人走出非洲,来到欧亚大陆的各个角落。来到东亚的直立人演化成了北京猿人,北京猿人化石在70多年前被发现,之后的60多年中人们一直认为东亚今天的人群是北京猿人的后代,直到1987年'夏娃学说'的提出,发现现代人类是大约数万年前重新走出非洲的人种,学界开始怀疑中国人也是这个数万年前'出非洲'人群的后代,而与五十多万年前的北京猿人无关。1998年复旦大学人类学组通过大规模的基因调查,终于一步步地证实了这个怀疑。"

距今约6500万年前,一场巨大的灾难(陨石撞击地球说、火山爆发说)造成了地球上大量生物灭绝,称为白垩纪-第三纪灭绝事件。那次生物大灭绝后,地球进入了新生代,生物界发生了天翻地覆的变化,爬行类动物特别是恐龙大规模灭绝,而哺乳类和鸟类动物开始兴盛,灵长目最原始的生灵树鼩也在此时期出现。灵长目兴盛后,繁衍出狐猴、懒猴、跗猴、阔鼻猴(新大陆猴)、狭鼻猴(旧大陆猴)和人猿总科等很多类型。2000—1800万年前长臂猿祖先与人类祖先分道扬镳,最早的人科成员森林古猿广泛分布于欧亚非大陆,成为现代大猩猩、黑猩猩和人类的共同祖先。1600—1200万年前猩猩祖先与人类祖先分离,800—600万年前大猩猩祖先与人类祖先分离,

600—500万年前黑猩猩祖先与人类祖先分离，现生黑猩猩与人类共享了大约99%的基因序列，是我们人类最近的亲戚。

大约700万年前灵长类开始真正步入了"人"的时代——人族，这是人类进化系统中的起源阶段，这一时期开始的标志是渐渐习惯性两足直立行走（Habitual bipedalism），先后出现有图迈人属、千禧人属、地猿属、南方古猿属、平脸人属、傍人属等，大多数人族成员演化为人类进化树上的旁支，只有南方古猿中的一个类型最终向真正的人属方向演化。距今约260万年前出现了人属（真人属）成员，人类进入了进化系统中的独立发展阶段，这一时期完成的标志是制造石制工具、脑量扩大、意识和语言开始萌发。距今约200万年前的直立人具有了有耐力的长跑（endurance running）能力，这是人类独有的特征及高度进化的结果。这一能力也促使直立人上演了"出非洲"的运动，逐步由非洲扩散到欧亚大陆，成为欧亚大陆上最早的古人类。火的使用，不仅提高了热量和蛋白质的吸收，也使得直立人能够在欧亚大陆寒冷黑暗的冬季较长时期地生存下来。

大约100万年前人类进化到了智人阶段，智人是人属中唯一有现生种的物种。海德堡人化石是迄今发现的最古老的智人化石，研究认为海德堡人在非洲形成后向欧洲扩散。欧洲海德堡人是尼安德特人的祖先，而亚洲的古老型智人也可能是由非洲的海德堡人向东亚地区扩散演化而成。欧洲及亚洲中西部的尼安德特人生活在距今约30—3万年前的冰河时代。亚洲的丹尼索瓦人与尼人属于几乎同时代的古老型智人。大约20万年前，非洲的古老型智人发生了基因突变及体质形态的变异，演化成为现代智人，又称解剖学上的现代人（Anatomically modern humans），在形态特征上与现生的人类非常接近。古基因组学和古蛋白组学研究发现，尼人、丹人和现代智人曾经在非洲有过共同的祖先，在大约60—80万年前分离，尼人的祖先走出非洲来到西亚，扩散到寒冷的欧洲及亚洲中北部地区，丹人的祖先则到达东亚和北亚地区。不幸的是，欧洲的尼人和亚洲的丹人在多舛巨灾带来的末次冰期以及现代人技术发展和地理扩张等多重打击下，最终走向了灭绝,仅有非洲的现代智人幸存了下来。现代人追随着前人的脚步在约 7 万年前再一次上演了"出非洲"的迁徙史诗,长途跋涉来到欧洲和亚洲,占领了大部分冰川期的无人区,取代了欧亚大陆上曾经的原住居民尼人和丹人,从而成为那里的新主人。现代智人翻山越岭跨江越海不断迁徙扩张,最终到达前人未曾涉足过的地域——美洲、澳洲及太平洋各岛屿等地,演化发展出世界各地理区域形形色色的现代人类。

分子生物学研究发现,现代人在扩张的过程中曾与尼人和丹人相遇且发生了基因上的交流,使得尼人和丹人的极少量基因(1—6%)遗留在我们现生人类的身体里,而尼人和丹人遗留给现代智人的基因变异,今天依然在我们的身体里起着重要的生理效应,二型糖尿病、抑郁症、尿路感染、过敏和溃疡等这些现代人类常见的疾病,据说都是由尼人和丹人遗传下来的。大约 1.1 万年前人类步入新石器时代,农业的产生是人类历史上的一次巨大革命,现代人类丰衣足食导致人口急速扩张。尤其是近代工业革命爆发后,人类发明了各种机器,进一步促进人口数量剧增。现代信息化时代，人类文明已经发展到了一定的高度，如今人口膨胀已将近 80 亿，人类利用和消耗自然资源也达到了前所未有的程度。控制人口数量、优生优育、节约资源、保护环境、走可持续发展道路，将是人类未来发展的基本策略。

过去的和现在的各种人类曾经在地球上繁衍生息，造就了丰富多彩的体质形态和语言文化。但是并非所有的远古人类都有幸发展成为现代智人，只有其中的一支幸存下来，而更多的人类都成为人类演化树上的旁支，淹没在人类历史的长河中。目前地球上生活的所有各色人群都能追溯到同一个母系祖先，20万年前曾经生活在非洲的无数女性中最幸运的一个——"夏娃"，在无数随机和必然的进化作用下，只有她的线粒体还保留到现在。这个共同母亲"夏娃"的后裔经过长途跋涉扩散到世界各个角落，为了适应不同的气候环境演化出了不同容貌特征的现代人类，尽管我们各地区的人类肤色各异长相不同，但我们的脑容量大小一致，脑结构一样精细而复杂。

我们从哪里来？要往哪里去？化石、基因、体形、考古、生态、语言、历史、社会、文化等多学科合作与交叉研究，为我们讲述着人类起源与迁徙的故事。特别是基因技术的参与，使人类的演化历史脉络和人群的迁徙路线更加清晰明了。在未来，我们人类将应该怎样去对待自然，怎样与其他动植物相生相栖，各地区各色人群又将如何更好地相互扶持共同发展下去？这些是值得我们这些有幸生存下来的人类好好思考的问题。拯救自然就是拯救人类自身，保护动植物就是保护人类自己。正确认识人类历史与种族地理差异，反对宣扬种族优劣的种族主义，有助于促进人类社会的和谐，也有助于推进医学等相关科学的发展，促进人类社会的共同繁荣昌盛。

刚刚公布的2022年诺贝尔生理学与医学奖，正是奖励给瑞典科学家、古人类进化遗传学领域的权威斯万特·帕博（Svante Pääbo），以表彰他在已灭绝古人类基因组和人类进化方面的发现及贡献。

进一步阅读书目:

❶ 李辉、金力:《Y染色体与东亚族群演化》,上海:上海科学技术出版社,2015年。

❷ 李辉、金雯俐:《人类起源和迁徙之谜》,上海:上海科技教育出版社,2020年。

❸ 周国兴:《人之由来》,谭婧泽、金力编,上海:复旦大学出版社,2023年(即出)。

进化思维：
洞悉宇宙、生命、社会的
关联性和复杂性

杨继	复旦大学生命科学学院教授
主要研究方向	植物系统发育和进化研究
代表著作	《植物生物学》（主编）、《植物进化生物学》（主编）等
主讲课程	生命进化论

发生于 138 亿年前的一次"大爆炸"拉开了宇宙演化的序幕，在经历了快速膨胀和冷却之后，各种基本粒子形成了，由此奠定了宇宙发展的物质基础；物质聚集形成类星体、恒星和星系，包括始于 46 亿年前的太阳系的形成和演化，由此导致生命的摇篮——地球的诞生。

40 亿年前，地球稳定地壳的形成为生命的起源和演化提供了先决条件，迄今发现的最早的生命化石出现于约 38 亿年前。尽管地球上的生命是如何发生的至今仍是科学界悬而未决的谜题，但在近 40 亿年的发展史中，地球上的生命不仅经历了从无到有、从少到多的发展过程，而且伴随着生物多样性的增加，复杂性也不断提升：从单细胞原核生物，到多细胞真核生物，直至具有意识的智慧人类的诞生。

由发达的大脑催生的认知革命让人类从芸芸众生中脱

颖而出，借由认知革命引发的科技革命持续改变人类的生存和生活方式，驱动形成不同的社会关系和协同架构，推动从早期的农耕社会向工业社会、信息社会、智能社会的转型和发展，开启了人类文明进步和基因与文化协同进化的历史纪元。

宇宙、生命和社会是由不同层次、不同类型组分相互作用构成的持续演变的体系，它们组成一个发展与联系的自然阶梯，遵循自上而下的等级秩序，跨越不同时空尺度；生命只是宇宙的一个有机体组分，社会仅是人类存在的一种方式。

达尔文在其划时代的巨著《物种起源》中阐释了生命演化发展的历史过程和驱动力，强调自然选择对生物由少到多、从简单到复杂的促进作用。然而，这种从简单到复杂、从无序到有序的动态变化并非生命现象所特有，从微小的基本粒子到漩涡状的天体星系、从与生命存续密切相关的地球环境到由人类文明牵引的社会形态无一不随时间的推移发生由小到大、由简入繁的动态变化过程，并不断涌现新的层级结构。

宇宙、生命和社会本质上都是由自适应主体集合形成的复杂适应系统（Complex Adaptive System），尽管组成系统的主体类型和层次不同，但系统内的主体都在与环境以及其他主体交互作用的过程中，不断地"学习"和"积累经验"，并且根据学到的经验调整自身状态和行为方式，以争取最大的生存和延续利益；不同主体间非线性相互作用的耦合则导致在既有结构基础上生成新的、更高层次的结构，聚合形成更大的主体，促进系统变迁和复杂性提升。

在宇宙的历史进程中，不仅仅生命在进化，各种物质和结构都在随时间进程发生世系变迁，生命进化只不过是宇宙演化的一个子集，其发端于此前的物质进化，并衍生出更高层次的社会文化的进化，它们是宇宙演化的组成部分，体现宇宙演化的阶段性特征，自然、有序且永无止境。

达尔文进化理论揭示了人类与地球上其他的生命形式并无本质差异，宇宙演化理论则告诉我们地球上以及组成我们身体的物质与天体星系中的物质本质上也是相同的。

分析从大爆炸到人类文明发展的历史，探讨万物生存和演化的自然规律，不仅有助于我们追寻物质的本源以及人类的真实属性及其历史缘由，而且引导我们思考：宇宙中是否存在共通的力量在支配不同系统动态变化的过程，并维系全部系统的结构和功能？自然选择是否是驱动生命进化的唯一动力？

运用复杂适应系统模型分析宇宙、生命和社会层级结构与秩序的生成机理，揭示了"适应性造就复杂性"的系统演化机制，明晰了个体适应性发展与系统复杂性提升的内在联系，同时也促进我们针对复杂系统永恒变化、需要不断适应的特点，强化"以万变求不变"的进化意识，知形用势，把握生存竞争与合作共赢的博弈之道，争取利益最大化。

宇宙、生命和社会都是随时间而变化的动态系统，都具有多解性、不确定性、自组织临界性等非线性变化的特征。直面由偶然与必然因素共同造就的混沌系统的内在随机性，感知在貌似无序的表象下存在的多样、复杂、精致的结构和丰富的动力学规律，不仅能帮助我们更准确地理解自然、生命和社会多样性发生的根源和动因，而且有助于我们在认知层面更好地把握事物发展精准性与不确定性的依存关系，更清醒地认识不同系统进化"产物"存在的合理性。

进化是研究过去的科学，但不仅如此；了解进化，有助于认识现在，把握未来！

进化是研究生命的科学，但不仅如此；进化是连接自然科学、社会科学和认知科学的桥梁！

用进化的眼光看世界，通过了解宇宙、物质、生命、人类、心灵和社会的发展历史，体验生与死、存续与灭绝、混沌与秩序、竞争与协同、先天与后天、偶然与必然的冲撞和交融，感悟生命的逻辑和以万变求不变的进化内涵，有助于培养科学自然观和进化思维。

从复杂系统自适应演化的角度去理解宇宙、生命和社会进化的关联性与复杂性，运用进化思维分析自然和社会环境的流变态势，将有助于我们在适应和发展过程中，更好地把握个人与社会、人类与自然协同发展和合作共赢的关系，识势明理，顺势而为，努力使自己发展成为最好版本的自己,同时也为社会繁荣和发展做出自己的贡献。

"美好的未来是进化之鉴对于今天人类的真正意义所在!"

进一步阅读书目:

1. 弗图摩:《生物进化》,葛颂、顾红雅等译,北京:高等教育出版社,2016年。
2. 埃里克·简森:《宇宙简史》,熊况译,上海:上海科学技术文献出版社,2008年。
3. 里斯·布斯克斯:《进化思维:达尔文对我们世界观的影响》,徐纪贵译,成都:四川人民出版社,2014年。
4. 塞缪尔·阿贝斯曼:《为什么需要生物学思维:洞悉复杂世界的思考方式》,贾拥民译,成都:四川人民出版社,2019年。
5. 克劳斯·迈因策尔:《复杂性中的思维:物质、精神和人类的复杂动力学》,曾国屏译,北京:中央编译出版社,1999年。

生态学：
管理大自然的经济学

赵斌	复旦大学生命科学学院教授
主要研究方向	温室气体通量监测、环境遥感、生态环境大数据、生态信息学与生物多样性信息管理等
代表著作	《疲惫的地球》《生物多样性信息管理概论》等
主讲课程	生态学：管理大自然的经济学

生态学这个术语，大家都耳熟能详，几乎人人都在谈论生态学，大家都知道，这门学科与环境保护和可持续发展科学密切相关。从幼儿园开始，小朋友可能就开始参加各种野外训练营和自然教育的课程，到了小学、中学，各种时事教育，也不断在向同学们灌输有关大自然和环境保护的认识——相同的内容几乎在生物学和地理学中介绍，这还不包括类似语文、英语等阅读理解类教学所选择的相关素材，物理、化学以及思政类课程，依然将生态学与环境科学的知识作为这些课程的重要扩展内容。相关知识点在介绍中，以"是什么"为主，而鲜有涉及"为什么"的，促使学生主动思考"怎么办"的，更是稀少。

如果一个知识总是重复讲授，而又没有让学生进行足够的思考，或者换一个新的角度重新认识，反而会让学习者感觉厌烦而对学习内容本身产生抵触。

生态学并不属于一门古老的学科，只是刚刚走过了一百年历史，本身又在快速发展，可以肯定的是，前一百年的生态学和未来要面对的生态学问题是不一样的。正如时任英国生态学会理事长的梅斯教授在其学会百年华诞纪念活动上所说：由激情和紧迫感所刻画的保育科学正面临着在一定科学基础上的转化要求……如果生态学想解决全球性问题，那么它就必须进化。

美国生态学会也在其一百周年庆典上提出，下一个世纪的生态学不仅仅要探索尽在掌握的知识，还要想想如何绘制下个世纪的蓝图，包括人类的维持，以及改善与地球上赖以生存的其他生命世界的关系。总体上来说，社会越来越需要生态学家提供一些信息，既针对特定问题、特定地点和时间，同时还具有预测性、规范性和扩展性。这显然是一个全新的认识，但是我们的生态学相关教材和科普课程，并没有跟上这样的变化。

现代生态学涉猎面广，交叉学科众多，研究内容同人类生活息息相关，倡导以跨领域思维解决问题，是一门适合进行科普和科学教育双向尝试的学科。同时，生态学科现今的发展、对数据和信息的需求也亟待全社会的参与，更需要参与者具备一定的科学素养。因此，开设这门课，希望尽量改变人们对生态学的古板认识。那么，这种改变就从课程名称开始，这就是本课程名"生态学：管理大自然的经济学"的由来。

生态学与经济学本来就是同源词。在生态学理论的支持下，发展出了一个应用性更强的学科——环境科学。在过去几十年里，环境科学倍受重视，而生态学本身却受到冷落。现在，我们采用这样的课程名称，就是希望能体现出其原始含义中所强调的关系：投资与博弈。生态学探讨生物与其环境之间的相互关系，这可以看作是一种生物的投资行为，强调投资中的权衡。如果说经济学是人类或者社会的投资行为，也强调投资中的权衡，是不是就比较容易理解了？对于生物来说，这种权衡就包括：获取的能量是用于生长还是繁殖？散居更自由、可以独享，但也容易遭遇危险，而集群则相反，可见散居和集群是一种权衡。另外，生物在取食的时候可能面临危险，有时候利他的行为，最终对自己也有好处，所以还有取食与危险的权衡，利己与利他的权衡。这种权衡思维，无疑也是我们解决许多社会、经济问题时所不可或缺的。从这个层面上来看，生态学就可以看作是一门管理学。所以说生态学是管理大自然的经济学，也正在变成管理社会的学问之一。从通识教育来说，这个角度是一个非常好的切入点。

2013 年，美国教育工作者公布了对理科课程的修改方案，建议在课堂教学中引入两个具有高度影响力的话题：气候变化和进化。这是第一次将气候变化纳入教育标准的国家指导方针。虽然在美国，许多学校都已开始教授气候变化相关内容，但这个话题对许多教育工作者来说还是令人生畏的，因为这门课程需要讲授生物学、物理和化学等方面的问题，虽然只涉及相关学科的一小部分问题，但却包罗万象。

针对生态学知识的多学科交叉现象，我们往往会强调以"通过综合思考解决多重矛盾"为导向。比如，许多环境问题是由区域发展不均衡造成的，因此造成局部贫困，或者以牺牲环境利益为代价；要减少贫困问题，必须同时考虑食物供应、水、能源以及提供有酬工作机会等诸多方面。而要达到食品安全目标,农业体系和行为就不但要支持农民生产出足够的食物以满足人们的营养需求,还必须通过诸如防止水土流失、依靠高效氮肥和磷肥等方式保护自然资源。综合思考解决多重矛盾,这是一种全新的教学理念,课程内容也必须是全新的、综合的。要达到综合思考的目的,必须让学生在课程学习过程中能迅速理解其他相关学科的一些基础知识,借助其他学科的一些知识点的精华汇集,自行分析有关生命、社会与经济领域的交叉问题。所以,课程所传递的知识,除了传统的生态学知识,还有许多与现代科学技术相结合的探讨,比如生态学大数据与公民科学、区块链与生态系统服务价值、人工智能在生态学中的应用这样的话题。又如,生态学与经济学之间不可调和的矛盾问题,正如大家所熟知的,就是因为以人类为中心,特别是以当代人的利益为中心——有关这方面的话题,我们的课程不再老生常谈地展开讨论,而是换了一个新的角度。我们对经济学的理解可能需要更新,因为我们目前在衡量经济问题的价值取向时可能出现了偏差,这一偏差进而对我们地球的生态系统可持续发展产生极大困扰。所以，其实这里需要解决的问题是重塑我们的价值观：生态系统是价值的创造者，但这些价值却还没有融入我们的经济体系中；市场投机行为并没有真正创造价值，这些行为所制造的伪价值正在破坏我们的世界。那么，要解决这个矛盾，区块链技术有望颠覆传统商业模式，打通自然与经济、社会之间的联系。我们的课程从这样一个视角为学生进行了畅想。

进一步阅读书目：

1. 麦肯齐：《生态学》，孙儒泳等译，北京：科学出版社，2004年。
2. 汉纳：《气候变化生物学》，赵斌等译，北京：高等教育出版社，2014年。
3. Julie K. Casper：《变化中的生态系统：全球变暖的影响》，赵斌等译，北京：高等教育出版社，2012年。
4. Robert E. Ricklefs, *The Economy of Nature*, New York: W.H. Freeman and Company, 2008.

医资可鉴：
历史上的医学、社会与文化

高晞 | 复旦大学历史学系教授

主要研究方向 | 中国近代医学知识转型与中外医学文化交流史

代 表 著 作 | 《医学与历史》《德贞传：一个英国传教士与中国医学近代化》等

主 讲 课 程 | 医学的社会文化史

由历史的角度考察医学、社会和文化的关联,是为了厘清从古代到现在,人类是如何探索生命的本质和身体的构造的,梳理东西方医学发展的历史进程和关键性阶段,了解医学发生、发明与进步中的思想演变、代表人物、关键性社会文化事件,人类认识疾病、对付疾病的科学历程,探讨技术革命、医疗器物乃至艺术对医学进步的影响。

现代医学技术发展的目标是给人类创造安全健康的生活方式,提高我们的生命质量。当代人在享受高科技带来的新生活、医学生在追随日新月异的医学发明和科技更新时,会发现传染病依然可以突袭人类,疫情蔓延会导致全球危机。现代生活中依然盛行的"迷信"行为和观念,在医学科技高度发达的今天,这些令人疑惑的现象需要从"医学"的起源中寻求答案。从本质上而言,医学是历史的，现代医学知识体系的建立及其特征要从历史角度去观察与分析。比如，古希腊医生对付疾病的方式，中世纪修道院内的医院为何被称作是现代医院的前身；再比如，已被世人遗忘的阿拉伯医学和印度医学，曾经主宰和影响着世界医学的发展，这些已被现代医学淘汰的传统医学体系对文艺复兴欧洲科学兴起有着不可估量的作用。

现代西方医学起源于古希腊，并尊希腊医生希波克拉底为医学之父，这已在医生和医学史学者间达成共识，但是希波克拉底却是通过医学史研究，在分析与批评"古代医学"的理论和实践基础上构建他的医学思想，古希腊时期，并没有"医学"的术语，医学家和自然哲学家将之称为一种"艺术"（healing arts），医学的范畴局限在医生、病人和疾病三个方面，治疗疾病的主要手段为"自然力"。我们现在使用的英文"medicine"一词迟至 13 世纪正式才出现，该文来自古法文 médecine，法文是从拉丁文 medicīna 借鉴而来，拉丁文的原意是 medicus，意指"医生"，13 世纪中叶，"医学"一词包含了治疗技术、医药、药物管理、疗法，以及医生诊所、外科学、门诊治疗等，其内涵远远超出古希腊医生的知识范畴，尤其是容纳了药物学的使用与管理的内容。至14世纪中叶，"医学"的词义涵盖了实践、理论、治疗学研究、减轻或预防人类疾病等内容，开始呈现出近代医学体系的基本特征。但"医学"一词的广泛使用要迟至17世纪中叶，即当西方医学全面步入实验科学为主的近代世界，之前，科学家还习惯以"physick"表述医疗技术。作为近代医学科学发展的产物，医学史是随着医学进步而产生的一门新型学科，它与近现代医学教育紧密地结合在一起，是西方医学院学生的基本学科之一。

古代病理学的研究结果明确告诉我们，疾病与地球上的生命几乎是同时出现的，它是人类文明前行中形影相伴的同道者。专家们在古生代的动物身上发现有龋齿和寄生虫病。金字塔内封存了4000年的木乃伊也透露出古埃及曾有过类似血吸虫的寄生虫病流行的事实。疾病从古至今都和我们"形影不离"，疾病的历史与人类历史一样悠久而丰富复杂。但是，疾病不仅仅是医学的问题，21世纪以来，科学史和医学史学者注重考察影响医学进步和导致疾病产生的社会、政治、经济、军事、自然环境乃至哲学和宗教信仰等诸种因素。医学人类学的兴起与医学文化的多样性研究、由性别学角度研究女性医生的历史地位,使研究者的视野拓展至人文科学和社会科学领域。医学史研究的人文导向,促使疾病史的研究考虑文化种族、宗教传统、家庭生活等社会文化因素,疾病的多元文化建构,医疗体制、医患关系、疾病观念等现实命题被纳入研究者的视野,形成医疗社会史研究的新趋向。比如,考察历史上的社会习俗和文化环境与疾病间的关系,思考疾病的文化隐喻和疾病的社会学定义,关注现代遗传学和新型药物以何种方式重新塑造了我们的自我意识,公共卫生概念如何改变我们的生活方式,生物医学的研究成果如何影响国家卫生管理制度,而且医学社会文化史的研究导向会更关注病原体的转移、演化与社会变迁、文化偏好、生态环境,甚至是更细微的生活方式之间的关系,以揭示疾病与全球化之间的互动及影响。公共卫生安全是人类面临的共同挑战。

由历史考察,东西方医学均起源于对生命哲学的思考，治疗手段和思路与民间宗教信仰有着天然的关联，但是东西方医生对同一种疾病的解释和处理却大相径庭，如何回答这些问题，需要从医学经典中寻找答案。比如通过直接阅读《希波克拉底文集》，理解西方古典医学理论——四体液学说，以此理解希腊医学的精髓；通过研读哈维《心血运动论》，了解近代实验科学思维的创建过程和建构模式；通过阅读《黄帝内经》可以探讨能否以实验科学标准去衡量与评判中国传统医学，梳理现代医疗观念与传统的技术间的关联。以此评判与甄别历史上的巫术和现代生活中的"迷信"。

长期以来，我们在考察医学文化发展的历史时，习惯性地将中西医学分开讨论，似乎中国医学是脱离于世界文明发展轨迹而形成独立的医学模式，这种思路基本忽略了中国医学对世界医学的贡献，也无视了中国医学积极汲取其他民族和国家的医学优势以完善中国医学的历史特性。若是从全球史视野出发，就要打破原来医学史中"中国医史"和"世界医史"分裂的传统叙事模式，中国医学与西方医学将放在同一个纬度探讨，注重东西医学知识体系建构中的相似性与互动性,寻求人类对生命认知的最本质的东西,发现东西方的医学思想和伦理价值观在某些方面存在的一致性和共同性,探讨不同文明圈之间的医学文化交流对话。比如"西方医学"在欧洲不同国家所表现出的区域性特征,西方医学在非欧洲地区传播时受到地方文化影响而产生的新型知识体系、形成各具特色的卫生管理体制等等。

医资可鉴。通过原著阅读,学生可以在与古人对话中把握不同时期的医学思想,从思想文化史角度整理探讨医学与哲学、医学与宗教信仰的关系,分析历史上医学理论的哲学基础、不同医学观念的文化特征,思考传统医学理论、伦理思想和医疗技术在现代社会的价值和意义。从社会与文化学的角度考察医学的发展历程,目的并不是总结"过去"的成就与辉煌,而是为了"理解我们今天生活的世界",希望这能成为帮助医学生乃至医生了解科学、医学和社会文化之间关系的重要途径。

进一步阅读书目：

❶ 高晞主编:《医学与历史》,上海：复旦大学出版社,2020年。

❷ 马克·霍尼斯鲍姆:《人类大瘟疫：一个世纪以来的全球性流行病》,谷晓阳、李瞳译,北京：中信出版社,2020年。

❸ 贾雷德·戴蒙德:《枪炮、病菌与钢铁》,谢延光译,上海：上海译文出版社,2000年。

❹ 陈方正:《继承与叛逆：现代科学为何出现于西方》,北京：生活·读书·新知三联书店,2009年。

❺ 约翰·V.皮克斯通:《认识方式：一种新的科学、技术和医学史》,陈朝勇译,上海：上海科技教育出版社,2017年。

哲学家为何要对
人工智能产生兴趣？

徐英瑾 | 复旦大学哲学学院教授

主要研究方向 | 人工智能哲学、认知科学哲学、知识论、维特根斯坦哲学、当代日本哲学等

代表著作 | 《语言、心智和机器：维特根斯坦哲学和人工智能科学的对话》《人工智能哲学十五讲》《用得上的哲学：破解日常难题的 99 种思考方法》等

主讲课程 | 哲学视野中的人工智能

有的读者或许会问：人工智能难道不是理工科的话题吗？既然哲学乃是人文学科的一部分，哲学工作者又有什么资格对科学问题插嘴呢？

对于哲学家是否有资格对科学问题插嘴，作为科学哲学与西方哲学的双料研究者，笔者觉得自己的确有话要说。我承认：并非面对所有理工科问题，哲学家都有话要说。譬如，关于"歼-20战斗机为何用鸭式布局的形体"这个问题，哲学家就不会发言，至少不会以哲学家的身份发言（以资深军迷的身份发言则可能是被允许的，但这一身份与哲学家的身份并无本质联系）。然而，关于"进化论是否能够沿用到心理学领域""量子力学的本质到底是什么"这些科学家自己都未必有定见的问题，心理学哲学、生物学哲学与物理学哲学当然有话要说。如果有人不知道这些具体的科学哲学分支的存在的话，那么，则是他本人的责任,而不是这些学科分支的责任。

按照同样的逻辑,关于人工智能的问题,哲学家当然也可以发言,正如物理学哲学家可以对基本物理学发现的意义进行追问一样。具体而言,在人工智能学界,关于何为智能的基本定义目前都没有定见,而由此导致的技术路线分歧则更是不一而足。在这种情况下,就此多听听哲学家关于此类问题的见解,恐怕也没有啥坏处。

有人或许会反问:哲学家们连一行程序都不会写,为何要听哲学家的?

对这个疑问,如下三个回应足以将其驳倒。

第一,你怎么知道哲学家都不会写程序?比如,知识论研究领域的一位重磅学者波洛克(John L. Pollock)就曾开发了一个名为"奥斯卡"的推理系统,相关研究成果在主流人工智能杂志上都发表过。再比如,今天在英美哲学界名声赫赫的心灵哲学家查尔莫斯(David Chalmers)是印第安纳大学布鲁明顿分校的人工智能大专家侯世达(Douglas Richard Hofstadter)的高足,以前也和老师一起发过很多人工智能领域内的专业论文,难道他竟然不会写程序？

第二，难道一定会写程序才是能够对人工智能发表意见的必要条件？作为一种底层操作，写具体的代码的工作，类似于军队中最简单的射击动作。然而，大家请试想一下：汉高祖刘邦之所以能够打败西楚霸王项羽，究竟是因为他有知人善用的本事呢，还是因为他精通弩机的使用？答案无疑是前者。很显然，哲学之于人工智能的底层操作，就类似于刘邦的战略思维之于使用弩机之类的战术动作。

第三，人工智能涉及的核心前提性问题——何为智能？——本身就是一个哲学问题。对于这个问题的不同解答方案（比如，智能的本质乃是智能的物理实现方式，或智能的本质乃是智能体输出的行为，或智能的本质乃是某种抽象的功能）本身就是植根于不同的哲学理论的（如还原式物理主义、行为主义、功能主义等等）。人工智能的工作者不能不在预设相关哲学理论的前提下进行工作——而职业的人工智能哲学专家的任务，则是通过反思挖掘这些前提，并对这些前提的合理性进行深入的讨论。至于这种讨论的必要性,则植根于如下事实——目前各种不同路向的人工智能研究的基本哲学前设之间差距实在过于显豁,这就必然会倒逼学界去认真协调这些前设之间的逻辑关系。而有鉴于哲学乃是人类学科体系中已知的描述层次最为抽象的学科,能够进行这些协调的学科,除了哲学之外,还能找到别的选项吗?

有的读者还会说:纵然我们承认"人工智能哲学"现在是一个在哲学内部被承认的学术分支,这又如何?譬如,主流的人工智能哲学专家之一德瑞福斯(Hubert Dreyfus)就是一个如假包换的海德格尔(Martin Heidegger)哲学的粉丝,而海德格尔哲学的描述云山雾罩,毫无算法说明支持,以这样的哲学为基础再建立一种人工智能哲学的理论,难道不是在卖狗皮膏药吗?

对于这一点批评,笔者的意见是:虽然作为英美分析哲学研究者,笔者本人有时候也的确对海氏的晦涩表述方式感到抓狂,但在我能够看懂他的论述的限度内,我并不怀疑海氏哲学肯定说出了一些非常重要、非常深刻事情。换言之,在我看来,只要能够将海氏哲学思想"翻译"得清楚一点，他的洞见就更容易被经验科学领域内的工作者所吸收。从这个角度来看，德瑞福斯先生在重新表述海氏哲学方面所做出的努力，乃是吾辈相关"翻译"工作的重要思想伴侣。

那么，到底该怎么来做这种"翻译"呢？下面我就来举一个例子。概而言之，海氏现象学的一个基本观点是：西方哲学传统关心的是"存在者"，而不是"存在"本身。而他自己的新哲学要重新揭露这被遗忘的"存在"。我承认这是海的"哲学黑话"，不经解释的确不知所云。但它们并非在原则上不可被说清楚。所谓"存在者"，就是能够在语言表征中被清楚地对象化的东西。比如，命题、真值、主体、客体都是这样的存在者。而"存在"本身，则难以在语言表征中被对象化，比如你在使用一个隐喻的时候所依赖的某种模糊的背景知识。你能够像列举你的十根手指一样，将开某个玩笑时的背景知识都说清楚吗？在背景知识与非背景知识之间，你能够找到清楚的界限吗？而传统人工智能的麻烦就在这里。人类真实的智能活动都会依赖这些说不清楚的背景知识，而程序员呢，他们不把事情说得清清楚楚，就编写不了程序。这就构成了人类的现象学体验与机器编写的机械论预设之间的巨大张力。

有人会说：机器何必要理睬人的现象学体验？人工智能又不是克隆人，完全可以不理睬人是怎么感知世界的啊？对这个非常肤浅的质疑，如下应答就足够了：我们干嘛要做人工智能？不就是为了给人类增加帮手吗？假设你需要造一个搬运机器人，帮助你搬家，那么，你难道不希望他能够听懂你的命令吗？——譬如如下命令："哎，机器人阿杰啊，你把那个东西搬到这里来，再去那边把另外一个东西也拿过来。"——很显然，这个命令里包含了大量的方位代词，其具体含义必须在特定语境中才能够得到确定。在这样的情况下，你怎么可能不指望机器人与你分享着同样的语境意识呢？你怎么能够忍受你的机器人是处在另外一个时-空尺度里的怪物呢？既然这样的机器人必须具有与人类相似的语境意识，由海氏哲学所揭示的人类现象学体验的某些基本结构，难道一定意义上不也正适用于真正意义上的人工智能体吗？

需要指出的是，海德格尔绝非是唯一会在本课程中出现的西方哲学大牛。别的大牛还包括福多（Jerry Fodor）、塞尔（John Searle）、前面提到过的波洛克，还有国内学术界很少谈论的日本哲学家九鬼周造。但这些哲学家并不是本课程的真正主角。本课程的真正主角，毋宁说是这样三个问题：

第一，现实评估之问：目下的主流人工智能，算是通用人工智能吗？

第二，伦理维度之问：研究通用人工智能，在伦理上是利大于弊，还是弊大于利？

第三，路线图勾画之问：我们该如何逼近通用人工智能？

无论对于这些问题的答案是什么，笔者是不可能赞成如下三个针对这些问题的答案的（尽管目前这些观点在媒体界与商界的确得到了反复的鼓吹）：

第一（针对我的第一问）：目下主流的人工智能，经由深度学习技术所提供的强大算力，会在某个不太遥远的时刻逼近通用人工智能的目标。

第二（针对我的第二问）：尽管通用人工智能技术可以通过目下的技术路线而达成，然而，该目标的实现会对人类社会构成莫大的威胁。

第三（针对我的第三问）：未来人工智能的主要技术路径，是大数据技术、5G环境中的物联网技术。

笔者认为以上三条意见都是错的，而且是那种哲学层面上的错误。（需要注意的是，当一个哲学家说某人"犯下哲学层面上的错误"的时候，他真正想说的是：嘿，老兄，你错得离谱了！）不幸的是，全球范围内关于人工智能的技术与资本布局，都多多少少受到了上述三种观点——尤其是最后一种观点——的影响。对此，我感到非常忧虑。

至于笔者对于以上三个问题的见解，则可以概括如下：

第一（针对我的第一问），目下主流的人工智能，即使得到了深度学习技术所提供的强大算力的支持，也不会在某个不太遥远的时刻逼近通用人工智能的目标。毋宁说，基于如下理由，深度学习技术本身很难成为真正的通用人工智能的核心技术：（甲）此种技术对于训练数据在数量上的要求无法使得其适应于缺乏训练数据的应用环境；（乙）将不同深度学习模块整合成为通用人工智能技术，需要宏观的顶层设计，而对于此类设计，学界目前依然缺乏充分的理论研究；（丙）大数据技术对于训练数据的贪婪，是基于这种技术的基本特征的，因此，大数据技术在其技术本性上就对用户的数据隐私权构成了威胁。故而，这就是一种带有"伦理原罪"的技术。

第二（针对我的第二问），且不论通用人工智能的目标是否能够得以迅速达成，也不论达成此目标的路径是否是基于深度学习的，在假设该目标得以设想的前提下，我们不能先验地断定此类技术一定会给人类带来毁灭性的伦理后果。做出这种判断的核心理由有：（甲）真正的人工智能主体将自动产生自身的意图，而不同的人工智能体之间的意图之差距，将使得"所有机器人联合起来反对人类"的可能性被降低；（乙）人工智能的软件本身在不与强大的外部设备结合的情况下，不可能产生足以威胁人类的因果力量，而人类作为人工智能设备的设计者，有充分的机会阻止人工智能的软件与特定敏感设备与物质的结合;(丙)在星际探险与战争等特定领域,对于通用人工智能技术的使用也能够大大减少人类的死亡概率,以此提升全球的伦理水平。

第三(针对我的第三问),要实现未来的通用人工智能技术,其核心路径并非是大数据技术或5G环境中的物联网技术。毋宁说,未来的通用人工智能技术的主要特征是:(甲)这种技术是基于小数据的,因为能够从少量的输入数据出发做出判断与预测,恰恰是"智能"的题中应有之义;(乙)这种技术是"绿色的",因为一种不依赖大数据的信息处理技术,会立即带来能耗方面的环保优势;(丙)这种小数据技术是具有天生的伦理性的,因为对于大数据技术的回避会使得对于信息的"本地化处理"成为可能,由此在根子上断绝因为将数据上传到"云"所导致的泄露用户隐私的风险;(丁)这种技术本身也是天然具有跨学科色彩的,因为对于小数据信息处理技术的研究,在根底上无法不牵涉对于人类心智架构的信息处理架构的研究(我们知道,人脑本身便是以较小的能耗与信息获取量而获得大量高质量判断的优秀自然样本）。换言之，为这种技术提供基础的，必须是一种关于一般意义上的智能架构的理论，而在这种理论的指导下，我们就可以将机器智能视为它的一种应用特例。而不难想见的是，对于这种一般理论的勾勒，显然离不开哲学的视角的参与。

至于关于这三个观点是如何得到更具体的论证的，希望同学们能够从课程的研讨中找到相关的答案。

进一步阅读书目：

❶ 徐英瑾：《人工智能哲学十五讲》，北京：北京大学出版社，2021年。

❷ 徐英瑾：《用得上的哲学：破解日常难题的99种思考方法》，上海：上海三联书店，2021年。

❸ 徐英瑾：《语言、心智和机器：维特根斯坦哲学和人工智能科学的对话（修订版）》，北京：人民出版社，2021年。

文本创作的背后

从失意中探寻诗意：
陶渊明的人生与创作

杨焄	复旦大学中国语言文学系教授
主要研究方向	魏晋南北朝文学，兼及清代文学、近现代学术史、域外汉文学
代表著作	《明人编选汉魏六朝诗歌总集研究》《域外汉籍传播与中韩词学交流》《却顾所来径》《寻幽殊未歇：从古典诗文到现代学人》等
主讲课程	陶渊明精读

陶渊明在《饮酒》其五中写道"采菊东篱下，悠然见南山"，展现了静穆恬淡的日常情趣。可正如鲁迅在《题未定草》中所言，这种"飘飘然"仿佛不食人间烟火的形象并非诗人的全貌，一旦经过取舍抑扬，很容易就让人忽视他还有"金刚怒目"的另一面。后人追慕陶渊明的高情逸致，往往会不自觉地受到这类误读的影响，以为陶渊明自始至终都保持着超然洒脱的姿态。即便偶尔涉及他在归隐之前的仕宦经历，想来也主要聚焦于他"在官八十余日"（《归去来兮辞》）便毅然辞去的彭泽令任上。由于历代层累所造成的结果，陶渊明俨然已经成为隐逸不仕、孤高特立的象征。

实际情况究竟如何呢？《宋书》本传里说，渊明"起家州祭酒"，"复为镇军、建威参军"，最后才出任彭泽令。在出处行藏之际，他其实有过多次反复摇摆，时仕时隐,犹疑未决,前后至少有十年之久。其中"镇军参军"一职,是"镇军将军参军"的省称,历代研究者大多认为所谓"镇军将军"就是当时北府军的统帅刘裕。另据后人钩沉考校,在出任镇军将军参军以前,陶渊明至少还有两三年左右在权臣桓玄手下充当过僚佐。而无论桓玄还是刘裕,都是东晋末年呼风唤雨、颠倒乾坤的威权人物。桓玄自恃功高,曾悍然废黜晋安帝而自称为帝,刘裕旋即起兵征讨。随后桓玄兵败伏诛,刘裕又趁机独揽朝政,最终假托禅让而代晋建宋。这一系列瞬息万变、波谲云诡的政局变换,陶渊明非但亲眼目睹,而且极有可能不由自主地参与其中。

在绝大部分读者心里,恐怕很难接受陶渊明曾经先后效力于桓玄和刘裕这两位篡晋自立的乱臣的事实。但陶渊明本人对此并未讳言,在诗中屡有如实的表现,在桓玄手下任职时,既眷恋家居生活的悠游自在,感慨"静念园林好,人间良可辞"(《庚子岁五月中从都还阻风于规林》),又悲叹仕宦生涯的艰辛劳苦,自伤"怀役不遑寐,中宵尚孤征"(《辛丑岁七月赴假还江陵夜行涂口》);

随后转投刘裕麾下，在赴任途中就已经身心俱疲，深感"目倦川涂异，心念山泽居。望云惭高鸟，临水愧游鱼"（《始作镇军参军经曲阿作》）。显而易见，当他在权衡仕隐出处的利弊得失时，内心承受过极为漫长苦痛的煎熬，所以当归隐的愿望最终实现时，他才会深致慨叹，"误落尘网中，一去三十年"，"久在樊笼里，复得返自然"（《归园田居》其一），有如释重负的真切感受。

不过如愿以偿之后，窘迫的生计问题立刻就摆在面前。颜之推在《颜氏家训·涉务》中曾不无激愤地提到，永嘉南渡后士族日常均依赖俸禄谋食，从未有过下田耕作的经验，所有农事劳作都指派僮仆去承担。可是陶渊明的田园生活绝非如此，他是毫无杂念、全身心地投入其中，对其艰辛繁重有非常直接、感性的体验。他在诗中描写过早出晚归的农耕活动，"晨兴理荒秽，带月荷锄归。道狭草木长，夕露沾我衣"（《归园田居》其三）。这种简朴单调的生活绝不是像现在的农家乐，心血来潮时不妨偶一为之，聊作调剂，而是从此以后就要日复一日，年复一年，周而复始。设身处地体会一下，普通人恐怕很容易产生倦怠和追悔。但陶渊明却表现得极为坦然决绝,"衣沾不足惜,但使愿无违",只要自己的愿望得以实现,再怎么辛劳困顿都在所不辞。在另一首诗里对此还有更细致的描写,"晨出肆微勤,日入负耒还。山中饶霜露,风气亦先寒",和此前安逸的仕宦生涯相较,这是截然不同的生活方式,但他还是平和坦然地去接受,"四体诚乃疲,庶无异患干","但愿常如此,躬耕非所叹"(《庚戌岁九月中于西田获早稻》),肉体虽然劳顿疲惫,却能带来内心的充实宁静,这才是他真正需要的生活。面对日常生活中这些失意的琐屑,陶渊明以一种坦诚的态度来正视和记录。

有一点需要特别注意,陶渊明最终做出辞官归隐的决定,其后果不但要他本人去承受和化解,更需要整个家庭的认同和付出。他有一组《咏贫士》,描写贫士们衣食无着的家居生活,"量力守故辙,岂不寒与饥","倾壶绝余沥,窥灶不见烟","弊襟不掩肘,藜羹常乏斟","刍藁有常温,采莒足朝餐",无疑融入了他自己的亲身体验;而最后一首进一步慨叹,"年饥感妻孥,泣涕向我流。丈夫虽有志,固为儿女忧",尽管妻子能够忍受饥寒而并无怨言，可私下也不免对着丈夫伤心落泪，而面对饥寒交迫的孩子们，无能为力的父亲更不能不为此感到忧虑愧疚。陶渊明共有五个儿子，在他辞官归隐时都还未成年，家庭负累显然非常沉重。陶渊明在诗中所流露出的痛切自责，是很容易感受到的。

后人对陶渊明的出处选择往往有所非议，王维就批评他在担任彭泽令时如果能稍稍委屈一下，便足以"安食公田数顷"，何至于沦落至此，"一惭之不忍，而终身惭乎？"（《与魏居士书》）所说的当然是人之常情，并非求全责备。陶渊明晚年在给孩子们的信中也坦承自己"性刚才拙，与物多忤。自量为己，必贻俗患。黾勉辞世，使汝等幼而饥寒"（《与子俨等疏》），为人父母的总想竭尽所能为孩子提供最好的生活，他当然也不例外。做出这样的选择绝不是一时冲动的结果，孩子们未来的生计和前途肯定令他再三犹豫彷徨，究竟是让他们蝇营狗苟但求衣食无忧，还是希望他们能自力更生，保持纯洁美好的天性不受沾染？陶渊明毅然选择了后者，足见在他心目中，人的自由是何等可贵。

陶渊明身处晋宋嬗代之际，在动荡不定的时局中，虽不免被裹挟入湍流激荡的旋涡之中，可在饱受命运播弄，身处横逆困境的情况下，他依然坚持用脆弱却坚韧的文学来对抗困厄而无常的人生，竭力从颓丧潦倒的失意中寻绎出悠远深沉的诗意。就像后人在评价陶诗时所说的那样，"豪华落尽见真淳"（元好问《论诗三十首》其四），超越一切世俗的物质考量，追寻生命的本真状态，正是陶诗所呈现的最重要价值。

进一步阅读书目：

❶ 龚斌:《陶渊明集校笺》，上海：上海古籍出版社，2011 年。

❷ 李长之:《陶渊明传论》，天津：天津人民出版社，2007 年。

❸ 袁行霈:《陶渊明研究》，北京：北京大学出版社，1997 年。

❹ 田晓菲:《尘几录：陶渊明与手抄本文化研究》，北京：中华书局，2007 年。

体认词心中的
红尘与人情：
宋词与我们

赵惠俊	复旦大学中国语言文学系讲师
主要研究方向	词学、唐宋文学
代 表 著 作	《朝野与雅俗：宋真宗至高宗朝词坛生态与词体雅化研究》等
主 讲 课 程	宋词导读

宋末词人蒋捷有一首《虞美人》，每当谈论到宋词的时候就会被人们提起："少年听雨歌楼上。红烛昏罗帐。壮年听雨客舟中。江阔云低断雁叫西风。 而今听雨僧庐下。鬓已星星也。悲欢离合总无情。一任阶前点滴到天明。"这首词以雨声为媒介，串联起了人生三个阶段的情感体验。少年郎无忧无虑，完全不为生活发愁，自由自在地游冶豪宴，脑海中充满着浪漫的幻想，想要邂逅一段纯真美好的爱情，过上永远幸福无忧的日子，连做的梦都是玫瑰色的。这个时候就是爱听流行歌曲，因为可以咿咿呀呀地唱着数也数不清的小情绪。真的长大了，才发现那时的念头都是虚幻的，细碎的生活如潮水涌来，将浪漫的念头全压碎了。现在不仅要养活自己，还有一家老小嗷嗷待哺，于是不得不离家奔波，寻求谋生的机会。在这样的压力下，哪还有工夫去做玫瑰色的梦呢？更何况现在是孤身羁旅,他乡谋生,连可以倾诉衷肠,相互扶持,共渡难关,予以安慰的家人都不在身边,也只能一任眼角的泪水自由滑落了。而等到年老了,各种各样的悲欢离合都见过了,也就无所谓喜怒哀乐了。这种看尽人世繁华的心态不必一定经历亡国才能体认,每一位到了白头年纪的人都会这样,只是蒋捷要更为沉痛。这个时候,人或许爱听听戏,因为戏文里的故事就是自己的人生。或许也就像这样,孤独地坐着,静静地回想平凡而飞扬的自我故事。

这阕词不仅用细腻的笔触写出了人生的况味,还一定程度上道出了令宋词历久弥新的奥秘。首先便是因为宋词是当时的流行歌曲,是关于声音的艺术,所以她需要给人带来相对直接的冲击,从而所抒情绪往往是人类共通的情感,而且以对时间流逝的感伤为主。这就使得今人在面对千年前的宋词作品时,只要稍带敏感,便足以体认到其间所写好像就是我们自己的故事。再者便是因为宋词能够触及我们生命中的每一个阶段,甚至每一个角落,从而会对我们的人生形成完整的影响,这使得宋词中的情感非常地深细。这样说来,似乎存在情感深浅的矛盾,但实际恰恰不是这样,正如蒋捷的词里所写,人生不同的阶段会有不同的歌曲,少年时听的歌曲自然是以爱情为主,吟唱的是属于青春蓬勃朝气下的感伤;中年时代则会愿意听那些咏叹人生百态的歌曲,会将生活中的喜怒哀乐直接地在歌中诉说;而老年之后则变得深沉起来,有时会哼着令人费解的曲辞,有时又会唱着简单却深刻的歌。这也恰恰与宋词的发展阶段相对应。在唐末宋初的时候,词完全就是流行歌曲,世俗社会对其接受度非常高,主要的作者也是歌女与乐工,或者如柳永那样精通音律又深入歌曲市场的士人,于是这个阶段的词也就是以男女爱情中的悲欢离合为主要题材,留下来的令后世印象最为深刻的词中情绪是春闺愁怨,由此也为词带来了"艳科"的称谓。随着社会的安定,北宋立国百余年后进入了一个经济繁荣时期,伴随着社会财富的增加,一位文化巨子也相应出现,这便是苏轼。在苏轼手上,词体文学获得了对于艳科束缚的突破,苏轼不再用词体单纯地表达男女相思愁怨,而将其拓展至山川风物、悼亡念友、怀古幽情、自我寄托等士大夫生活的各个方面。这样一来，词体便从传统的应歌代言抒情模式中走出，进入了自由抒发自我政治遭际、人生理想、生命体验的阶段，是以东坡词会被后人予以"新天下耳目"的赞许。苏轼的突破在靖康之难的山河破碎、风雨飘摇间得到了极大的响应，这不仅为词体带来了慷慨激昂的阳刚之气，还使得本就以悲为美的词在乱离时代更加地幽咽宛转。随着南北对立的稳定，收复中原的豪情逐渐淡去，但幽咽宛转的词风却被保留与深化，宋词的词藻变得越来越富丽，结构变得越来越复杂，词情变得越来越幽微迷离。然而如若突破这些来自字面上的阻碍，却能够发觉到南宋后期的词作也如苏轼那样诉说着人生各种故事，但却每每能够触及情之最深处，也就为词带来了浅薄与深刻的矛盾。但正如王国维所说的那样"诗之境阔，词之言长"，宋词终究是善于书写狭深情绪的。

既然如此，我们如何才能更好地阅读宋词，把握词人在其间留下的生命体验，并有效地服务于自我人生呢？清末著名词家况周颐的两段话或许能给今日的我们一些启示。他说:"人静帘垂。灯昏香直。窗外芙蓉残叶,飒飒作秋声,与砌鼎相和答。据梧暝坐,湛怀息机。每一念起,辄设理想排遣之。乃至万缘俱寂,吾心忽莹然开朗如满月,肌骨清凉,不知斯世何世也。斯时若有无端哀怨,怅触于万不得已,即而察之,一切境象全失,唯有小窗虚幌、笔床砚匣,一一在吾目前。此词境也。三十年前,或月一至焉。今不可复得矣。"这段话说的是词境,即词人在词中描绘出的时空样态。这很明显是一个孤独寂静的时空,词人也正是在这孤独寂静间建构着同样静谧深沉的文本空间。他还说:"吾听风雨,吾览江山,常觉风雨江山外有万不得已者在。此万不得已者,即词心也。而能以吾言写吾心,即吾词也。此万不得已者,由吾心酝酿而出,即吾词之真也,非可强为,亦无庸强求。视吾心之酝酿何如耳。吾心为主,而书卷其辅也。书卷多,吾言尤易出耳。"这说的是词心,也就是在那孤独寂静之间词人所持有的心。况周颐强调词心是在风雨江山面前万不得已而发,是不受强求的真诚之心。如若结合词境便非常容易理解了:人通常在孤独寂寞中才会卸下所有的社会面目甚至伪装，也通常只有在孤独寂寞中才能更为深入地审视自我审视生命，从而其心其言自然也就满是赤诚。既然词人是以赤子之词心写空灵静谧之词境，那么读者也应该放下身边的嘈杂与烦扰，在同样的静谧空灵状态下澄思渺虑，平静地倾听与真诚地思索词人在词中发出的种种心声。唯有如此，方能了悟词中看似浅薄的男女爱情背后承载着的深沉忧患与思索，才能不自觉地在阅读时将自己独有的人生阅历和生活经验带入其间，予以专属自我的多样而真诚的诠释与解读。

行文至此，宋词长盛不衰的生命力以及今日之阅读必要也就较为明晰了。在词心与词境的交织下，宋词贮存着贯通古今的深沉人生意蕴，能够引发千百年来的代代读者相同的兴发感动，与词人相互共振、交流对话，解决自我人生遇到的困惑与焦虑。不可否认，伤春悲秋的宋词是以悲苦寂寥的调子为主，但其实并不会让读者沉溺于一蹶不振的深渊，因为能够伤春悲秋本身就意味着一种幸福，至少我们还能够自顾自地伤春悲秋，至少我们是为了红尘间的种种牵挂而伤春悲秋。于是乎在词人的伤春悲秋文字间，总是能够感到红尘间的美好，一如唱着我欲乘风归去的苏轼那样，终究无法真的抛弃这片滚滚红尘，他还是眷恋此岸，要自在游戏人间。想来这是每一位读词者的体会，在静谧空灵的词境中，阅历着一个个真诚的词心，在个体有限而宇宙永恒的悲态中，体认着属于红尘与人情的美好。

进一步阅读书目：

❶ 叶嘉莹：《唐宋词十七讲》，北京：北京大学出版社，2015 年。

❷ 杨海明：《唐宋词与人生》，镇江：江苏大学出版社，2020 年。

❸ 吴熊和：《唐宋词通论》，上海：上海古籍出版社，2010 年。

西游故事群落里的中国文化

张怡微	复旦大学中国语言文学系副教授
主要研究方向	中国古代续书、《西游记》、创意写作
代 表 著 作	《明末清初〈西游记续书研究〉》《情关西游——从〈西游记〉到〈西游补〉》《散文课》《新腔》《樱桃青衣》等
主 讲 课 程	《西游记》导读

作为"四大名著"之一的《西游记》，以其高度的"文化熟知化"传播，成为家喻户晓、妇孺皆知的文学经典。几乎每一年，都有西游故事改编作品出现，这是其他中国文学经典所不能及的社会影响力。在这一背景下，几乎没有人不知道西游故事大致说的是什么，但真正从头到尾阅读过《西游记》原著的人却并不多。"四大名著"这个词是什么时候开始流传的？《西游记》的作者到底是谁？什么是世代累积型小说，什么是文人独创型小说？这些问题都会经由通识课程，帮助同学们建立基本的文学常识。

为什么要阅读《西游记》？

西游故事依托的历史原型具有丰富的文化内涵和文学价值。

玄奘从小受过良好的教育，青年时代对既有的佛学研究感到不满足，从而克服万难前往印度求取真经。玄奘出行的时代，全国还没有统一，突厥不时入侵河西走廊。在贞观二年，他由长安至瓜州，穿越了八百里莫贺延碛戈壁，经过高昌国、龟兹、凌山、大清池、素叶城，取道迦毕试国，翻越克什米尔大雪山，经过一年多的长途跋涉，抵达迦湿弥罗国、中印度，东行到达佛教圣地那烂陀寺，几年后代替戒贤法师开讲，取得了"三藏法师"称号，成为中印两国最高学术权威。玄奘是个追求理想、信守承诺的僧人，也是一个伟大的翻译家，精通多种语言，由他口述、辩机整理的《大唐西域记》是唐代西域地理、交通、历史的重要著作，也是后来的《西游记》内含的中国文化精神的重要依托。如果将《西游记》成书过程作为考察华夏文明的媒介之一，精读《大唐西域记》对我们研究"丝绸之路"，研究中华文明形成过程中的地形气候、语言文化、地理疆域、异域宗教、地缘政治等，具有重要的参考价值。由玄奘的两位徒弟撰写的、反映玄奘生平及西行、译经过程的《大唐大慈恩寺三藏法师传》，亦是中国古代传记文学的杰出代表作。《大唐西域记》与《慈恩传》也是阅读《西游记》的重要参考书目。

探源西游故事群落的形成历程，是了解中国文化的途径之一。

20世纪80年代初，王静如先生在敦煌附近榆林窟的西夏壁画中发现了唐僧取经壁画，其特征是有猴行者伴随玄奘西行礼佛。猴行者出现在西游故事文本中，要到宋代《大唐三藏取经诗话》。此后，在莫高窟以南又有几幅唐僧取经壁画被发现。在西域古道上，火焰山、流沙河、女人国、晒经台、张掖大佛寺取经壁画等，都留有《西游记》成书历程的重要痕迹。《取经诗话》、《西游记》平话、《西游记》杂剧亦从不同文体，带领我们在了解西游早期故事的同时，对中国古代俗讲、变文、话本、宝卷、杂剧等通俗文学艺术有全面的掌握和了解。《西游记》在处理死亡的议题上，亦有对思想史、宗教史及民俗文化的重要贡献。对于齐天大圣文化、观音文化、龙王文化的了解，有助于我们更好地观察人类学意义上的中国古人生活史。

西游故事的续衍文化成就非凡，《西游记》的海外影响力和跨媒介改编潜力巨大。

早在明末清初,就有《西游记》三部续书作品出现。其中《西游补》在美国享有极高的文学评价,1986年被选入美国著名汉学家、中国古典文学翻译家倪豪士(William H. Nienhauser Jr.)主编的《印第安纳传统中国文学指南》(*The Indiana Companion to Traditional Chinese Literature, Vol.1*),成为和"《西游记》"并列的文学词条。《后西游记》在日本也有多个译本。现代意义上的《西游记》研究开始于1915年,并不算很早。1923年,经由胡适考证以后,后代出版物才将"吴承恩"的名字与"西游记"书名同框于书封(而不是如1592年世德堂本标注的"华阳洞天主人"),这一经典组合逐渐出现于20世纪30年代以后在海外付梓刊的《西游记》封面上。1930年,海伦·海因斯翻译的《佛教徒的天路历程》在英国伦敦出版发行。同年,美国《纽约时报》也刊发了报道。迄今为止,《西游记》的英译已有近一个世纪的历史。"Monkey King"(美猴王)是外国人最熟悉的中国文学形象之一。此外,《西游记》也是电影电视、动画、游戏的重要题材之一。中央电视台、上海美术电影制片厂、上海京剧院等都为西游故事的传播起到了重要的推广作用,许多优秀的画家、表演艺术家为西游人物形象留下了经典的创作成果。

西游故事中隐含着对于死亡的领会、生命的感悟等复杂的哲学力量,是我们进入人生旅行的最佳文学伴侣之一。

小说的职责不是传递具体的知识,而是传递心灵的力量。而小说的具体内容,涉及人的欲望。孙悟空因为怕死才走出花果山,并不是因为花果山不够好,而是这种"好"令人感到不满足。于是《西游记》发明了除了食欲、色欲之外又一重要的欲望——"齐天之欲"(不断冲破现状的欲望)。九九八十一难(可划归为41—43个事件),每一难都是取经人的心魔,心生种种魔生。《西游记》中几乎每个人物都有来历,只有孙悟空有完整的童年,这是中国文学作品中少见的叙述儿童生活史的重要范例,包括了儿童教育、儿童饮食、儿童哲思、儿童交友等等。弥勒菩萨、观音菩萨、如来菩萨都教过孙悟空一个重要的战术——"许败不许胜",凝结了中国文化中人生哲学的处世智慧。这些,都应该是通识教育的重要内容,即我们如何对宇宙发问,我们如何处理死亡,我们如何面对成败,我们如何面对义人受苦及欲望的折磨。

由此我们可以了解到,《西游记》是广义上中国西游故事群落的一个分支,而西游故事群落又是中国文化、华夏文明的一个分支。西游故事广义上能与唐代历史、明代历史一直连接到当代文艺传播史,狭义上又经由世德堂本《西游记》这一单一的文学文本为东西方世界输出了生动有力的中国文学形象。阅读《西游记》就是这样时而鸟瞰、时而探微的有趣历程。

进一步阅读书目:

❶ 蔡铁鹰:《〈西游记〉的诞生》,北京:中华书局,2007年。

❷ 竺洪波:《西游释考录》,上海:上海文艺出版社,2017年。

❸ 林庚:《西游记漫话》,北京:商务印书馆,2017年。
❹ 骆玉明:《游金梦:骆玉明读古典小说》,上海:复旦大学出版社,2013年。
❺ 张怡微:《情关西游:从〈西游记〉到〈西游补〉》,上海:上海古籍出版社,2016年。

走近文化昆仑，
探析古典诗艺：
阅读《谈艺录》

侯体健	复旦大学中国语言文学系教授
主要研究方向	宋代文学与文献、古代文章学、中国诗歌史等
代表著作	《刘克庄的文学世界——晚宋文学生态的一种考察》等
主讲课程	《谈艺录》导读

《谈艺录》是钱锺书先生的一部诗话著作,在钱先生的学术生涯中具有特殊意义。我们来读《谈艺录》力图达到两个目的:

一是以此书为媒介,一窥钱锺书先生的学术世界。他是一个作家,写有家喻户晓的小说《围城》,但更是一位学者,学问海涵地负,莫究涯涘,被誉为中国20世纪的"文化昆仑",以致有"钱学"之专称。钱锺书的治学中心在于"集部"之学,最关注文学之美与评赏之妙,在方法上则善于连类比较,强调"打通"古今中外、新旧雅俗,他的学术理念是"东海西海,心理攸同;南学北学,道术未裂",这给我们许多看问题的启示。

二是以此书为样本,串联阐释中国古典诗歌艺术的诸多重要问题,培养我们阅读欣赏古典诗歌的趣味和方法。《谈艺录》广征博引了历代诗歌经典,既体现出钱先生的学术趣味,更展现了一幅中国古典诗歌的艺术画卷,点染出古典诗歌历久弥新的动人魅力。在钱先生的讲解讨论之中,由六朝而至清代的诸多一流诗人纷纷登场,无数清辞丽句获得了鞭辟入里的解析,古典诗歌中蕴藏的艺术奥秘得以呈现眼前。

《谈艺录》是用文言文写成的松散诗话,钱先生行文又喜广博征引各类文献,称呼多用雅号,讨论焦点常有跳跃,再杂以英、德、法、西、意诸种外语(所谓"颇采二西之书"),致使该书阅读难度很大,许多重要的诗学判断和治学心得,并未能系统呈现,全书隐含的潜在结构很难把握。这就给一般读者,特别是对中国诗歌史不太熟悉的读者带来了许多阅读困难。要大体掌握全书脉络已非易事,遑论读懂、读通此书。就我个人来说,虽然已经阅读多遍,且开设了多轮导读课程,却绝不敢说已经读懂了该书。不过,我仍然不揣浅陋,愿意尝试以自己的"偏见"对此书做一点简单的剖析,引导读者来感受"钱学"之渊博、诗歌之美妙。

《谈艺录》开篇第一则题为"诗分唐宋",钱先生提出了"唐诗、宋诗,亦非仅朝代之别,乃体格性分之殊"的著名论断,跳出了历代唐宋诗之争的优劣论藩篱,将宋诗确认为和唐诗异质的古典诗歌审美范型之一,所谓"天下有两种人,斯分两种诗",并认为:"夫人禀性,各有偏至。发为声诗,高明者近唐,沉潜者近宋,有不期而然者。故自宋以来,历元、明、清,才人辈出,而所作不能出唐宋之范围,皆可分唐宋之畛域。唐以前之汉、魏、六朝,虽浑而未划,蕴而不发,亦未尝不可以此例之。"这就让"唐音宋调"超越了时空,不仅可以下溯元明清,还能反转到汉魏六朝,其生命力因独特的审美品格而获得永恒,唐音宋调成为古典诗歌双峰并峙的艺术范型。可以说,"诗分唐宋"是《谈艺录》一书的核心与枢纽。在全书结尾,钱先生列出"论难一概"一目,阐述文学中各类自相矛盾的现象,"同时之异世,并在之歧出",这正好与"诗分唐宋"中说到的"一集之内,一生之中,少年才气发扬,遂为唐体,晚节思虑深沉,乃染宋调"相互呼应。首尾二则"诗分唐宋"与"论难一概",一出于诗风诗艺的内部剖析,一出于诗人诗集的外部观察，二者相互发明，相互映衬，是遍照全书的理论之光，让全书前后贯通，圆融一体。

不过，《谈艺录》毕竟是一部诗话，不是一部体系完备的诗学论著，故而它虽然有一以贯之的理论立场，却并无层次清晰的论述结构。它广博丰赡的学术内涵，也决定了我们的阅读一定是多角度、多层次、多方位的。三十多年前，王水照先生就提出过《宋诗选注》的"四种读法"。《谈艺录》所涉及的问题比《宋诗选注》更广泛，其读法自然应该更多样。我们这门课程除了重点讨论"诗分唐宋"中钱先生的学术框架和学术立场外，则主要从唐宋诗歌发展与赏析角度来探讨，拈出了以下四方面的内容，梳理其中脉络，期望能帮助大家建立起一种理解《谈艺录》内在学理的路径。

一、"长吉诗境"：《谈艺录》与诗歌语言分析法。汉语言文学的恒久魅力，建立在汉字、汉语和汉文体的民族特性之上。要体味古典诗歌的艺术，就要深入汉语言的内部，特别是修辞的内部。李贺写诗，可谓惨淡经营，尤其注重字词修饰，讲究语言布色，而忽视谋篇布局,从而形成"忽起忽结,忽转忽断"的独特艺术效果。钱先生讨论李贺作品,正是从语言文字本身切入,"诗境"的营造,端赖曲喻、通感、代字诸种文字修辞。钱先生指出:"诗学(poetic)亦须取资于修辞学(rhetoric)耳。五七字工而气脉不贯者,知修辞学所谓句法(composition),而不解其所谓章法(disposition)也。"这一观点,是钱氏论诗法的重要面向,而《谈艺录》对李贺诗的分析正是典型。

二、昌黎与荆公:唐宋诗歌承变的一个视角。宋诗是在学唐、变唐中发展,韩愈对宋诗独特品格的形成,影响至巨。而在学韩的诸多宋人中,王安石尤为独特。他在口头上是"薄韩"的,不认同韩愈在"道统"上的地位,却在诗歌写作中屡屡"摹韩"。韩愈"以文为诗",形成了奇崛诗风;王安石诗中善语助,朴茂浑灏,最得韩昌黎之秘。钱先生铺排出王安石暗中学韩的各类诗句,让我们对唐诗与宋诗的关系,有了更具体的体味。

三、"山谷诗注"与"放翁诗法":宋诗研究的两个个案。黄庭坚是宋调代表,但在《宋诗选注》中却仅入选3题5首，与其地位颇不相称；而《谈艺录》第二则即"山谷诗补注"（在成书时间上实为第一则），所涉内容非常丰富，不但纠正了宋人任渊、史容等人的注释之误，而且由此生发出诸多诗歌艺术命题的讨论，如"当句有对"、诗画关系、曲喻技巧、行布、"句中有眼"等等，颇涉宋诗艺术的核心论题。另一个宋代著名诗人陆游，在《宋诗选注》中入选数量达32首之多，位居第一；在《谈艺录》中也作了详细讨论。但是两书中对陆游的评价，却表现出"褒多于贬"和"贬多于褒"之不同。《谈艺录》对这两个宋代代表诗人的讨论，涉及钱先生的宋诗观念，也带给我们许多评价诗人诗艺的方法论启示。

四、《沧浪诗话》与《随园诗话》：《谈艺录》中的异代对话。在《谈艺录》的后半部分，有近二十则篇幅可谓因读袁枚《随园诗话》而发。而在讨论《随园诗话》的诸多话题中，又有相当一部分是在和南宋严羽《沧浪诗话》对读比较。这样，便形成了《沧浪诗话》《随园诗话》《谈艺录》三部著作的"异代对话"。比如对神韵、理趣、性灵等诗歌理论中重要命题的讨论,就呈现出宋、清、民国不同语境下的解释空间和发展脉络,有助于我们从历史的长时段中理解《谈艺录》的意义。

相较于博赡的《谈艺录》全书而言,以上诸点都不过是尝鼎一脔、窥豹一斑而已,像钱锺书所论述的另一大重点即清人诗歌,我们就还没有深度阐述,其他多种重要角度也很值得我们继续挖掘。《谈艺录》不是一部枯燥的理论著作,它依托大量生动的诗歌例句,阐述了极为丰富的诗歌现象和学术话题,钱先生极具个性的"钱氏幽默"也处处生发,如果真能沉浸其中,想必可以获得愉快的阅读体验,感受"文化昆仑"的独特魅力。

进一步阅读书目:

❶ 钱锺书:《宋诗选注》,北京:人民文学出版社,2017年。

❷ 周振甫、冀勤:《钱锺书〈谈艺录〉读本》,北京:中央编译出版社,2013年。

❸ 汤晏:《一代才子钱锺书》,上海:上海人民出版社,2005年。
❹ 王水照:《钱锺书的学术人生》,北京:中华书局,2020年。

追问我们所"熟知"的鲁迅

郜元宝	复旦大学中国语言文学系教授
主要研究方向	中国现代文学史、当代文学评论、现代汉语与中国新文学的关系史、鲁迅研究
代表著作	《鲁迅六讲》《鲁迅六讲二集》《汉语别史:中国新文学的语言问题》《遗珠偶拾:中国现代文学史札记》《不如忘破绽》《小说说小》等
主讲课程	鲁迅与中国现代文化

给同学们讲"鲁迅与中国现代文化",最难说清楚的竟是基本问题:"为何要读鲁迅?"可说的太多,一言难尽。况且这似乎主要针对学生,所以更不能越俎代庖,替他们回答。那就换个角度,谈谈自己为何从2001年起,廿年如一日,几乎每年都要开设一门以鲁迅为主题的面向本科生的通识教育课程。

鲁迅的价值和意义,大学生们通过各种渠道,甚至在初高中阶段,就已经听过无数大同小异的说法。这些说法"千锤百炼",极具真理性和共识度。如果再说鲁迅怎样重要、怎样伟大,也难以讲出新意。同学们在修读鲁迅研究的课程之前,都已经拥有相当的知识。网络时代,他们还将通过自学,不断扩大这方面的知识储备。既如此,为什么还需要开设鲁迅课程呢?

这正是我所讲授的该门课程的切入点。既然同学们已经、正在、将来还会通过各种方式获得关于鲁迅的多种知识，既然大家都自以为"熟知"鲁迅，那该门课程的设置就是希望做一块"磨刀石"，跟同学们"如切如磋，如琢如磨"，看看教学双方或多方（"课外讨论"时同学们相互之间）对鲁迅的"熟知"能否称得上"真知"。

这并非说教师掌握着"真知"，足以检验同学们的"熟知"，而是说既然我们都拥有关于鲁迅的"熟知"，就不妨像老熟人与老熟人交流一样，彼此校验，看看哪些理解更为佳胜。教师的职责并非单向灌输的传道受业解惑，教学关系必须是一种对话，一种"阐释的循环"，即阐释学意义上的"视界融合"——大家都能由此从原本拥有的"熟知"向前更进一步，更加接近"真知"。

"鲁迅与中国现代文化"就是建立在这样一种教育理念基础上的，因此其主干内容、中心或次中心，就是对各种"熟知"的一系列追问与挑战。

首先，学生读"鲁迅"最大的收获，就是不仅要知晓鲁迅不等于各种选本的鲁迅，而是要了解《鲁迅全集》各版本编纂过程，以及各版本《鲁迅全集》的著译构成。

当然不会要求同学们一字不落读完《鲁迅全集》,但至少要认真读过其中的一些篇章,并且要"亲眼看过、亲手摸过"。

强调作家全集的重要性,是大学文学教育不可缺少的一环,也是贯彻鲁迅借孟子名言所主张的"知人论世"的文学史研究法则。有没有亲眼看过亲手摸过《鲁迅全集》,是否了解《鲁迅全集》编纂过程与著译构成,是大不一样的。该门课程的第一要务就是作为桥梁,帮助同学们从各种"选本鲁迅"(包括各类零碎的单行本)的"熟知"的此岸渡到《鲁迅全集》的彼岸,以此训练同学们掌握以"知人论世"为核心的文学研究的基本方法。

鲁迅如此,那些已经和即将有全集问世的中国现当代作家也概莫能外。《鲁迅全集》不仅呈现完整而真实的鲁迅,它作为编辑和注释最完备的现当代经典作家全集还有特殊意义,就是为现当代作家全集编纂注释工作提供了最好的模本,也为后世读者了解现当代中国作家设立了最高目标。

在学科细化、知识爆炸、各种"学术"压倒一切的研究型大学中,讲鲁迅,难道只是给学生们换换脑筋或调节一下心态、活跃一下情绪吗?如何继续谈论以鲁迅为代表的中国现当代作家的文学创作和文学语言而不至于被学究们讥为没学问?如何通过围绕鲁迅的教学来提醒大学生们留意,为何必须(以及应该怎样)在一般人文学术框架内涵养"文学"这门特殊的学问?可以想象没有鲁迅的现代中国之人文学术吗?乾嘉文人以不说话"换得这几页光荣的学术史",这"恐怕是折了本"——此话可真是鲁迅说的。

其次,1906年从仙台"弃医从文"回东京之后,鲁迅开始"提倡文艺运动",在1907—1908年间撰写了若干长篇论文。他"不悔少作",将这些论文编入后来的文集,但自我评价好像并不高。有些学者因此说这些论文的价值不宜高估。另一些学者认为鲁迅早期论文远未得到充分研究,不懂早期的周树人,何以谈后来的鲁迅?

鲁迅早期论文(包括同时开展的外国文学译介)果真价值不高?抑或一出手就透出"天才气",并且跟后来思想创作密不可分,从中可以看出"原鲁迅"(鲁迅全部思想的本相与出发点)?本门课程不想绕过鲁迅研究这个难题,而是愿意投入足够的时间跟同学们一起啃这块硬骨头。

再次,鲁迅后来为何不多写小说而是抱住杂文不放?1926年《彷徨》出版之后,鲁迅果真"中断"了小说创作吗?鲁迅是否江郎才尽,不愿也不能继续写小说?抑或出于别的考虑而暂时停下写小说的笔,一边写杂文,一边摸索小说的新写法?《故事新编》是鲁迅小说创造力复活的标志,还是衰歇的征兆?鲁迅还有哪些小说"腹稿",因天不假年而付诸东流?现代中国小说和杂文仅仅是两种不同的文体,还是两种不同的文化态度乃至"现实战斗"的方式?对比鲁迅小说和杂文,后来的小说杂文多了些什么,又少了些什么?这一多一少对中国现代文化意味着什么?

复次,尽管鲁迅1927年一到上海就做过《文艺与政治的歧途》的演讲,坦言文学和政治的分野,但他本人为何加入"左联",直接跳入政治漩涡?他的文学和他所理解的政治究竟有何关系?鲁迅只是不涉及政治的文学家,抑或高度政治化了的文学家?如果说存在着"政治鲁迅",那么"政治鲁迅"有没有来自文学的限制?抛开文学,鲁迅的政治和其他作家、其他革命者的政治理想政治实践有何区别?

还有鲁迅的爱国心。尽管从1930年代鲁迅在世时就不断有人攻击鲁迅不爱国,但这并不影响绝大多数读者坚信鲁迅是伟大的爱国主义者。但说鲁迅爱国究竟是什么意思?鲁迅主要从哪些角度(文化/国内政治/国际关系)显示了他的爱国心?在《鲁迅全集》中能找到煽动性的廉价的"爱国"的"豪语"或"宣传与做戏"吗?他早期所谓"兽性爱国","五四"时期所谓"合群的自大",临终所谓中国人要"自做工夫",尤其阿Q的精神胜利法,究竟有何特殊的时代背景与超时代的民族自省意识?他死后为何会被尊为"民族魂",甚至在信仰淡化的整个20世纪成为中国读书人替代性的精神皈依?

都说鲁迅既冷又热,既世故又天真,既乐观又悲观,既现实又虚空,既注重个人反抗又不乏群体合作精神,恰如《野草·死火》描写的"火的冰"。自古"冰炭难容",何以在鲁迅这里却成了一体之两面?这样的思想人格如何养成?其具体历史背景和超越的精神价值为何?鲁迅所有作品(不仅《野草》)都体现了这种只能用"冤亲词"才能表现的奇特精神现象吗?这果真奇特吗,还是常人常情的某种强烈凸显?

鲁迅精神如何凝定为鲁迅所特有的不可复制的天才的文学表达?鲁迅在文学上的魅力或魔力来自何处?广博的学识?深沉的思想?分明的是非?炽热的爱憎?天马行空的想象?抑或蔡元培所谓"用字之正确",或者《摩罗诗力说》所谓"为热带人语冰"、"直语其事实法则"、让读者"与人生即会"的文学之为文学的特质?

说到鲁迅文学,不能不正视鲁迅语言。但身处当下语言环境,还能体会鲁迅及其同时代人所探索的被鲁迅称为"中间物"的语言之路吗?

谈到鲁迅的文学和语言,更不能不进入他的绝非"可以顷刻读了的"众多文学作品的深处与细部。别的不说,滋养鲁迅文学的除中国文化传统之外,"域外"的"拿来",果真仅限于东北欧弱小民族,还是也包括英、法、德、意等文艺复兴以来几个并不"弱小"的西方民族国家的优秀文化?鲁迅杂文是一种别样的文体,还是几十种文章"体式"的共名?可以用"呐喊""彷徨"直接概括鲁迅两部小说集的思想基调吗?《呐喊》都在"呐喊",《彷徨》都在"彷徨"吗?究竟何谓鲁迅的"呐喊"与"彷徨"?

以上都是"宏大叙述"。一旦接触具体作品,可切磋的问题就太多了。有些是悬而未决的老问题,有些是新问题。这些问题无不以鲁迅所特有的小说、散文、散文诗的活灵活现的描写,尖锐地指向现代中国社会与文化的核心元素。

比如"狂人"果真发狂了吗?发狂的人如何充当"精神界之战士"?"精神界之战士"必须发狂、必然会发狂吗?"发狂"本意为何?可否以"狂人"为对应物来重新认识被文明与习俗所界定的"正常人"?"狂人"果真痊愈了吗?"赴某地候补"是混迹官场,与先前反抗的现实沆瀣一气,抑或像小说所影射的秋瑾、徐锡麟等志士那样韬光养晦,伺机一搏?作者设计《狂人日记》文言小序和白话正文的关系，是让两个世界彼此隔绝，抑或有意以"反讽"之法暗通消息？

究竟如何理解狂人、夏瑜、魏连殳、吕纬甫、N先生们为何总是"孤独"地"抉心自食"、"啮碎了自己的心"？即使找不到爱人与朋友，相互之间为何也不能引为知己，却陷入无休止的"文人相轻"？这些"狂人"和"孤独者"可以跟鲁迅直接画等号吗？

应该怎样理解阿Q、祥林嫂悲剧的成因和"主谋"？祥林嫂被逐出"四叔家"，为何还能苦苦支撑五年，最后却因为跟"我"的一场关于死后的对话而突然"老了"？赵太爷、假洋鬼子、吴妈这些次要人物对理解主要人物阿Q有何帮助？他们自身又有哪些容易被忽视的特点？涓生在何种意义上应该对子君之死负责，在何种意义上又可能是"无辜"的？《肥皂》里的四铭果真是"假道学"吗？《社戏》开头可以像中学课本那样被随意删去？像《弟兄》这样的小说会不会"夹带私货"，影射"兄弟失和"？"夹带私货"跟文学作品之普遍性永久性是截然对立，还是可以一石二鸟？究竟谁偷埋了《故乡》中的

"碗碟"?作者为何对这个问题似乎刻意回避?

再比如,《朝花夕拾》是"自传式回忆录",还是包含了许多虚构?鲁迅为何要在北京、厦门和广州三地的流离生活中忙里偷闲,写出这样一本在其全部著作中最为温煦的抒情之书?《野草》果真有鲁迅的"哲学"?那扬言要"告别"身体的"影"究竟指什么?如果身体打破沉默,会对影子说出怎样的话?鲁迅果真要"彷徨于无地"或"独自远行"吗?如何理解《风筝》奇怪的结尾?弟弟忘了哥哥早年加给他的精神伤害,其幸乎不幸可以断然分开吗?哥哥为何因弟弟"全然忘却",反而心情愈加沉重?鲁迅果真"一个都不宽恕"吗?为何《野草》的两篇《复仇》不仅不那么决绝,反而改写了"复仇"概念,呈现出令人感到陌生的两种"复仇"模式?《故事新编》果真"油滑"吗?《铸剑》中黑色人所唱的"阿乎呜乎歌"有甚可解或不可解?

上述问题,有些是"鲁研界"老生常谈,有些则未必。关键是在大学课堂上,我不得不一次又一次面对这些或旧或新、或大或小、或浅或深的问题。中小学语文教学中的鲁迅阐释尽管备受訾议,却往往能提出专业鲁迅研究者所忽略的有趣话题。大学课堂上的鲁迅阐释,理应为中国乃至世界的"鲁迅之接受"做出自己的一份贡献。

许多问题不会有固定的最佳答案。追问和回答彼此纠缠。追问时或许已包含回答,回答又似乎不得不采用继续追问的方式。

"当我沉默着的时候,我觉得充实;我将开口,同时感到空虚。"

让我和同学们既感困惑难堪又兴奋不已的,正是这种生活和艺术的辩证法。

这也是真正引导课堂气氛的鲁迅式经验、智慧及其"生命的飞扬的极致的大欢喜"。

进一步阅读书目:

❶ 《鲁迅全集》,北京:人民文学出版社,2005年。

❷ 鲁迅博物馆、鲁迅研究室、《鲁迅研究月刊》选编:《鲁迅回忆录》,北京:北京出版社,1999年。

❸ 中国社会科学院文学研究所编:《1913—1983鲁迅研究学术论著资料汇编》,北京:中国文联出版公司,1985年—1986年。

❹ 乐黛云编:《国外鲁迅研究论集》,北京:北京大学出版社,1981年。

❺ 乐黛云主编:《当代英语世界鲁迅研究》,南昌:江西人民出版社,1993年。

中国文学的
现代叙事与现代抒情

段怀清 | 复旦大学中国语言文学系教授

主要研究方向 | 中国近现代文学、中外文学关系以及比较文学

代 表 著 作 | 《白璧德与中国文化》《〈中国评论〉与晚清中英文学交流》《王韬与近现代文学转型》《苍茫谁尽东西界：论东西方文学与文化》等

主 讲 课 程 | 中国现代文学名著选讲

1902年，蔡元培选编的《文变》一书出版。这部出自帝国时代翰林院编修之手的时代新文选，尽管无意宣告传统主流文学或者文言文学的终结，却清楚地昭示出中国文学已经而且还将在语言、文体以及情感、思想诸方面发生的深刻改变。换言之，《文变》似乎已明确地预言：改变，不仅将成为作家描写与表达生命个体的内在世界与外部世界的一种创作动力与积极态度，亦将成为中国文学主动并创造性地引领改造时代、追赶拥抱现代，并对话融入世界的必由之路。

如果从文学现代性的审美维度，来历史性地观察中国现代文学的发生发展，以及分析评估其语文及审美特质，必定会发现在现代视域中熠熠闪光的一些作家及其相关著述，会发现他们在古今文学演变进程中曾经扮演过的代表性或者里程碑式角色。在现代文学序幕徐徐拉开之初,这些作家理应包括但显然并不仅限于梁启超(《少年中国说》《新民说》《新中国未来记》)、鲁迅(《文化偏至论》《科学史教篇》《破恶声论》《怀旧》),以及稍晚一些的胡适(《文学改良刍议》《历史的文学观念论》《建设的文学革命论》)、陈独秀(《文学革命论》)等。他们从新知识、新教育以及新思想、新观念乃至新民、新世界诸维度,倡导并推动了近现代之交中国的思想启蒙与个性解放运动,事实上亦拉开了此间文学变革与创新的序幕。

毋庸置疑,在上述这条与现代文学的发生密切相关的思想线索之外,还有一条审美现代性的线索,即中国文学审美从传统向现代的扩展转换。这两条线索或两种扩展,以及由此而展显、实践的激烈转换,几乎始终相互交织,并与风波诡谲的时代纠缠博弈,演绎出20世纪中国文学史上一幕幕文学与思想、文学与时代、文学与社会、文学与人生乃至中国文学与世界文学之间交流互动的图景,其中贯穿着对于人的、个体的主体性的肯定与张扬,贯穿着对于新的审美原则及文学实践的不断探索与尝试。

在这里,首先进入到我们阅读视野并激发我们的思想激荡的，无疑是鲁迅的文学。"掊物质而张灵明，任个人而排众数"一类的"文化偏至"，既是鲁迅对传统文化深刻反思之后所提出的重建主张，也是他为疗救国民之体魄与灵魂，为改造国民性而开展的长期的、一个人的文学与文化之战，其中始终伴随着自我质疑与自我否定，夹杂着绝望与反抗绝望，渗透着对于空虚与死亡的鲁迅式的立场与审美。

晚清"西学东渐"以来中、西之间逐渐扩展深入的知识交流及文化互动，包括中国在此过程中不得不跟进并融入世界的遭际与经验，自然会催生出闻一多的《红烛》与《死水》中那些浓烈而沉郁的呼喊与孤吟。强烈而且又极富个性的历史感与现实感，在闻一多的语言文学中，完成了现代语境中诗人对于个人与集体、国家与世界、理想与现实的极具时代特色的抒情表达。

相比之下，年轻的巴金压抑着自己的激愤，通过"家"的小说叙事，试图完成对于这一最具有中国文化特质及价值意义的意象的政治隐喻与文化隐喻。这一隐喻，是通过对于统治权力的家庭隐喻与家庭关系的权力化的小说叙述来体现的,是通过对一个虚构的文学中的大家庭、对这样一种事实上已经处于风雨飘摇之中且摇摇欲坠的"家庭共同体"的解体与沉没来体现的——家庭经验的个体化与差异化,家庭内部的权利斗争与个体命运,最终将家庭亲情的虚幻,以及权力存在于家庭中的绝对化与本质化的事实,或者说巴金式的家的哲学与家的文学,引入了20世纪中国文学的家庭叙述与家庭抒情的文本谱系之中。

在二三十年代的中国文学语境中,丁玲、萧红这样的女作家的出现,不仅将"五四"新文化运动所开启的性别思想更深入亦更个性化地引入女性世界与女性意识之中,同时也更紧密地将其与女性个体的现实存在感与成长感关联在一起。在萧红、丁玲的文学中,无论是童年经验与原初记忆,还是学生时代自我意识与性别意识觉醒之际的伸张与安顿,都通过她们极富个性与特色的小说艺术实践,进一步扩大并丰富了中国现代文学的图谱。

对于"原乡"及"边地"的想象书写,显然是现代叙事与抒情中一个别具一格的文学空间。沈从文通过《边城》所完成或希望完成的,亦显然并不只是对于现代、都市以及高度的物质文明这些要素所建构的"这一个世界"的一种"反动",或者在自然地理与人文地理的意义上虚构出"另一个世界"或"那一个世界"的自说自话,而是体现在作家如何更真实亦更诚实地面对自我——包括自我经验以及自我理想——来展开文学书写这个方面。也因此,他为读者乃至文学写作者留下了一个注定深刻且非凡的探索者印象。

如果只是从文学形式方面来观察并体验中国现代作家对于西方文学的学习借鉴,曹禺的戏剧,尤其是他的《雷雨》,无疑是一个不容忽略的文本。但这并非是有意贬低曹禺戏剧的独创性和文学性,而是为我们阅读和理解曹禺的戏剧乃至中国现代文学,提供一个世界性的视野,让我们可以在一个更富于差异性和多样性的文学世界里,阅读体验不同文学之间对话与交流的意义和价值。

对于"故园何日清明"这类主题或对于文化忧患意识的文学表达,明显蕴涵着"辞约而旨丰,事近而喻远"这一类叙事方式及审美风格的延续。钱锺书在《围城》之中,为现代汉语想象虚构了一个"逃离"或"反复不断地逃离"的人物形象——方鸿渐。"逃离"最初只是方鸿渐应付现实的一种无奈之举,但最终却成为他自我存在的一种存在"哲学"。

方鸿渐在"围城"内外的种种经验,似乎得到了张爱玲的《金锁记》中的曹七巧的存在呼应。尽管曹七巧与方鸿渐这两个人物形象,在许多读者看来似乎有着天壤之别,但自觉或不自觉地陷入"围城"或"金锁"之中,确实是这两个人物皆难以摆脱的现实存在或命运之困。而日常生活的重新"发现",以及风格各异的文学叙事,亦成为现代中国文学中,时代宏大叙事的主旋律之外最为引人注目的思想及艺术审美的探索与呈现。

世界文学尤其是西方文学的经验与资源,对于发展中的中国现代文学来说,一直是学习与借用的对象,但这种学习与借用,从来就不是简单的模仿或照搬,而是作家们将个人经验与西方文学的古典传统及现代发展,还有与中国文学的自有传统及现代探索这两方面神奇地结合起来,从而开拓出属于他们自己的文学的个人努力及艺术道路。其中,穆旦的诗歌,或者说通过诗歌这样一种文学形式而尝试建构的一种"感觉的机制",以及他用以表现生活与思想"睿智"的诗体方式,将汉语中文诗歌在现代性探索方面的"得"与"失",再一次清晰地呈现出来。

我们学习中国现代文学作品,旨在通过对上述10余位现代作家的作品进行阅读、分析与阐释,来帮助阅读－学习者在文本阅读基础之上,体验中国现代语文以及现代文学的抒情、叙事与审美特质。这里所选的作家及阅读文本兼顾了现代语文的发生与发展、性别、教育背景等因素,同时亦对阅读文本的主题、文体、风格等有所因应考量,譬如梁启超的文本,即兼顾了现代思想与现代文学之间的互动生成的历史语境和书写事实。此外,我们亦兼顾留学生与跨语境叙事文本之间的现代关联,以此来启发、扩展阅读－学习者对于现代语文的进一步思考。

同时,对于中国现代文学的学习,还有必要体验并关注现代语言、现代文体形式与现代文学之间的互动共生关系,体验并关注现代文学与传统文学之间的内在张力以及传承对话关系,体验并关注现代文学与世界文学之间的交流对话关系,体验并关注现代文学话语与其他现代话语之间的关系，也体验并关注小语文与大语文，国别语文与世界语文之间的互动共生关系。

进一步阅读书目：

❶ 钱理群等:《中国现代文学三十年》(修订本)，北京：北京大学出版社，1998年。

❷ 陈思和:《中国现当代文学名著十五讲》，北京：北京大学出版社，2003年。

❸ 哈诺德·布鲁姆:《西方正典：伟大作家和不朽作品》，江宁康译，南京：译林出版社，2011年。

❹ 莫提默·J.艾德勒、查尔斯·范多伦:《如何阅读一本书》，郝明义、朱衣译，北京：商务印书馆，2004年。

中国当代小说中的"青春想象"

金理	复旦大学中国语言文学系教授
主要研究方向	20世纪中国文学史、当代文学批评
代表著作	《文学史视野中的现代名教批判：以章太炎、鲁迅与胡风为中心》《从兰社到〈现代〉：以施蛰存、戴望舒、杜衡及刘呐鸥为核心的社团研究》《历史中诞生：1980年代以来中国当代小说中的青年构形》《写在文学史边上》等
主讲课程	中国当代小说选读

顾名思义,"中国当代小说选读"的教学内容是中国当代文学史上的小说作品。但问题并不这么简单。20世纪50年代末,"中国当代文学"这一提法开始出现在大学教材中,约定俗成地指向1949年以来的文学,但是近年来的研究不断地在冲击上述看似自明的文学史时段。比如,有学者以战争文化心理的确立及其对文学的影响、历史事件对文学版图的划分为据,主张将"抗战"作为现、当代文学史的分界。也有学者因为"当代文学"下限开放而导致研究对象漂浮不定,转而为当代文学寻找种种终结的标志。

当然,"中国当代小说选读"在文学史时段的开放性,恰恰为教学带来了灵活性。在该门课程的教学实践中,有过两项比较重要的调整:首先,在时间段落上进一步将"当代"限定为1980年代改革开放以来——借用文学史术语表达则是"新时期以来的当代文学"。其次,在小说主题上则侧重以青年人为主人公、以青年时代的生活为书写内容、得到青年读者热情接受的小说。通过上述两项限定之后,展现在学生面前的,是1980年代以来年轻人在不同时空中的际遇、心态、苦恼、喜悦,踏入社会、生活的危机、爱情、事业、代际关系(师生、父子)……这其中的很多问题,或许正困扰着教室内在座的每一位学生,或许即将与其劈面相逢。实践证明,这样的教学安排,最易引发选课学生们的阅读兴趣,积极参与课堂讨论,由此学生们不仅是在欣赏文学,也是在检视自我生命历程的展开。纵观20世纪中国文学史,"青春"是通贯始终的主题。一百二十年前,《少年中国说》以热烈激扬的文字呼唤"老大帝国"遽变为"少年中国",自此,中国的现代化想象有赖于对"青春"的发现与拥抱。文学中青年形象的创造史,就在时代精神对于"青年"所寄予的角色期待的互动中展开。故而20世纪以来中国文学中充满了青年形象与青春想象,文学联系着作家的气质、认知和审美想象,也联系着一个时代的历史条件、社会现实和意识形态。"中国当代小说选读"以"青春想象"作为主题来展开,通过代表性文本的研读,讨论当代小说中提供的青年形象,考察形象塑造过程中文学内外多种因素的互动,也提示青年学子借鉴文学镜像来诚恳认识自身的来路与去向。

以上两方面的调整也使得主题内容更加具体化。首先,"当代"的文学史断代极为特殊,其时间下限是开放的。故而本课程提供给修习者的阅读选目,除了保留当代文学史上比较经典的篇目(比如阿城《棋王》、路遥《人生》、余华《十七岁出门远行》、张承志《黑骏马》等)之外,还会随机提供一些在"文学现场"中刚刚诞生的新人新作,比如张悦然《家》、马小淘《毛坯夫妻》、郑小驴《可悲的第一人称》、甫跃辉《初岁》、东来《大河深处》等(本课程也邀请过青年作家郑小驴、甫跃辉、王占黑与东来等来到课堂上与学生现场交流)。这批新人新作还没有被文学史的经典坐标所锚定,甚至不存在"参考文献"(这也是"中国当代小说选读"不同于一般原典精读类课程的地方)。修习者不必携带着大量前人研究成果去进入文学阅读；更为可靠的凭据，是自身赤诚的心灵和饱满的生活感受。

这样的处理可以在课堂上促成实现历史和当下的对话。举个例子，我曾推荐同学去阅读一篇"80后"作家的小说《毛坯夫妻》。作品的主题用一句话来概括的话，大概就是"宅女是如何炼成的"。为什么要推荐那部作品呢？因为近些年中国青年文化中，出现很多流行词，比如说"丧""葛优躺""佛系青年"等等，好像彰显着现在青年人的某种生活状态和精神状态。不妨对照一下，文学史上具有代表性的青年形象，如《黑骏马》《人生》这些作品当中的年轻人，他们特别富有活力、创造性，愿意面向外部世界去冒险……而从这样的积极进取的青年形象到今天追求安逸、面向内心而拒绝外部世界的"宅女"形象，这当中的演变轨迹是如何发生的？阅读中的这些青年读者可不可以也把自己的生活感受读入到这种转变轨迹当中去呢？由此得到的反思意识，也许可以来帮助他们应对未来生活。上述这种的历史和当下的对话，可能比单纯的文学鉴赏更加有讨论的空间和意义。

再拓展一步：文学以丰沛的情感表达与想象力塑造着每个时代对于青春的理解（比如卢梭和歌德之于欧洲）；反过来，"时代的性格主要是青年的性格"（恩格斯），青年主体在文学想象、阐述与论辩中的塑造，也将参与、影响历史实践。追求个性自由、富于批判精神、勇于承担社会责任的青年，是20世纪中国文学持续表现的核心形象。然而转变也在发生：自1980年代中期以来的文学中，青年主人公的消极认同日趋严重；他们对外部世界的兴趣日渐淡漠，在丧失介入性的同时退居"宅男""宅女"状态；青年的文学形象逐渐告别以"新青年""新人"为代表的20世纪中国文学史上主流青年形象的面貌；在文本形式上，以"天真－迷惘－考验－成熟"为叙事结构的经典成长小说越来越无法自圆其说，成长历程不再意味着主体的成熟，而是青春激情的破灭和耗散。不妨将上述现象描述为文学中的"青春消失"。这并不是指一代人的消失，年龄构成与世代传承并未中断；这是指文学中的青春想象和青年形象趋于保守，丧失了创造性、能动性和批判性。再将视线转向文学外部：主流媒体批评当下青年人"暮气沉沉";"丧""吊丝""卢瑟""佛系青年"等交替出场的流行语,成为青年人自我指认的符号;电影电视等大众媒介中的青春生活一再以"残酷物语"来演绎……这些社会现实也在佐证"青春消失"。本课程以当代小说研读为据,也联系到文学史上青春想象的延续与断裂,来促使学生直面当代生活中的青年认同危机。

这里的教学目标可以概括为审美、知识和修养的三合一。审美方面主要是引导学生掌握文本细读的方法,在广泛阅读的基础上来了解中国当代作家的创作方法和文学价值。知识方面希望学生能够"内外结合",把文本内部的美学肌理和文本外部的时代信息结合起来,通过对小说所反映的青年人的互动,来认识中国当代社会发展的历史条件和主要问题。修养方面则和价值观与公共关怀的培养有关:通识教育不同于专业教育,后者注重培养具体领域内的专业人才,前者旨在塑造健全的人格,也就是所谓的"成人"。总之,我们希望通过文学研读的方式,来促使青年学生整理自我内在的生命经验,并且表达他们对外部世界的理想和规划。

进一步阅读书目：

❶ 布鲁克斯、沃伦:《小说鉴赏》，主万、冯亦代等译，北京：世界图书出版公司，2006年。

❷ 哈罗德·布鲁姆:《短篇小说家与作品》，童燕萍译，南京：译林出版社，2016年。

❸ 莱昂内尔·特里林:《文学体验导引》，余婉卉、张箭飞译，南京：译林出版社，2011年。

❹ 陈思和:《中国现当代文学名篇十五讲》，北京：北京大学出版社，2003年。

❺ 金理、李一编:《新世纪小说大系（2001—2010）·青春卷》，上海：上海文艺出版社，2014年。

"是我把黑暗,化作光":手抄本传统与英国中世纪文学和文化

包慧怡	复旦大学外国语言文学学院副教授
主要研究方向	古英语与中古英语文学、欧洲中世纪手抄本中的图文互动、世界诗歌与地理想象
代表著作	《中古英语抒情诗的艺术》《缮写室》《塑造神圣:"珍珠"诗人与英国中世纪感官文化》(英文)等
主讲课程	英国中世纪文学与文化

为什么说将欧洲中世纪看作"黑暗千年"是巨大的误解？如何理解公元 1 至 4 世纪的罗马统治在不列颠留下的物质与文化遗产？早期盎格鲁－撒克逊时代何以成为"失落之年"？从口述到羊皮，英国中世纪文学"文本性"诞生的背景是什么？盎格鲁－撒克逊人从日耳曼多神教转而皈依基督教，这一事实在从记诵到书写的文化传递方式的转变中扮演何种角色？从古英语医学手稿、谜语诗、志怪写作传统中能看出早期盎格鲁－撒克逊人的哪些心智特征？不列颠与欧洲大陆的经济交流如何反哺盎格鲁－撒克逊学术传统？8 世纪起不断加剧的维京人侵略给盎格鲁－撒克逊社会带来何种挑战，给英语语言本身带来何种长期影响？为何塔西佗的《日耳曼尼亚志》被称作"最危险的书"？我们今日应对其中"高贵野蛮人"的概念及其在后世被误读的方式作何反思？《英吉利教会史》与

《盎格鲁-撒克逊编年史》如何奠立早期历史写作的范式？古英语大史诗《贝奥武甫》是否呈现了一个认可文化多元和潜在"世界主义"的世界？

1066 年的诺曼征服给盎格鲁-撒克逊社会带来何种语言与文化影响？为何实际使用人数最多的中古英语在 11 至 14 世纪沦为了三语社会中地位最低的"次等语言"？乔叟的《坎特伯雷故事集》如何使英语作为文学与学术语言重登历史舞台？乔叟的翻译实践——包括从古法语翻译《玫瑰传奇》和从拉丁文翻译《哲学的慰藉》——与其中古英语写作实践有何关联？诞生于博洛尼亚、牛津、剑桥的中世纪大学如何成为孕育现代大学和通识教育（liberal arts）的摇篮？科学与信仰之间的冲突与张力如何体现在中世纪盛期和晚期的俗语文学作品中？黑死病如何影响末世论观念的转变以及"死亡预警"文学的兴起，如何进一步暴露中世纪教会与社会的深层危机？"七宗罪"的观念史从古代晚期到中世纪晚期经历了何等剧变？骑士精神与典雅爱情理想兴起的历史与文化渊源何在，如何体现在 13 世纪以来日趋流行的罗曼司作品中？中古英语亚瑟王传奇如何完成"去凯尔特化"，亚瑟王的卡米洛特（Camelot）为何在中世纪晚期乃至后世英国人心中成为"理想王政"的模型？在逐步奠立通用语地位的中古英语伦敦方言面前，《高文爵士与绿骑士》《珍珠》《清洁》《坚忍》等同时期西北方言作品如何完成上承古英语传统的"头韵复兴"？从手抄本到印刷书本的媒介转变如何影响文本的创作、流传与接受？中世纪英国的地图制图学与游记文学体现出何种族裔观、历史地理观和异域想象？

要回答这一系列纵跨将近千年、横跨多个人文学科、对理解今日世界却不无重要的问题，我们需要跳出20世纪以来日趋专门化、精致化的学术分工逻辑，试图如一个具有通识视野的中世纪"博雅之士"（*literati*）那样，潜入不同领域的原始文本中，从驳杂浩繁的书之海洋里梳理出自己的线索。拉丁文古谚云，"一本书打开另一本书"（*Liber librum aperit*）。如果说从今人的眼光看来，这些中世纪书本的文类区分显得暧昧不清，那是因为在前现代以手抄本为物质载体的知识生产体系中，"写一本书"在许多意义上，本身就是一种试图跨越界限的努力。羊皮如此昂贵珍稀，缮写如此耗时费力，想要在一本书，甚至一页"纸"上保存尽可能多知识的渴望，深深植根于每一位中世纪作家的心灵中，也与中世纪人百科全书式的思维习惯和治学方法密不可分——"百科全书"的词源义即"环行一周的（通识）教育"。因此《英吉利教会史》既是历史地理著作又是奇迹叙事（*mirabilia*）汇编，《盎格鲁-撒克逊编年史》中的故事元素与历史元素密不可分，《埃克塞特抄本》是实用知识汇编也是挽歌与谜语诗集，《坎特伯雷故事集》同时是朝圣文学、阶级讽喻（estate satire）和中世纪盛期社会弊病的诊断书。取决于读者各自的储备和视角，这些书籍每一本都有多种读法，一本书潜在包含多本书，一本书通向更多书。

我们也必须考量这些中世纪书籍与今日书籍截然不同的物质形式。在前印刷术时代的手抄本文化中，写作者首先是一名"书籍制作者"，是一名对古书权威（内容及其物理形式）顶礼膜拜的"拜书教"成员。每一本书都以美丽的细密画和璀璨的泥金装饰令人目眩，每一本书的制作都耗费巨大人力且不可能完美复制，以至于对许多中世纪作家而言，在一本新写的书中尽可能多地保存来自往昔古卷的珍贵信息，要比标榜自己的原创性重要得多；继承或声称继承尽可能多的古代权威的衣钵，也比吹嘘个人智慧更能使一本书取信于读者。古英语与中古英语作家和学者们往往把本人的独立贡献藏起，宣称自己的书不过是对前人的翻译或汇编。比如莱亚门（Layamon）就在长诗《布鲁特》（*Brut*）的序言中说："莱亚门把这些书摊开在面前，并且翻动书页……摘录下他认为可靠的那些段落，并把这三个文本压缩成一部完整的书"。乔叟在《名女传》（*Legend of Good Women*）序言中自称拾穗者："于是我步其后尘，俯首拾穗 / 如能捡到他们遗留的任何好词句 / 我的心里就会充满了喜悦。"又在《特洛伊罗斯与克丽希达》（*Troilus and Cressida*）第二卷中言之凿凿："我所写情感并非个人杜撰 / 而只是把拉丁语译成本国的语言……如有的词语不妥，并非我的过错 / 因为我只是复述了原作者的话。"此类看似过分谦卑的自白，部分源自手抄本时代的作者对古书的（哪怕在今人看来盲目的）信任，使得每一位新来的著书者可以将自己安心地写入自古以来"书籍制作者"的悠久传统中。

手抄本传统使得博尔赫斯笔下的通天塔图书馆不再是一种比喻，而是一张实实在在的、由书籍及其互文性叠织而成的巨网。翁贝托·艾柯《玫瑰的名字》中迷宫的原型就是这种手抄本文化。作品作为书，其内涵和外延往往边界模糊。由于一部抄本中的羊皮纸页往往历经几代拥有者的拆分、增删和重新装订，我们甚至往往难以断定哪儿是一本书的终结，哪儿是另一本的开始。此外，中世纪文本的初始作者无法阻止誊抄工、编者、评注者乃至世世代代的读者加入到一个文本不断扩充的"作者"的队伍中来，正如羊皮或牛皮无法阻止后人在页缘添加涂鸦或注释，与位于中心的文本构成图文互动。文本有生命，羊皮会呼吸，我们需要了解这种特殊的"文本可流动性"对中世纪智识传统产生的深远影响，也有必要学习一些阅读手稿的基本技能，方能对基于抄本传播的中世纪文本及其诞生的社会历史背景产生更加感性和深入的理解。

古英语（盎格鲁－撒克逊时期）与中古英语（诺曼

时期）文学不仅是英国文学的起点，也是深入理解英国乃至欧洲中世纪历史与文化的宝贵钥匙。尽可能贴近原文、尽量在手抄本传统的独特语境下阅读这些文本，则是我们为抛光这把钥匙所能做的努力。中世纪泥金手抄本书画一体、图文互注、恍若一个个自洽又彼此连接的宇宙，而 illuminare——"为抄本上色"的拉丁文动词——本义是"照亮"。恰如 9 世纪古爱尔兰语"修院抒情诗"《学者和他的猫》(*Messe ocus Pangur Bán*) 中"学者"的自白：

"不舍昼夜，捕捉智慧，/ 是我把黑暗，化作光。"

进一步阅读书目：

❶ 比德:《英吉利教会史》，陈维振、周清民译，北京：商务印书馆，2016 年。

❷ 匿名氏:《盎格鲁－撒克逊编年史》，寿纪瑜译，北京：商务印书馆，2004 年。

❸ 乔叟:《坎特伯雷故事》，黄杲炘译，南京：译林出版社，1999 年。

❹ 克里斯托弗·德·哈梅尔:《非凡抄本寻访录》,林国荣译,北京:社会科学文献出版社,2020年。

❺ 包慧怡:《中古英语抒情诗的艺术》,上海:华东师范大学出版社,2021年。

西方叙事传统:
定义、演变和叙事分析

段枫	复旦大学外国语言文学学院副教授
主要研究方向	经典叙事理论与小说阐释、库切研究、跨媒介叙事的理论与实践
代 表 著 作	《历史话语的挑战者:库切四部开放性和对话性的小说研究》等
主 讲 课 程	从特洛伊到漫威世界:西方叙事传统的演变与发展

我们知道，叙事、说明和论说文是三种基本文体分类，然而，叙事文本却能够同时包涵这三种基本文体，是最具混成性的一种文学形式：在构建故事世界、刻画故事人物时，作品必然涉及说明和描述性文字，在人物对话和叙述评论中也时常包括谈话、说理、辩论等议论，将特定观点和立场做实体化和情境化处理。正是由于叙事文本对故事世界的这种建构，读者能够暂时脱离自己所处的现实世界，在虚构世界的平行空间中跟随人物获得某种情感性的体验，并由此获得某种人生智慧的滋养，这也是叙事文本最令人心醉的永恒魅力之所在。

叙事曾经被定义为"某人在某一特定场景中处于某一特定目的讲授某个事件"，分析对象则以文字叙事（部分理论家同样也兼顾了电影叙事）为主。然而，随着戏剧、歌剧等表演类以及绘画、音乐、游戏等非文字类叙事媒介的兴起并逐步被纳入叙事研究的视野范畴，传统以"讲述行为"为主要界定标准的叙事定义明显无法理想涵盖这些新兴叙事媒介及其实践。叙事理论的发展一直都是为了包容和解释实践中产生的不同叙事手法，面对跨媒介叙事演变发展过程中所涌现的新形式和新文本——如兼具图像和文字轨道的漫画叙事／绘画小说、包含声音和视觉轨道的电影叙事，乃至强调读者亲身参与建构的游戏叙事，叙事理论界自然而然需要对既有概念和理论体系做出相应调整，而其中亟待解决的首要问题，就是对叙事概念本身的重新审视。

我们看到，"叙事"一词的定义已经发生了相应变化：这个曾经被看作"对某一事件／某一系列事件的再现"、由"故事"（故事序列）和"话语"（展现故事序列的叙述话语）两部分组成的术语，已经开始被定义为一个复杂的概念；它包含了空间（包括其个性化存在物）、时间（涉及具体时间点、相应事件所导致的不同状态变化）和心理（人物的心理状态构成故事行动的原因和动力）等多重属性，不但具有特定主题意义，同时也涉及不同媒介形式。在针对"叙事"概念所进行的这种理论调整之中，空间越来越凸显出其重要性,对故事世界的建构俨然已经成为其定义中最为关键的核心要素,它不但强调在这个特定虚构世界中人物所遭遇的事件和状态变化,同样重视人物的身体和情感反应,以及读者在体验这一故事世界的过程中所做出的认知和情感反应。这也就是本课程采用"特洛伊"和"漫威宇宙"作为题眼,通过对不同时期相关叙事文本的阅读和分析,尝试对西方叙事发展的主要演变阶段做某种比较性宏观纵揽的主要原因。

从《伊利亚特》到文艺复兴时期与其形成互文关系的大量油画、雕塑作品,实际上是以不同的媒介形式,共同建构起了神与英雄共存、以英雄主义为主要特征的古希腊世界,形成了西方文明的文化记忆中一个迄今为止仍然熠熠生辉、令无数后人向往敬仰的传奇时期。从故事世界的构建这个角度来审视这部史诗的组成部分,就可以理解为何其中有大量对于祭祀、饮食、葬礼等风俗习惯的细节描写,更可以理解其中经典的艺格敷词案例(第十八章《阿基里斯之盾》)所起到的重要结构性和主题性作用。

当西方社会开始逐渐向现代性迈进,将目光从古典时期的辉煌和中世纪的虔诚转向现实生活及其意义之时,以《鲁滨逊漂流记》为代表的早期西方小说,不但通过僭越-救赎的基督教母题建构了故事的情节主线,为现实主义小说的形成和发展奠定了重要基础,更是引入了对海外荒岛的细节描写,展现了西方殖民扩张时期对于海外异域的向往和文学想象,在其国民性塑造和现代化进程中发挥了重要的文化作用,构成了西方叙事发展过程中又一个重要发展阶段。然而,进入20世纪后半叶之后,这种现实主义手法逐渐开始引发反思,这种形式上的逼真是否真的能够把握客观世界?以主人公经历为核心的叙事模式是否遮蔽了其经历中所涉及的其他人物和其他声音?相关疑惑被越来越多的小说家写入自己的文本,通过对故事世界的重新创造展现对经典文本反思性的重置和改编。因此,无论是《伊利亚特》中的特洛伊,还是《鲁滨逊漂流记》中的海外荒岛,都在现代作家的艺术作品中被重新建构:奥登的叙事诗《阿基里斯之盾》不但哀叹了希腊英雄传统在当代的衰亡,也通过"杀人者阿基里斯也终将被杀"这一表述挖掘了其内在原因;库切的后现代小说《仇敌》则从女性主义、后殖民主义角度对鲁滨逊的荒岛进行了重写，不但突出了现代主义以来对主人公主体性的重视和叙事塑造，也挖掘出原文本中被遮蔽的其他声音和意义。

1950年代开始的美国超级英雄漫画创作，从某种程度上体现了叙事文学作品与大众通俗文化的一种融合，也呈现了当代叙事作品越来越明显的跨媒介、多模态化的发展趋势。在超英漫画和1970年代地下漫画的基础上，1980年代起以《鼠族》为代表的一系列绘画小说，已经开始充分挖掘图文双轨的叙事运行机制，通过抽象文字和具象图片之间的张力，画幅的空间排版，画幅和画幅间的时间以及情节跳跃等媒介特性，展现了绘画小说所具有的强大叙事潜力，逐步进入传统上由文字作品所垄断的严肃文学领域。同样发源于超英漫画的漫威宇宙，则通过其在电影、电视、游戏等多种媒介平台之间的延展和扩张，形成了引人瞩目的跨媒介故事建构和改编的文化现象（也就是俗称的IP文化）。

在叙事发展演变的不同阶段，作者和评论家的关注焦点已经经历了从情节和故事发展到人物，在当前又展现出向故事世界（包括人、事、物与空间）转变的趋势。传统叙事作品往往忽视了同样拥有自己生活和独立性的其他人物——他们有过去、有故事、有自己的创伤与爱恨，并非仅限于路人甲、官兵乙这样的功能性存在。漫威电影宇宙（MCU）的构思和展开从某种程度上说，正体现了这种由不同个人所代表的多个可能世界所构成的叙事宇宙结构：基于斯坦·李的漫画人物系列，漫威影业在20年间借助多部单人线电影（《钢铁侠》《雷神》《奇异博士》）和集结主要英雄的《复仇者联盟》系列，逐步构建了宏大的漫威电影宇宙，也突破了围绕单个人物、单一情节发展的传统电影叙事模式，在由多个人物所代表的众多世界之间建立了紧密的有机联系。

大家在读完某部小说、看完某部电影之后，时常会觉得自己有很多感悟想说，但却不知道该怎么说，不确定如何准确把握自己的即时阅读感受。也许，当我们具备了一定的分析工具之后，就会思考以下这类问题：为什么我会有这种感受？作者为什么会希望我有这种感受？我这个感受是不是作者所希望的那种？如果不是，那么到底是我的这种感受更有道理，还是他人的感受更加符合作品主题？或者有没有可能我是通过文本中的某种特殊细节，挖掘到了作者、其他评论家都没有意识到的潜在主题？叙事理论所提供的描述性分析工具，目的就在于帮助我们更加精准地把握叙事文本在内容、形式和主题上的整体性和一致性，阐明作品修辞结构所涉及的作者意图、文本细节和读者反应等不同环节和修辞要素。

进一步阅读书目：

❶ 埃里希·奥尔巴赫：《摹仿论：西方文学中现实的再现》，吴麟绶、周新建译，北京：商务印书馆，2014年。

❷ 亨利·詹金斯：《融合文化：新媒体和旧媒体的冲突地带》，杜永明译，北京：商务印书馆，2017年。

❸ Suzanne Keen, *Narrative Form: Revised and Expanded Second Edition*, London: Palgrave Macmillan, 2015.

美与艺术的体察

你有一双
看得见美的眼睛：
对艺术与审美的哲思

孙斌	复旦大学哲学学院教授
主要研究方向	艺术与批判、感觉与社会、审美与生存等问题
代表著作	《守护夜空的星座：美学问题史中的T·W·阿多诺》《审美与救赎：从德国浪漫派到T·W·阿多诺》《当代西方社会科学中的实用维度和批判维度》等
主讲课程	艺术哲学与审美问题

一般来说，当我们看到一样东西比如一个建筑的时候，有一件事情似乎是确定无疑的，这就是，这个所看到的东西是一个建筑。不过，至于这个建筑是不是美的，可能就不那么确定了，不仅不确定，有时甚至还会引起争论。为什么会这样？为什么我们会认为，眼睛能确定地看到建筑，但是却不能确定地看到美？也许有人会说，眼睛从它本身的结构来讲，是一个感知光而不是感知美的器官，所以，通过感知光线来看到一个建筑当然没有问题；至于是不是可以看到美，就不是眼睛本身所能决定的了，它需要别的东西比如审美趣味加到我们所看到的这个建筑上。

在人们看来，美学似乎就是要研究这样的别的东西，即加到建筑上并决定建筑是不是美的东西。然而，如果仅仅把美学建立在这样的区分上，那么一些真正重要的问题也许就被忽视了。之所以这么说是因为，一旦我们明白，眼睛就其为感光器官而言，其实并不能看到包括那个建筑在内的任何事物，我们就会发现，当我们说我们看到了一个建筑时，早已有什么东西加到眼睛的看之中了，并且，正是因为这些东西，我们早已有了一双看得见美的眼睛。当然，对于这件在平时几乎不被注意的事情，非常有必要做出进一步的说明，而我们的讨论也正是可以从这里开始。

如果眼睛像前面讲的那样只是感光器官，那么它所能看到的就只是如此这般的形状和颜色，或者，勉为其难地说，它看到了由这些形状和颜色组合而成的某样东西。但是，建筑无论如何是看不到的，因为眼睛并不能把它看到的这样东西看作是建筑——对于眼睛来说，形状就是形状、颜色就是颜色，再怎么组合也得不出超出它们之外的建筑。也许，人们会争辩说，因为这样的形状和颜色就是建筑的形状和颜色，所以我们说我们看见了建筑。这个争辩所说的事情当然是对的，但它是以另外一件事情为前提的，这就是，我们把我们所知晓的建筑的样子加到了那些形状和颜色之上，然后说眼睛看到的这样东西是建筑。倘若没有这样的加诸其上，那么我们就只能看到各种各样的形状和颜色以及它们的组合，而看不到包括建筑在内的任何事物。这样一来，事物的样子就变得非常重要了，因为我们是根据这个样子来把眼前的一堆形状和颜色看作是这个事物的。那么，在这样的样子里，有没有美？这是一个美学的问题，并且显然是一个比前面说的审美趣味更为根本的美学问题，因为在这个问题里，美不是在看到建筑之后，而就是在看到建筑之时。要回答这个问题，我们需要考虑另外一个问题，即：这样的样子是怎么来的？

说到这里，你，如果是一位了解美学史或哲学史的读者，也许会问，我这里是不是援用了一些哲学家的想法，比如我所说的样子听起来很像柏拉图说的理念？的确，这里援用了不止一位哲学家的想法，但是他们理论的展开显然更适合在整整一个学期的课堂上，而不是在这篇短文里，所以，我更想用例子而不是术语来把事情讲清楚。比如，柏拉图在他著名的一篇对话《大希庇阿斯篇》中谈到了美，不过，他说的美不是指具体事物的美，而是指使得包括美的建筑在内的一切美的事物为美的东西，就像我说的那个样子。言下之意，如果我们知晓美的样子，我们就可以把这个样子加到我们所看到的东西上并说它是美的，就像我们把建筑的样子加到我们所看到的东西上并说它是一个建筑。然而，这个美的样子是怎么来的？柏拉图似乎语焉不详，显得颇为神秘。更糟糕的是，这个美的样子作为一种永恒不变的东西，遭到了后来人们的极大批评，因为两千多年来，我们从来没有找到过一切美的事物中都有的这种永恒不变的本质，毋宁相反，我们发现的是审美趣味在历史上的不断变化。不过，柏拉图为了说明他说的这个美而举的六个反面例子倒是给了我们很大启发，比如，美是漂亮的小姐、美是黄金、美在于恰当、美就是有用的、美在于有益、美就是由视觉和听觉产生的快感。

尽管柏拉图举这六个例子的本意是要驳倒它们，但是，如果我们对这些例子所讲的事情稍加思考，就会发现，它们其实正是古代希腊人的生活里面所涉及的东西，就此而言，它们乃是他们的生活方式的表达。所以，我们由此获得的启发就是，美的样子，并非是什么永恒不变的本质，而就像事物的样子那样，都是从生活方式里面来的。试想一下，在更为古老的时代，不仅人们的生活中没有建筑，而且更为重要的是，他们无论如何也无法看到建筑，因为他们没有可以加到形状颜色组合之上的建筑的样子。换句话说，当某样东西作为建筑被制作出来或者被看到时，是因为它在生活中的位置和意义被发展出来了，而这样的发展也就是人们对建筑的样子的知晓——事实上，这种位置和意义是如此之重要，以至于马克思在《1844年经济学哲学手稿》中说，明亮的居室被埃斯库罗斯著作中的普罗米修斯称为使野蛮人变成人的伟大天赐之一。进一步地，如果说建筑的样子意味着它在人们生活中的位置和意义，那么，当它加到形状和颜色的组合上时，我们不仅看到了建筑，而且看到了美，因为美正是被包含在生活的意义之中。对此，我们或许也可以通过黑格尔在《美学》中给出的一个判断即"美就是理念的感性显现"来加以思考。在这个判断中，理念，作为最高的真实，由于获得感性的显现而成为美的；而我们知道，最高的真实从根本上来说就是生活的意义。进一步地,生活的意义不是给定的,而是生成的,美也是如此。这在尼采的《偶像的黄昏》中得到了更为明确的指出,他说:"没有什么是美的,只有人是美的……它是美学的第一真理。让我们立刻添上它的第二真理:没有什么比蜕化的人更丑了。"在这里,美意味着生活的意义的创造与生成,而丑则是它的反面即蜕化。

与此同时,艺术的问题也得到了触及。这个触及并不是说,艺术及其作品涉及诸如审美的形式、情感之类像前面所说的审美趣味那样会引起争论的东西,而是说,艺术就其在古代希腊的本义来讲正是指制作,比如,正像亚里士多德在《尼各马可伦理学》中提及的,建筑就是这样的制作或者艺术的产品。当然,今天所说的艺术与它在古代的意思有了很大不同,但是,制作这一本义恐怕仍然是我们对艺术做出理解的基本视角,反过来说,现在关于艺术的争论多少与遗忘这个视角有关。如果承认我们前面所说的事物的样子的重要性的话,那么,艺术作为制作就并不是仅仅把一样物理意义的事物做出来,而且意味着对这样事物的样子的知晓和表达；用海德格尔在《艺术作品的本源》中的话来说，这就是，把那原本处于遮蔽状态之中的东西带入到它的外观的无蔽状态之中。而如果考虑到事物的样子源于生活中发展出来的某种位置和意义，那么也可以说，艺术就是这样的生活的表达。所以，这样的艺术，不仅制作出了一个物，而且制作出了物的包括善恶、美丑等在内的全部意义——物的样子包含着这些全部的意义。

当我们用眼睛去看的时候，也总是把这样的样子及其全部意义加到那些形状和颜色组合之上，即便在我们仅仅把物当作比如器具来使用时，它的那些意义也没有消失，只不过此时，我们对比如审美意义的表达并不直接用"美的"这个词，而会用另外一些词比如"太长了""太短了""太窄了""好了"……耐人寻味的是，这些词所表达的意义并不完全取决于器具相应的使用效果，比如，在维特根斯坦《关于美学、心理学和宗教信仰的讲演与谈话》给出的一个例子中，一个人在设计一扇门时说："再高点儿，再高点儿，再高点儿……嗯，好了。"你也许会问,这些词是审美语词吗?不过,维特根斯坦的下面这句话大概会帮助你消除这个疑问,即:为了澄清审美语词,你必须得描述生活方式。

当然,由于美学家和评论家们已经做出的工作,我们更多地会使用诸如美、优雅、生动、崇高、诗意或者一些更为专门的术语来表达审美意义。但是,这并不意味着事物就有着相应于这些词的本质,因为我们只是通过这些词进入到事物的全部意义之中并对之做出表达。这就如同贡布里希在《艺术的故事》中提醒的,当我们去观看伦勃朗的作品时,不是在它们面前念叨一下使这位大师获得声名的那个表示明暗对照法的意大利术语,而是用崭新的眼光去观看一幅画,人们在这种探险旅行中,可能带回什么收获来,是无法预料的。比如,米勒的《拾穗者》是人们所熟悉的一幅作品。那些据称是专门的研究使我们获得了对于这幅作品的许多了解,但这并不意味着,当我们去看它的时候,我们是在画中寻找我们已经了解到的东西的提示物,不管那些东西是使人信服的还是令人生疑的,是对于现实的关注还是对于革命的暗示,因为没有任何东西可以代替我们从对于这幅画的观看开始的探险旅行。当然,在这个旅行的过程中,这幅画始终只是这幅画,但正因为它是一幅画,或者说一件艺术作品,所以它并不仅仅让我们看到一幅画,而是看到更多。

最后,我想简单地说,我们没有两双眼睛来分别看见事物和它的美,这就如同事物本身与它的美也不是两样东西。所以,对这个世界上的万物有所看见的我们,都有着一双看得见美的眼睛。如果真的有审美活动这样的事情,那么它无非意味着,每个人用自己的看得见美的眼睛去看这世界,而不要视而不见或者熟视无睹。相应地,艺术的任务特别是当代艺术的任务也就得到了揭示,这就是,通过它的制作来使人从那种视而不见或者熟视无睹中摆脱出来,去看并且看见。

进一步阅读书目:

❶ 柏拉图:《大希庇阿斯篇》(《柏拉图文艺对话集》)

朱光潜译，北京：商务印书馆，2013年。

❷ 康德：《判断力批判》，邓晓芒译，杨祖陶校，北京：人民出版社，2002年。

❸ 马克思：《1844年经济学哲学手稿》，中央编译局编译，北京：人民出版社，2014年。

❹ 维特根斯坦：《关于美学、心理学和宗教信仰的讲演与谈话》，刘悦笛译，北京：中国社会科学出版社，2015年。

❺ 海德格尔：《艺术作品的本源》，《林中路》，孙周兴译，北京：商务印书馆，2018年。

破墙：
杜威的生活美学策略

张宝贵	复旦大学中国语言文学系教授
主要研究方向	马克思主义美学、实用主义美学及生活美学
代表著作	《杜威与中国》《世俗与尊严：杜威的艺术哲学》《西方审美经验观念史》等
主讲课程	《艺术即经验》导读

艺术与生活究竟是一种怎样的关系？二者的差异在哪里？连续点又在哪里？人的感性欲望与精神诉求的对立怎样造成了艺术与生活的隔断？为什么说身体感觉是构成艺术经验的基础，又是连接生活经验的通道？艺术经验是不是仅限于绘画、音乐、雕塑等美的艺术？

1934年出版的《艺术即经验》对上述问题给出了系统回答。这本书是1931年约翰·杜威在哈佛大学"艺术哲学"系列讲演基础上整理出来的，出版后即赢得广泛声誉，被称为是现代艺术哲学的奠基之作，也开了艺术走向生活的理论先河。

艺术和理论之间有道墙，这是众所周知的事实。艺术家不大瞧得上理论，觉得它们别看说得头头是道，事实上和实际创作根本不搭界。最早讲出这个事实的应该是柏拉图，他说诗歌创作非但和技艺无关，而且必须要失去这种"平常理智"。后来康德、叔本华等人谈天才的时候也都讲过同样的意思。我国美学家李泽厚甚至还说,作家可以读书,但千万别读文艺理论的书。当然,现在随着艺术市场化的程度越来越高,情况有所变化,我们时常可以看到艺术家和艺术批评家联手的情况,然而,这恐怕更多是出于艺术生产的需要,未必是艺术创作本身的需要。美国哲学家约翰·杜威也意识到这个事实,1934年他出版的《艺术即经验》一书,就是从这个问题入手,认为根本原因是理论家在艺术与生活之间砌起了一道墙,艺术哲学只有把这道墙拆掉,让艺术回归生活,才能恢复创作与理论的正常对话。

杜威的这种破墙策略是对传统艺术哲学的反转。读过艺术哲学的人都知道,这类书一般都是拿现成的艺术作品——"美术"当标本,谈创作规律、艺术要素、内外条件之类,也就是就艺术说艺术,即便有人谈到与生活的关系,生活无非就是源、外部条件之类,更有甚者,"为艺术而艺术"论,或者唯美主义,还把生活视作一生之敌,说艺术一沾染上生活气息,就意味着龌龊、堕落云云，法国诗人戈蒂耶就是这样看的。杜威当然不赞成这种说法，说这就是人为的砌墙，把艺术和生活看作是完全不同的两码事儿。他在《艺术即经验》第一章将二者比作山峰（艺术）和大地（生活）的关系，高峰尽管直耸云端，引人注目，但它自始至终是大地的一部分，其运动也是大地的运动，二者在实质上并无不同。这就像古希腊的巴台农神庙，今天人们把它看作美术，摆到理论的手术台上看形式，拆结构，放在雅典却不是这样，它是雅典市民生活的有机成分，身上凝聚着祖先的祭奠，神灵的赐福，战争的骄傲，丰收的庆典。它的美，或许与康德所讲的纯粹形式有关系，却绝不是主要关系，更基本的，是祭奠的肃穆，战场的呐喊，庆典的狂欢，是实实在在的生活情感。当然，这样的"美术"和普通生活并不完全一样，就像山峰不同于大地，它是生活比较重要、闪亮的部分，是一种成熟的生活方式。

因此，杜威说他自己的艺术哲学就是恢复艺术与生活经验的连续性。艺术就像摇曳多姿的鲜花儿，普通人欣赏它，享受它的光艳和芬香就行了，理论家却不可以，除了享受，还要搞清鲜花与阳光、水、土壤及光合作用等的关系，了解鲜花的光艳与芬香是怎么产生的。这就是他讲的"迂回途径"。很明显，杜威是和传统艺术哲学对着干的，艺术不是越远离生活越好，而是越贴近越返璞归真。

问题是，艺术与生活的连续点在哪里呢？杜威给出的策略并不复杂，二者的隔断在哪里，连续点也就在哪里。这个点就是身为生活主体的人。在西方还有东方的传统里，对人的理解是大有讲究的。但凡被称作人，都是经过开化，或是知书，或是达理，总之在精神层面得有东西；干脆点儿说，就是离动物性肉身越远，人性越充分。知识人、语言人、逻各斯人、道德人都行，反正不能是动物人。所谓存天理，灭人欲，讲的就是这个道理。杜威当然不反对从精神层面来理解人，他反对的是抛离肉身的人。《艺术即经验》一书特别是前两章，他干脆用"creature"一词来称呼人。我们都知道，这个词汉语对应的主要意思是"生物"，但英语词义里也有人的意思。杜威使用此词，着眼点还是人，只不过是携带生物性的人。传统不是说人身上的生物性会妨碍认识真理，导致道德堕落吗？那好，杜威就反过来证明，不论是善，还是真，这些精神层面的东西，唯有落在肉身上才有意义。这就像足球场，思维层面的战术再合理，技巧再精妙，若不成为运动员自发的动作，说了也是白说。所以杜威借用了诗人济慈、佩特、莎士比亚等的很多话，说人的一切思维和推断，很像动物追逐猎物的活动，得转化成自发、直觉的行为，这才是真正"生存的智慧"，因而也是"诗性"的智慧。这时候，人的肉身感觉，就成了艺术连接生活经验的通道和纽带。

推重人的肉身感觉，不是说精神层面不重要，它很重要，若没它的参与和调控，只追求感觉的舒适快乐，那不是人应有的生活态度，也不是真正的艺术。杜威反对娱乐工业的理由，主要也在这里。他说，感觉固然可以让人的生活体验变得美好，前提却是理智因素参与其中了，失去了这种参与，感觉就容易沦为"低级、庸俗的趣味"，"意味着人向兽性的倒退"。在《经验与自然》里他专门讲过，现代社会将娱乐职业化，就是鼓励消费轻视劳作，让人忘记梅花香自苦寒来，这个苦寒或者劳作，也正是人的理智因素发挥生活工具性的场所。阿多诺后来曾批判休闲娱乐文化，说这是用艺术来麻醉人，这和杜威讲的娱乐使人"健忘"是一样的道理。

追求生活的快乐、幸福和美，是人之常情，只要别想着讨巧走捷径，踏踏实实靠头脑和努力来换取，美和生活就会成为一体，杜威称之为"整一的经验"（an experience）。这种经验的统一力量杜威称作"特质"（quality），是他生活美学最基本的范畴，意思却很难汉译，大体指人和环境交互作用中产生的感触、情绪、欲望、感受、情感等等，属于人，也属于环境对象，就像"爱"这种情感，总是特定人对特定对象的爱，而且无法言传。根据性质、功能、地位的不同，杜威很多时候又把这种融入了思维、意志的情感反应称作"审美特质""基础特质""单一特质"等，说人的生活一旦成为审美经验，必定是这种特质统摄的结果，纯粹生物性的欲望躁动不行，纯粹理智的支配更不行。视野尽头的一抹远山触动了你，感动谁都可以有，而且大都一会儿就过去了，换成别的感动或平淡，这成不了审美经验，感动也不是"审美特质"；或者，非得用有意义的"主题"来驾驭这种感动，也不成，只会把感动拆解得七零八碎。审美经验是什么一副样子呢？杜威说，这种感动仿佛李卓吾所讲的心中"垒块"，得有足够力量拉住你，专注并沉醉于这种感动当中，心游万仞，"寂然凝虑，思接千载"，最后"笼天地于形内，挫万物于笔端"，这才成就了一位文学家或艺术家。

杜威所讲的审美经验并不局限于文学或艺术，各种生活体验，只要是"整一的经验"，让情感这匹烈马由理智驾驭着飞奔，都可以是审美经验。他的美学是一种生活美学。杜威多次讲过，美不仅仅是艺术的目的，同样也是科学、思想和道德生活的归宿。拿人的思想经验来说，比如一篇文章，如果连自己也感动不了，非但感动不了别人，其结论也是令人怀疑的。所以杜威才说，审美性的"情感特质"是思想的基本动力，美是衡量思想经验"完善程度的标志"。还借用雪莱的意思，说道德的先知总是诗人。因此，唯有凿破艺术与生活之间的界墙，艺术和理论才会在共享的审美平台形成对话。这是杜威提供的美学策略。

进一步阅读书目：

❶ 杜威:《作为经验的艺术》，孙斌译，上海：华东师范大学出版社，2019年。

❷ 杜威:《经验与自然》，傅统先译，南京：江苏教育出版社，2005年。

❸ 杜威:《确定性的寻求》，傅统先译，上海：上海人民出版社，2005年。

❹ 康德:《判断力批判》，邓晓芒译，杨祖陶校，北京：人民出版社，2002年。

❺ 刘放桐:《实用主义述评》，天津：天津人民出版社，1983年。

经纬交织,秘响潜发:
对现代艺术教学的一些思考

沈语冰 | 复旦大学哲学学院教授

主要研究方向 | 西方现代美学、现代艺术史、艺术理论与艺术批评

代 表 著 作 | 《20世纪艺术批评》《图像与意义:英美现代艺术史论》等

主 讲 课 程 | 西方现代艺术:历史与理论

通过现代艺术的教学,我们希望学生既能学到欧美现代艺术的基本知识,获得鉴赏的愉悦,又能了解这些知识的生产方法,从而得到一种理性的、有深度的认知。不过,无论从理论上讲,还是从实践上说,这样一门课必定面临着目标与评估的两个方向的撕扯,甚至冲突:

1. 系统地介绍西方现代艺术的基本知识,各个艺术运动,代表人物和代表作品;
2. 强调现代艺术诞生的社会和视觉机制,突出理论模型的建构和规律性的总结。

前者是一般通史的上法,后者则是现代艺术理论或现代艺术美学的上法。在中国高校,艺术史的常规讲法是所谓通史。即从上古讲到当代,每一个时期都蜻蜓点水地讲一点,但每一个时期都无法深入。不仅教师毫无成就感,学生也多有抱怨。纵然是现代艺术,也是一个运动接着一个运动讲，每一个艺术运动都只能讲讲 ABC。

从一开始，我们就摒弃了这样的讲法。讲授的内容必须围绕着西方现代艺术的历史，但是关于这段历史如何讲述，背后却有着强大的理论和方法支撑。将历史与理论结合起来讲，是有可能的，也是必要的。

但是在实践中，这种结合并不那么容易。因为这相当于要在一门课的范围内，兼顾艺术史、艺术史学史和艺术史哲学这样三门课程的内容。因而无论是在内容的取舍上，还是在重点的选择上，特别是在艺术史的实体内容、艺术史理论与方法的介绍和阐释，以及与艺术史相关的美学和艺术哲学方面，如何做到平衡，是一件既需要勇气，更需要"秘响旁通，伏采潜发"的智慧的事。

迄今为止，我们做了一些尝试（特别是在将艺术史理论与方法，跟艺术史的实体内容相结合方面），但步子还是迈得非常谨慎的。首先用一些时间来讲解艺术品（在这里主要是指绘画作品）的解读的主要方法，这是全部艺术史学科的基础。在两节导论课当中，本课程结合马奈《在花园温室里》这幅画，介绍了图像志与图像学、形式分析、现代主义绘画理论(格林伯格)、精神分析、艺术社会史和视觉考古学等六种理论和方法。然后将这些方法(进一步加入女性主义、结构主义与后结构主义、前卫艺术理论、体制批判理论等)与马奈、印象派、后印象派、立体派、抽象派、表现主义、达达主义、超现实主义和未来主义、抽象表现主义等结合起来。在讲解这些流派的主要特征以及主流艺术家的代表作之外,重点突出推动这些艺术运动的思想动机,或者阐释这些艺术运动的主要理论模型。

这一编排方法基本上以历史的时间维度为经,以艺术史和艺术哲学的基本方法为纬。但经纬的编织,本身就是一门手艺。达到这门手艺的精妙程度,需要时间;对其中方法的调用也只在"存乎一心"之间。

形塑这种教授的方式并没有到此为止。对欧美现代艺术的这种讲法,虽然可能是全国首创,但我们仍然没有满足。特别是考虑到选课同学的全专业性(任何专业的学生都有),有时候你真的无法想到他们会提出诸如"与提香《乌尔比诺的维纳斯》相比,马奈的《奥林匹亚》究竟美在哪里"这样的问题。在艺术史专业学生中,这类问题通常是不会产生的。但是，其他与艺术史没有任何关系、对艺术史的基本知识并不熟悉的同学却会经常提出来。这就迫使我们进一步改变教学内容，提升它深入人心的程度。不能仅仅照顾到现代艺术的基本面——各个艺术运动好像都讲到了，主要的人物和作品似乎也没有遗漏——而是要深层次地说明现代艺术的本质。

于是，教学又迈出了更大的一步。我决定把欧美现代艺术聚焦于三个最关键的人物——马奈、塞尚、毕加索，从而以类似于"马奈研究""塞尚研究""毕加索研究"这样的专题研究的深度和高度，来尝试新的思路。这样的思路已经远远超出了一般通史的讲法。这样调整教学内容的重点是为了通过专题研究，让学生对西方现代艺术获得更为深入的理解。马奈、塞尚和毕加索普遍被认为是西方现代艺术三个最有代表性的人物。马奈代表了先锋派艺术与法国学院派（新古典主义）的决裂，塞尚代表了新的现代艺术范式的建立，而毕加索则开启了此后西方现代艺术代几乎所有重要运动的门户。例如，以六堂课（12课时）来讲解马奈的作品，从他的家庭罗曼史到《奥林匹亚》，从他笔下的莫里索肖像系列到其作品与摄影的关系等等，总之从马奈的传记入手，经过对其各个阶段的作品的详细考察，逐步揭示其艺术作品背后的社会机制和视觉机制。似乎只有这样，非艺术史专业的学生才有可能理解马奈的《奥林匹亚》借用、改造并超越提香《乌尔比诺的维纳斯》的地方，也就是说理解西方现代艺术与古典艺术的基本范式之间的差异。

这一版本的一个局限是无法做到面面俱到，优点是这相当于三个专题研究的精华，浓缩了本人此前20年沉浸在欧美现代艺术中的具身体验和学术研究。在过去的20年里，笔者从不间断地研习艺术史，尤其是英美艺术史界对现代艺术的研究。从现代学术的角度看，这是一种史学史的研究法；从中国古代学术的角度看，这是一种学案式的梳理和诠证。本人梳理出三代英美艺术史学者的学术贡献、问题意识、方法论和理论模型，也就是笔者总结的"三代学人、六门家法"：从罗杰·弗莱（Roger Fry）作为20世纪初的第一代英国艺术史家和艺术批评家的代表，到以克莱门特·格林伯格（Clement Greenberg）、列奥·施坦伯格（Leo Steinberg）、迈耶·夏皮罗（Meyer Schapiro）为代表的美国艺术史家和艺术批评家——他们构成了第二代——再到晚近的T.J.克拉克（T.J. Clark）和乔纳森·克拉里（Jonathan Crary），涵盖了形式主义、现代主义、图像学、马克思主义与精神分析、艺术社会史和视觉考古学等艺术史理论和方法。

当然，这些艺术史理论与方法，主要是作为文献材料介绍给学生。学生通过阅读这些材料，再加上讨论课，大体上能够掌握现代艺术史学的基本理论和方法。在课堂上，讲授还是围绕着作品进行，也就是通过分析具体的作品，切实地让学生感受到现代艺术的真和美，唤起他们对人类创造力的敬畏和崇尚，提高他们的视觉素养和审美鉴赏力。

进一步阅读书目：

❶ 罗杰·弗莱:《塞尚及其画风的发展》，沈语冰译，

南宁：广西美术出版社，2016年。

❷ 列奥·施坦伯格：《另类准则：直面20世纪艺术》，沈语冰等译，南京：江苏凤凰美术出版社，2013年。

❸ 迈耶·夏皮罗：《现代艺术：19与20世纪》，沈语冰、何海译，南京：江苏凤凰美术出版社，2015年。

❹ T.J.克拉克：《现代生活的画像：马奈及其追随者艺术中的巴黎》，沈语冰、诸葛沂译，南京：江苏凤凰美术出版社，2014年。

❺ 乔纳森·克拉克：《知觉的悬置：注意力、景观与现代文化》、沈语冰、贺玉高译，南京：江苏凤凰美术出版社，2017年。

从体验者的视角审美
中国戏曲艺术

赵群 上海戏剧学院戏曲学院教授
国家一级演员

代 表 著 作 《采撷思行：赵群观演杂谈》《秋声心语：张派艺术传习录》等书籍，以及《姹紫嫣红：京剧》《赵群张派经典唱段》等唱片专辑

主 讲 课 程 中国戏曲·京剧

在当代，若问年轻人是否了解中国戏曲，估计谁也不敢应承。可是当老师列举出具体的戏曲剧目和演绎形式时，他们仿佛又不觉很陌生，且大都能领会其中精髓并引发延伸性的思考。或许传统艺术因子在他们的成长过程中或多或少都有驻留并产生过意义，只是未经点拨不自知而已。京剧艺术是中国戏曲百花园中一株成熟较晚却无比娇艳的奇葩。它生于乡野，长于皇城，广泛汲取宫廷和民间各类艺术精华，于清中后期逐渐形成，战争动荡年代日臻成熟。京剧的艺术形态基本概括并表现出了中国戏曲的核心特点，即运用载歌载舞的程式性进行人物表演，于虚拟写意的舞台空间中演绎历史或现当代题材的故事。

通常来说，选择人物性格鲜明，戏剧结构完整的"全本戏"较传统经典"折子戏"更适合初学者，因为只有明晰了剧情和人物关系之后方能上升到欣赏艺术细节。全本戏的主角首次登场都会先念【引子】、【定场诗】，使观者第一时间了解剧情大意。李渔在其《闲庭偶寄》中曾说：

> 人未上而我先上也，必用一悠长引子。引子唱完，继以诗词及四六排语。谓之"定场白"。言其未说之先，人不知所演何剧，耳目摇摇，得此数语方知下落，始未定而今方定也。务以寥寥数言，道尽本人一腔心事。

"唱引子、念定场白"长久以来一直在戏曲艺术中延承，略有不同的是京剧艺术改纯唱【引子】为"念和吟唱"相结合的表现形式。例如京剧《四郎探母》之第一主角杨四郎（延辉）首次登场所念的【引子】和【定场诗】：

杨延辉：【引子】金井锁梧桐，长叹空随一阵风～

【定场诗】沙滩赴会十五年　雁过衡阳各一天

　　　　　高堂老母难得见　怎不叫人泪涟涟

再如京剧青衣剧目《三娘教子》之王春娥（三娘）首次登场的【引子】和【定场诗】：

王春娥：【引子】守冰霜　贞洁为本　效孟母教子成名～

【定场诗】可叹儿夫丧镇江　每日织机度时光

　　　　　但愿儿登龙虎榜　留下美名万古扬

京剧的台词较昆曲更通俗易懂，学生无需解读，观看了【引子】【定场诗】之后心中便对该剧中人有了一定的"认知和评判"，杨四郎是否表现出那份沉郁的苦闷、王春娥的表演中是否充满了美好期望……

戏曲艺术塑造人物是以"这一类"而非"这一个"为核心要义的。山西省侯马市金代墓出土的杂剧砖雕戏俑"五花爨弄"——末尼、引戏、副净、副末、装孤五个形象——基本可以对应后世"生旦净末丑"戏曲角色分行，每个行当拥有专属的特色表演，但又能与其他行当和谐相融。观者如能了解其表演本质便可快速在脑海中映出身边很多普通人的行为特征。王国维先生在其《古剧脚色考》中曾对戏曲分类塑造人物进行了分析：

> （脚色）一表其人在剧中之地位；二表其品性之善恶；三表其气质之刚柔也。……夫气质之为物，较品性为著。品性需要观其言行而后见，而气质则于容貌举止声音之间一览而得也。

受舞台剧时间的限制，中国戏曲在千年的传承中精准的抓住了人物"气质"这一瞬间就能打动观众的角色塑造方式。其实"脚色"这个词在过去本就是生活用语，涵盖个人简历的意思。"脚为履历，色指外貌"，官员间的引荐都需要呈上"脚色"，说明此人祖居何处、姓甚名谁、曾在何处做和营生以及身高、容貌、须发颜色等等情况介绍。后来是戏曲借用了这个词指代剧中人分类，久之演变为戏曲专属名词,其原来在生活中的作用反逐渐消失。

在教授实践剧目方面,梅兰芳先生的代表剧目《穆桂英挂帅》常常是首选。剧中最打动人的一段戏:忧国忧民心怀天下的佘太君,质问孙媳妇穆桂英为什么拒绝挂帅出征,穆桂英无奈的回禀陈情:

【西皮二六】

非是我临国难袖手不问	见帅印又勾起多少前情
杨家将舍身忘家把社稷定	凯歌还人受恩宠我添新坟
庆升平朝堂内群小并进	烽烟起却又把元帅印送到杨门
宋王爷平日里宠信奸佞	桂英我多年来早已寒心
誓不为宋天子领兵上阵	今日里挂帅出征叫他另选能人

杨家老小奋勇杀敌,到头来不过是"人受恩宠我添新

坟",这是怎样一种心境?太平时期,满门孤寡的杨家落寞搬离曾经名震天下的天波府偏居乡野;战争来临,朝堂群小无策"却又把元帅印送到杨门"……此情此景无需多言,听者自能感悟角色心中之痛。有了这段唱词的铺垫,后面穆桂英在佘太君"舍小家为大家"的劝告下同意挂帅出征,并豪情万丈地唱出"我不挂帅谁挂帅,我不领兵谁领兵",更显出其巾帼英雄心系天下之豪情。此外还有三国时期老将黄忠演唱的"这一封书信来得巧"、霸王别虞姬时所唱之《垓下歌》"力拔山兮气盖世……"等都是非常有意义的实践选段。

戏曲和所有表演艺术一样,是以生活作为取材基础的,只是取材更加广泛。这不限于直接对形形色色的现实人进行模仿和揣度,还会从武术、舞蹈、壁画、雕像、飞禽走兽、书法图画等材料中"摹拟其形,摄取其神"。【云手】【山膀】【兰花指】【龙虎步】……戏曲角色遵循的是一套以虚拟为主的舞台逻辑,每个形体动作、装扮形象和演绎形式都必须和音乐、舞台美术等方方面面协作配合。"从模拟的生活中跳将出来,以奇妙的表演幻想,创造出海市蜃楼，复置身其间，且歌且舞。它是幻境的虚拟，又是生活的逼真，既沉潜于体验之中，又放浪于形骸之外。"

为了让上述艺术之美真正于学习者身上有所体现，就需要安排其穿上戏装水袖、站在形体房镜子前"沉肩、立顶、拔腰、收臀"端庄稳重的练习走台步。《审音鉴古录》中有两段表演提示：

《荆钗记》
钱玉莲：行动止用四寸步，其身自然袅娜，如脱脚跟一走，即为野步。
王母：夫人虽老，终是小姐出身；衣饰固旧，举止礼度犹存。

穿着旅游鞋身体松垮的状态绝对走不出有风度的学者步法；无论身处什么环境我们都应该保持应有礼貌和自尊。以点带面、由表及里的传递生活道理亦是学习"中国戏曲·京剧"课程的核心要义。

"装扮 + 表演"环节无疑是戏曲表演艺术的核心环节，同时也是"中国戏曲·京剧"课上学生们最感兴趣、最兴奋的教学部分。在后台化妆间教师通常会介绍："京剧旦角化妆的地方为什么叫'包头桌'？因为清朝时不准女人登台，而男性演员都是秃脑门留辫子，想要'扮女人'首先得用一块黑水纱把前额包起来，然后再进行其他水粉胭脂的修饰……"在登台表演前老师会不时地提醒学生此刻"你不再是你，而是一身戏曲装扮包裹下的他（角色）"等表演核心问题。

进一步阅读书目：

❶ 廖奔、刘彦君：《中国戏曲发展史》，太原：山西教育出版社，2012年。

❷ 赵群：《采撷思行：赵群观演杂谈》，上海：华东师范大学出版社，2018年。

❸ 程砚秋：《程砚秋戏剧文集》，北京：华艺出版社，2010年。

基于实践的审美体验：
从达·芬奇笔记到
绘画实践

周进	复旦大学艺术教育中心高级讲师
主要研究方向	当代艺术油画创作
代 表 著 作	《艺术入门》《造型基础》等
主 讲 课 程	达·芬奇笔记与绘画实践

"达·芬奇笔记与绘画实践"课程通过阅读、观赏、研究达·芬奇笔记的方式切入速写、素描的创作，引导大家亲自动手，由实践出真知，追求自身艺术理想。达·芬奇（1452—1519）是艺术家、发明家以及文艺复兴的杰出代表，他的笔记就是在纸本上的文字、速写和素描手稿，数量多达四五千份。那么，问题来了：我们为什么要学习达·芬奇笔记？如何学习？该划什么重点？学习达·芬奇笔记其实是在学习什么？除了达·芬奇笔记还有其他选择吗？

为什么要研究达·芬奇笔记？在西方的绘画基础理论中，达·芬奇作出了杰出的贡献。笔记里记录了他的艺术与科学研究，如：他以人的头部长度为一个基本单位，对人的身高进行测量，得出了一系列关于人体尺度（比例）的权威结论；他还发现当人平展手臂之时，两个手指尖之间的距离等于身高。在笔记中,他广泛将艺术和解剖、机械、工程、动植物、建筑、地理等知识联系起来,对于来自不同专业背景的我们,比较容易找到各自的兴奋点。比方说面对一棵树,懂一些植物学知识的人可能会关注树的类别和学名,以及其生长特性;如果是从物理学角度,我们可以表述树的高度、生长姿态和阳光的关系,还有它的投影等信息;如果您是数学专业的背景,阅读到达·芬奇写的"主要树干的直径相当于旁枝直径的总和,并可类推至树枝分枝的最末端"之后,会更容易理解主干和枝干的比例关系。最后,你可以仔细观赏这棵树,准确画出它的外形特征和明暗转换。所以,美术由于其视觉的特性成为观察世界的抓手,达·芬奇的独特观察方法和高超表达技巧值得研究。

如何学习达·芬奇笔记?对于绘画艺术来说,实践是不可或缺的,因此我们提倡"每天一画,人人都是艺术家"就是要求经常实践和反复实践。学习达·芬奇笔记主要可以分为四个步骤:一是欣赏,达·芬奇的油画和素描值得仔细观赏;二是阅读,去读大师的手稿,大都是围绕具体的题材、案例展开的实验;三是写作,自己写一些关于手稿的再思考;最后很重要的就是艺术实践,自己动手去写生、临摹和创作艺术作品。写生需要观察对象,"艺术家的大脑应当像一面镜子,总是汲取它反射的物体的色彩,并且全面摄取面前各种物体的影像(达·芬奇语)";临摹需要掌握原作的精气神、达到几可乱真的效果;创作允许不断试错,力求建立自己的艺术个性和绘画风格。在这里,实践作为一种每天进行的工作,可以是三十分钟以内的速写,也可以是持续一周的素描,通过大量探索,最终做到眼到、手到、心到。

达·芬奇笔记可以划什么重点?最基础的可分为透视学、光影、人体等方面的研究。在达·芬奇看来,透视学是绘画的向导和门径,倘若没有掌握这一点,画家在绘画方面将一事无成!光影是绘画的表现手法,达·芬奇说:"光明是黑暗的驱逐者,阴影是光明的阻挡者。"大自然中每一个物体都被光和影包围着,体现着光和影的变幻,达·芬奇独创的"晕涂法"也是古典绘画的经典技法,他观察到,在黄昏时(太阳快要下山时)光线是最美的，因为那个时候的光都不是直射光，它让所有可见物体的边缘变得柔和，带有一种朦胧的美感，《蒙娜丽莎》就是这一理念的灵魂之作。达·芬奇对人体有着深入研究，他要求画家关注大家公认的美丽脸庞，给笔下的人物赋予一种让人愉悦的表情，这样绘画才能体现出艺术家的天赋。画家还需要知道骨骼、肌腱、肌肉的解剖学，需要熟悉肢体在裸体状态下的各种动作，需要明白哪一根神经或哪一块肌肉牵动了哪一个动作。

学习达·芬奇笔记重点在学习什么？我们认为应该是学习其创造性的思维和勤奋的作风。长期以来，人们对艺术的一个误解是认为艺术是高度技术化的，有不少人认为如果不能充分学习绘画技法就无法进行创作。其实，技法是表象，绘画的本质更在于其创造性，所有的人都可以用自己的方法表达美，这一点可以从原始绘画表现出的强烈情感、儿童绘画蕴含的无邪特质中得到印证。人类共同的情感是艺术的精神实质所在，我们都会有一些艺术情结，能不能勇敢尝试非常关键！艺术的创造性也是一种自我反思的能力，往往是一种"众里寻他千百度"之后的"蓦然回首",所以艺术家要努力前行,不断更新自我。达·芬奇的勤奋是有目共睹的:他亲自解剖了几十具尸体并进行素描;为了画好《最后的晚餐》他走遍了大街小巷,寻找画中人物的原型,并做了大量草图;他建议艺术家保持随时工作的习惯,随身携带速写本记录看到的事物。从他的大量实践来看,勤奋恰恰可以避免我们陷入思维的惰性和惯性之中,让我们重新审视自己,不断突破瓶颈。

除了达·芬奇笔记还有其他选择吗?我们以达·芬奇笔记为切入口,在理论上阅读达·芬奇笔记是必需的,但对于作品的视觉风格,不局限在达·芬奇的写实艺术风格上,因为艺术崇尚多样性和个性,艺术有写实的表现,也有抽象的表现,更有介于写实与抽象之间的综合表现。可能你最喜欢的艺术风格是动漫、卡通,或者是现代派的立体主义、后现代的赛博朋克。然而,不同类型绘画的核心是基本同源的,素描(包括速写)是造型的艺术,最核心的元素是形体和结构,即使是最抽象的素描作品也是由线条、块面和构图组成。因此,除了达·芬奇我们还可以有很多其他选择，找到自己喜欢的大师作品是必需的，向自己热爱的大师学习、临摹大师作品是绘画的必由之路。我们鼓励这样的提问：为什么达·芬奇的作品呈现出这样的面貌？达·芬奇和拉斐尔有着怎样的不同？达·芬奇在艺术上有着怎样的不足？达·芬奇如果出现在今天会发生什么？让我们一起带着这份好奇和想象走近绘画实践，了解伟大作品背后的秘密吧。

进一步阅读书目：

❶ 列奥纳多·达·芬奇:《达·芬奇笔记》，刘勇译，长沙：湖南科学技术出版社，2018年。
❷ 黄俊基编:《透视学》，上海：百家出版社，2005年。
❸ Frank Zollner, *Leonardo Da Vinci: The Complete Paintings and Drawings*, Cologne: Taschen, 2019.

"电影是什么?":
感知、体验与创造

许肖潇 复旦大学艺术教育中心副教授

主要研究方向 电影导演艺术,并从事电影创作实践

代 表 作 品 导演多部短片,如《秋天的扇子》《逃走的妈妈》等

主 讲 课 程 走进电影世界

电影是什么？这是"法国电影新浪潮之父"安德烈·巴赞的设问，在书中，巴赞赞扬"电影是名副其实的爱的艺术"，"对于电影来说，热爱人是至关重要的"，"如果我们不首先探索弗拉哈迪、雷诺阿、维果，尤其是卓别林的影片所反映的特有爱心、温柔和感伤情绪，那就不可能透彻理解他们的艺术"（摘自《电影是什么》原序）。在当今这个精神空间被消费主义过度挤压、大众趋向娱乐至死的时代背景下，尤其好莱坞电影大行其道，一贯有意地惊吓、娱乐观众，在这种越来越大剂量的视听刺激中，电影的内在因果关系日益简化固化，观众日益麻木，观看而不思考，接受而不质疑，期待统一明确而没有兴趣自己发现，更谈不上去探寻微妙之处及不确定性。人们在逐渐丧失感受"电影是什么"的能力与乐趣，甚至发展到对日常生活的麻木，直至"精神无能""爱无能"……因此,接过巴赞的问题,继续探讨并深刻认知"电影是什么",对于大学生们的心灵家园尤其重要。

"电影是什么",首先要从观影中感知。电影作品一旦与观众建立起联系,会产生出一种统一且微妙的场域,观众会体验到一种崇高的心灵净化感,每一次审美都是一次与人性和哲学的对话,我们内心美好的一面会得以表露,并渴望将其释放与分享。比如看完日本导演小津安二郎的《东京物语》,你也许会感慨"这个家庭的解体,这个世界的倏忽无常,这种人生的幻灭……这些事情每天都在发生,很平常,原来这就是世界的面目啊";比如在伊朗导演阿巴斯·基亚罗斯塔米的《何处是我朋友的家》里,你会看到一个孩子是如何被成人世界的法则所"折断",而他自己又是如何重新聚集起人性与道德的资源,以让他的愿望发出声音并最终完成自我人格的塑造;当你看完胡金铨的《侠女》,你会恍惚,"这阴阳、这虚实、这留白、这余味、这不断的行走……原来这就是中国传统文人审美的韵味啊!"观看安德烈·塔可夫斯基的《镜子》,你会模糊地触摸到"一个意境,只有在拥有无穷无尽的含义时,才能被称作象征。象征通过自身的神秘预言,传达了普通语言不能传达的暗示和线索,它可以表现为不同的外在和不同的思想"(摘自安德烈·塔可夫斯基《雕刻时光》)。能这样引发思索、荡涤心灵的电影还有很多很多,课上会提到的还有库布里克的《2001太空漫游》、侯孝贤的《刺客聂隐娘》、布努艾尔的《资产阶级的审慎魅力》、王家卫的《花样年华》……

在观影的黑暗中,每一个观众更好地与他人分开而成为一个独立的个体,银幕上一处静谧的街景、一个上楼梯的女人、一个飞扬的塑料袋……都要观众动用回忆与想象创造自己的世界。戈达尔说:在银幕上看到的不是鲜活的,在观众与银幕之间发生的才是鲜活的。一部部的影史经典佳片的感知与体验,会在时间的酝酿中造就我们更敏锐的电影审美直觉,并在经年的岁月中与留在心中的电影作品相处,真正达到通过电影"立德树人","先器识而后文艺"。

探索"电影是什么",还需要通过"拍电影"来真切体验。拍电影的起点是模仿,这在课程的"电影工业体验——经典场景翻拍"模块中得以实现。这也是零基础、非专业的学生背景，与人才培养要求的挑战度和高阶性最正面冲突的一次。一方面，我们面对的电影是《刺客聂隐娘》《花样年华》等业界顶级的大师作品；另一方面，我们的拍摄者是连电影都没看过几部的、连电影器材都没有见过的、来自数理化文史哲而无一艺术专业的本科各年级大学生们。恰恰是要在这样一种零基础、非专业的情况下与巅峰电影艺术对决，所以一切可能性都在滋长。当看到大导演们特立独行的行事作风来源于他们内心的傲视独立与拍电影的一意孤行，大学生们会体验到伊朗大诗人哈菲兹说的"心中总是带着火并确保热泪盈眶，其余皆不足道"的精神力量；在专业电影人团队的帮助下还原场景与摄影的体验中，他们会感受好莱坞全流程全职能体系下具体的导演、演员、摄影团队、美术团队、制片团队的流程合理与分工精妙……正是这种深度工业与艺术的介入过程，让一张张白纸的他们迅速建立了极致简化的，却也最正统的电影艺术观念：他们会马上了解经典电影的艺术语言及其应用机制，继而在经典段落的翻拍实践中把分割殆尽的视听语言碎片拼回成一部整体的艺术作品，在这分解又还原的体验过程中，感受原作品的内在力量与外在形式的强力纽带，从而对电影艺术性的认识由表及里、由观看与感知拓展到分解与重塑，并将其内化成视听语言与电影观、人生观、世界观的揉杂交融。经历过这一番勇攀高峰的体验，他们会进入下一个对"电影是什么"的探求——在自由创作中体认。

电影创作能有多自由？小津安二郎说："我认为电影没有文法，没有非此不可的类型。只要拍出优秀的电影，就是创作出独特的文法，因此，拍电影看起来像是随心所欲。"甚至有大导演说："电影理论中所有规则你都要学习，但学习的目的是避免使用。"由此可见，复旦学生们"零基础非专业"的所谓"劣势"，此刻成了他们自由创作的起点与优势。在这一阶段的自由创作中，他们灵感激荡、自主文本创作、自愿组队继而以各自专业身份，每5—8人独立成组进行原创短片的剧本创作、前期准备以及拍摄制作，基于自由创作的出发点以及来自教师专业水平的支持，我们可以看到电影艺术在复旦的大学生群体里以一种令人惊讶的自由、全部的假设及所有可能的联系去探索的形式而存在……我们会看到有学生在借助电影探讨"存在的定数"（短片《定理》《地下铁》），有试图用切身的经历去揭示"成长的自发性与原生家庭禁锢性的矛盾"（短片《小芹》《树儿》），有想纯粹探索电影的动作美学的《武侠系列短片》和创意枪战短片（《剧组的战争》），也有探索电影类型片疆域的恶搞片（《梦的计划外》）和悬疑惊悚片（《晚餐》），以及本课程的延伸——师生共同创作模式（短片《逃走的妈妈》《秋天的扇子》《书信往来》等）。

总之，学生在大师作品的案例学习、经典作品的翻拍体验、自由独立的分组创作实践中，借助于教师丰富的电影创作经验，以及本课程从理论到实践、从学界与业界、从学者到导演、从国内到国际的业界导师团队的力量，去体验与感知视听语言的妙用、每个职能的运作机制以及电影创作的技能（为了有朝一日抛弃掉）和艺术思维（潜移默化地留存）。更重要的是，学生们能在这门课中学会深入内心、不迎合、不卑不亢地建构自己的电影认知体系，学会独立体悟与解读他人作品，养成以艺术审美和诗意想象对待生活与时代、个人与他者，情感丰沛、热爱生活，既而能养成家国意识、人文情怀、创新能力、独立人格与审美情操。

电影是什么？电影是感知、体验与创造。

电影，从非电影处来。

进一步阅读书目：

❶ 安德烈·巴赞：《电影是什么？》，崔君衍译，北京：商务印书馆，2017年。

❷ 大卫·波德维尔：《电影诗学》，张锦译，桂林：广西师范大学出版社，2010年。

❸ 唐纳德·里奇：《小津》，连城译，上海：上海译文出版社，2014年。

❹ 阿巴斯·基阿鲁斯达米：《樱桃的滋味——阿巴斯谈电影》，btr译，北京：中信出版社，2017年。

后 记

2005年起,复旦大学全面推行通识教育,目前开设180多门通识核心课程。2015年,复旦大学全面启动新一轮核心课程建设(2.0版),落实"以学为中心"的教学理念、提升学生学习各环节的成效,形成了具有"中国根、复旦魂"与"重实效"的复旦通识教育体系。

为强化"复旦通识"建设成果的"溢出"效应,推动社会通识教育的开展,复旦大学通识教育中心启动了《复旦通识100》书稿的组稿工作,邀请核心课程教师以"为什么要学习这门通识课程"为主题撰写文章。《复旦通识100》不是一般的"教学内容介绍"与"课程概要",而是力求突出学术内涵、呈现课程背后的思考,以点带面、为学习者提供思考相关问题的历史纵深和思维线索,激发思考、提升学生进一步自主学习的兴趣。《复旦通识100》希望成为人们了解复旦通识教育的一条有效途径,也成为通识学习者的一张知识图谱。

2020年7月,《复旦通识100》启动了样稿的约稿工作,在核心课程的"七大模块"中,每个模块都邀请一位教师撰写文章,通识教育中心组织多次文稿审读、征求各方意见并反馈,各位作者对文章进行了多次的修改打磨,逐步确立了全书的体例和风格。2021年1月,正式启动约稿,其间又增补了一些约稿。2022年2月底,《复旦通识100》(卷一)的全书统稿工作完成,交付复旦大学出版社进入出版流程。

历时两年多时间,《复旦通识100》(卷一)终于能够呈现在读者面前。首先特别感谢复旦大学通识核心课程诸位教师,感谢他们拨冗撰写文章并不厌其烦地修订,为读者们打开认识自我与世界的一扇扇窗户。感谢复旦大学修读通识核心课程的同学们,他们在课堂上的踊跃投入和灵光闪现促成了教学相长的优质通识课程教学。

《复旦通识100》的出版反映的正是他们教与学的成果,未来《复旦通识100》还将出版续卷,不断记录通识核心课程的精彩,致力于持续推动中国大学及社会通识教育的开展。

感谢复旦大学徐雷副校长、教务处蒋最敏处长和相关领导对本书的关心和支持;感谢复旦大学出版社严峰董事长对此书的大力支持,感谢复旦大学出版社人文编辑部主任陈军先生和本书责任编辑方尚芩女士在本书出版过程中付出的心血。最后,还要感谢复旦通识教育中心的诸位同仁在此书编辑过程中的辛勤付出,任军锋、才清华、刘丽华、应建庆、沈茜、乔译萱等几位老师在组稿、统稿、改稿等方面做了大量工作,赵元老师直接负责了出版方面的各项事宜,感谢复旦大学校友、UCLA的博士研究生郭悠乐同学在通识教育中心工作期间对此书的编辑工作。正是通过大家的共同努力,才使"复旦通识"的成果如潺潺泉水不断"涌出"。

编者 谨识

2022年3月8日

图书在版编目(CIP)数据

复旦通识 100. 卷一/孙向晨主编. —上海:复旦大学出版社, 2022.11(2023.6 重印)
ISBN 978-7-309-16324-7

Ⅰ.①复… Ⅱ.①孙… Ⅲ.①高等学校-通识教育-文集 Ⅳ.①G40-012

中国版本图书馆 CIP 数据核字(2022)第 129800 号

复旦通识 100. 卷一
孙向晨　主编
责任编辑/方尚芩
封面设计/覃一彪
版式设计/今亮后声・赵晓冉

复旦大学出版社有限公司出版发行
上海市国权路 579 号　邮编:200433
网址:fupnet@fudanpress.com　http://www.fudanpress.com
门市零售:86-21-65102580　团体订购:86-21-65104505
出版部电话:86-21-65642845
上海盛通时代印刷有限公司

开本 787×1092　1/32　印张 17　字数 245 千
2022 年 11 月第 1 版
2023 年 6 月第 1 版第 3 次印刷

ISBN 978-7-309-16324-7/G・2390
定价:88.00 元

如有印装质量问题,请向复旦大学出版社有限公司出版部调换。
版权所有　　侵权必究